A Baronesa do Jazz

A marca FSC® é a garantia de que a madeira utilizada na fabricação do papel deste livro provém de florestas que foram gerenciadas de maneira ambientalmente correta, socialmente justa e economicamente viável, além de outras fontes de origem controlada.

Hannah Rothschild

A Baronesa do Jazz
*A vida de Nica,
a Rothschild rebelde*

Tradução
Juliana Lemos

Copyright © 2012 by Hannah Rothschild
Todos os direitos reservados.

Grafia atualizada segundo o Acordo Ortográfico da Língua Portuguesa de 1990, que entrou em vigor no Brasil em 2009.

Título original
The Baroness

Capa
Paula Santos de Carvalho

Foto de capa
Anônimo/ Fine Art/ AGB Photo

Índice remissivo
Probo Poletti

Revisão
Joana Milli
Ana Kronemberger
Rita Godoy

Dados Internacionais de Catalogação na Publicação (CIP)
(Câmara Brasileira do Livro, SP, Brasil)

Rothschild, Hannah
    A Baronesa do Jazz / Hannah Rothschild ; tradução Juliana Lemos. – 1ª ed. – Rio de Janeiro : Objetiva, 2016.

    Título original: The Baroness : The Search For Nica, the Rebellious Rothschild
    ISBN 978-85-470-0004-2

    1. Família Rothschild 2. Koenigswarter, Pannonica de, 1913--1988 3. Mulheres, músicos de jazz – Grã-Bretanha – Biografia I. Título.

16-00632   CDD-781.65092

Índice para catálogo sistemático:
1. Mulheres : Músicos de jazz : Biografia e obra   781.65092

[2016]
Todos os direitos desta edição reservados à
EDITORA SCHWARCZ S.A.
Rua Cosme Velho, 103
22241-090 — Rio de Janeiro — RJ
Telefone: (21) 2199-7824
Fax: (21) 2199-7825
www.objetiva.com.br

Para Jacob e Serena

Sumário

1.	A outra	11
2.	Rainha das pulgas	22
3.	A Rosa da Hungria	29
4.	Lutar, fugir ou ficar	39
5.	Uma prisão comprida e escura	46
6.	Rothschildiana	57
7.	A borboleta e o blues	67
8.	A mais pura perfeição pré-guerra	75
9.	O comandante-chefe	85
10.	You're the Top	91
11.	Stormy Weather	97
12.	Pistol-Packing Mama	109
13.	Take the "A" Train	117
14.	Black, Brown and Beige	125
15.	O maior barato	134
16.	O Monk solitário	143
17.	Uma preta e uma branca	155

18.	Bird	166
19.	Pannonica	174
20.	Strange Fruit	185
21.	Sangue, suor e lágrimas	195
22.	Me deixa louca	205
23.	Te amo	217
24.	'Round Midnight	226

Epílogo	231
Seleção de músicas compostas para Nica ou inspiradas por ela	235
Agradecimentos	237
Entrevistas	239
Bibliografia	241
Documentários e filmes	249
Arquivos e bibliotecas	253
Índice remissivo	255

Os Rothschild
Árvore genealógica seletiva

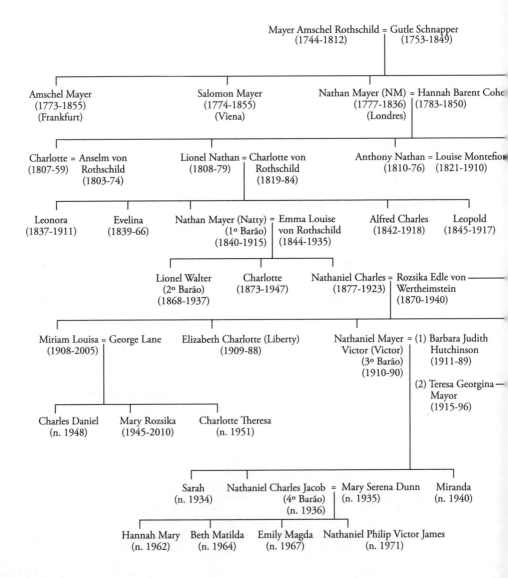

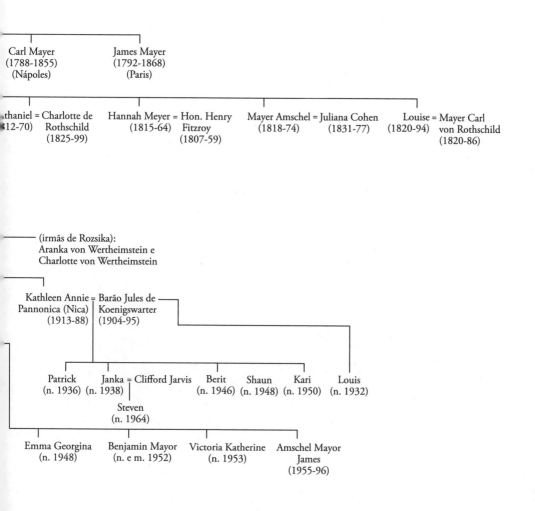

I

A outra

Meu avô Victor foi a primeira pessoa a mencioná-la; estava tentando me ensinar um simples acorde de blues de doze compassos, mas minhas mãos de criança de onze anos eram duras e muito pequenas.

"Você é igual à minha irmã", ele disse. "Adora jazz, mas não quer se esforçar para aprender a tocar."

"Que irmã? A Miriam ou a Liberty?", perguntei, tentando ignorar a alfinetada.

"Não, a outra."

Que outra?

Mais tarde, naquele mesmo dia, eu a encontrei na árvore genealógica dos Rothschild: Pannonica.

"Quem é Pannonica?", perguntei a meu pai, Jacob, que era seu sobrinho.

"Todo mundo a chama de Nica, mas realmente não sei mais do que isso", respondeu, referindo-se à tia. "Ninguém nunca fala dela." Nossa família é tão vasta e dispersa que ele não parecia surpreso por ter ignorado um parente próximo.

Não desanimei. Importunei outra tia-avó, a irmã de Nica, Miriam, a renomada cientista, que revelou que "ela mora em Nova York", sem dar mais informações. Outro parente me disse: "Ela é a grande patrona do jazz, a Peggy Guggenheim ou o Médici do jazz".

E aí vieram os sussurros:

É conhecida como a "Baronesa do Jazz". Mora com um negro, um pianista. Pilotou bombardeiros Lancaster na guerra. Aquele saxofonista viciado em drogas, Charlie Parker, morreu no apartamento dela. Ela teve cinco filhos e morava com 306 gatos. A família a deserdou (não deserdou, não, alguém discordou). Vinte músicas foram escritas para ela (não, foram 24). Ela apostou corrida com Miles Davis na Quinta Avenida. Você sabe das drogas? Ela foi para a cadeia para que ele não precisasse ir. Quem é ele? Thelonious Monk. Foi uma verdadeira história de amor, uma das maiores.

"E como é a Nica?", perguntei novamente a Miriam.

"Vulgar. Ela é vulgar", respondeu Miriam, irritada.

"Como assim?", insisti.

Miriam não entrou em detalhes, mas me deu o telefone da irmã. Quando fui a Nova York pela primeira vez, em 1984, liguei para Nica poucas horas depois de chegar.

"A senhora gostaria de se encontrar comigo?", perguntei, nervosa.

"Isso é bem louco", ela respondeu de um jeito que, sem dúvida, era bem pouco condizente com uma tia-avó de 71 anos de idade. "Venha me ver no clube em Downtown, depois de meia-noite."

Aquela área da cidade ainda não havia sido urbanizada, e era famosa por venda de drogas e assaltos.

"E como eu acho esse clube?", perguntei.

Nica riu.

"Procure o carro", e desligou.

Era impossível não achar o carro. O enorme Bentley azul-claro estava mal estacionado, e, dentro dele, dois bêbados oscilavam nos bancos de couro.

"É bom que fiquem lá dentro — significa que ninguém vai roubar o carro", explicou ela mais tarde.

Afastada da rua, havia uma pequena porta que levava a um porão. Bati com força na porta. Minutos depois, uma portinhola abriu na parte de cima e um rosto negro surgiu atrás da grade.

"Que foi?", ele perguntou.

"Vim atrás da Pannonica", respondi.

"Quem?"

"Pannonica!", repeti, num sotaque inglês levemente desesperado. "As pessoas a chamam de Nica."

"Ah, a Baronesa! Por que não disse logo?"

A porta abriu, revelando um pequenino salão no subsolo decadente, apertado e cheio de fumaça, onde havia várias pessoas sentadas, ouvindo um pianista.

"Ela está na mesa *dela*."

Foi fácil avistar Nica, a única pessoa branca e a mais próxima do palco.

Mal lembrava a mulher que eu havia examinado detalhadamente nos álbuns de fotografia da família. Aquela Nica era uma debutante encantadora, com cabelos negros domados e penteados, sobrancelhas feitas em arco, seguindo a moda, boca pintada para formar um perfeito biquinho de lábios grossos. Em outro retrato, uma Nica menos elegante, com cabelos soltos e sem maquiagem, parecia mais a versão hollywoodiana de um agente duplo da Segunda Guerra Mundial. A Nica que estava diante de mim não se parecia nada com a versão mais jovem: sua incrível beleza havia se esvaído e agora aqueles traços que já foram delicados eram quase masculinos. Sempre me recordarei de sua voz, que era como as pedras de uma praia desgastadas por ondas de uísque, cigarros e noitadas, metade ronco e metade rosnado, frequentemente pontuada por gargalhadas repentinas e sibilantes.

Fumando um cigarro em uma piteira preta e comprida, o casaco de pele pendurado no encosto de uma cadeira alta e esguia, Nica sinalizou para que eu me sentasse numa cadeira vazia, depois da mesa um bule de chá e, despejou algo em duas xícaras de porcelana lascadas. Brindamos em silêncio. Eu achei que era chá, mas o uísque ardeu na garganta; engasguei e fiquei com os olhos cheios d'água. Nica jogou a cabeça para trás e riu.

"Obrigada", respondi com a voz rouca.

Ela pôs o dedo nos lábios e, sinalizando com a cabeça para o palco, disse: "Shhh, apenas ouça a música, Hannah, apenas ouça".

À época eu tinha 22 anos e não conseguia corresponder às expectativas, reais ou imaginárias, de minha distinta família. Sentia-me inadequada, incapaz de conseguir me virar sozinha, e, ao mesmo tempo, sem conseguir aproveitar ao máximo os privilégios e as oportunidades que me foram concedidos. Assim como Nica, eu não podia trabalhar no banco da família; o fundador, N. M. Rothschild, havia decretado que as mulheres da família Rothschild só poderiam atuar como contadoras ou arquivistas. Em suspenso entre a universidade e o emprego, queria trabalhar na BBC, mas só conseguia colecionar cartas de rejeição. Embora meu pai, que seguira a tradição bancária da família, tivesse me encontrado trabalho por intermédio de diversos contatos, não tive êxito na administração de uma livraria, em uma construtora ou catalogando obras de arte. Deprimida e desanimada, não estava em busca de um modelo a seguir, mas de opções. No cerne dessa busca havia uma dúvida. Seria possível escapar do próprio passado? Ou será que estávamos presos para sempre sob as várias camadas de comportamentos herdados de nossos pais e das antigas expectativas?

Olhei para essa tia-avó recém-descoberta, do outro lado da mesa, e senti uma onda de esperança repentina e inexplicável. Um desconhecido que entrasse no clube simplesmente veria uma velha fumando seu cigarro e ouvindo um pianista. Poderia se perguntar o que aquela dama de pérolas e casaco de pele estava fazendo ali, balançando no ritmo da música, meneando a cabeça com uma expressão de prazer ao ouvir um solo específico. Eu via uma mulher que parecia estar em paz, que sabia onde era seu lugar. Ela me deu um único conselho: "Lembre-se, só se vive uma vez".

Logo após nosso primeiro encontro, voltei para a Inglaterra, onde finalmente consegui um emprego na BBC e comecei a fazer documentários. Pensava em Nica constantemente. Naquela época, antes da internet e de passagens aéreas transatlânticas baratas, era difícil viajar para os Estados Unidos e manter amizade em outro continente. Nós nos encontramos na casa de sua irmã Miriam, em Ashton Wold, na Inglaterra, e outra vez na minha viagem seguinte a Nova York. Mandei cartões-postais para Nica; ela me enviou discos, inclusive um chamado *Thelonica*, um álbum de Tommy Flanagan que é um tributo musical à amizade dela com o pianista de jazz Thelonious Monk. Uma das faixas se chamava "Pannonica". Na parte de trás, escrevera: "Para a querida Hannah, com muito amor, Pannonica". Fiquei pensando em Thelonious e Pannonica; como duas pessoas de nomes tão estranhos e passados tão díspares vieram a se conhecer? O que poderiam ter em comum?

Ela me pediu para tocar o disco para meu avô, Victor, que disse apenas que gostou muito. "Ele não entendia o Monk também", disse Nica.

Gostei do meu papel de mensageira musical entre irmão e irmã. Outra vez, ela me pediu para dar a meu avô um dos discos de Barry Harris. Novamente, a reação foi sem entusiasmo. Na vez seguinte em que a encontrei, contei para ela. "Desisto", disse Nica, com desdém. "Ele só gosta de jazz tradicional." E caiu na gargalhada.

Nica era divertida. Vivia para o momento, não era introspectiva ou didática, e não tentava soterrar as pessoas com seu conhecimento ou experiência. Era um alívio se comparado a estar na presença de seu irmão Victor ou sua irmã Miriam, quando os encontros eram um ataque intelectual, um decátlon mental em que você precisava mostrar o quanto sabia e quanto de lógica, raciocínio, conhecimento e brilhantismo possuía. Quando entrei na Universidade de Oxford, meu avô me ligou para perguntar: "O que você vai estudar?". Admiti que tive sorte de conseguir ser aceita. Ele desligou, decepcionado. Aos 94 anos, Miriam me perguntou quantos livros eu estava escrevendo. Nenhum ainda, respondi, mas disse que já estava fazendo outro filme. "Já fiz tantos filmes que perdi a conta", ela disse. "Estou escrevendo dez livros, incluindo um sobre haiku japonês." E desligou.

Eu não entendia muito de jazz, mas Nica nunca fez com que eu me sentisse deslocada, nem ligava por eu não ter a menor ideia do que significavam certas gírias do jazz. Mas de uma coisa ela tinha certeza absoluta: Thelonious Monk era um gênio, no mesmo patamar de Beethoven. Chamava-o de "o Einstein da música". Se havia sete maravilhas no mundo, dizia ela, ele era a oitava.

Quando eu estava planejando uma viagem para Nova York em dezembro de 1988, para filmar um documentário sobre o mundo da arte, reservei três noites para ficar com Nica, e também havia elaborado perguntas para ela. Mas no dia 30 de novembro de 1988 ela faleceu de repente, depois de uma cirurgia de ponte de safena. Havia perdido minha oportunidade. Perdi minha tia-avó.

Aquelas perguntas não feitas continuavam a pairar em minha mente. Surgiam lembranças repentinas e inesperadas: o vislumbre do horizonte de Nova York num longa-metragem; um refrão de uma música de Monk; ver sua filha, Kari; o cheiro de uísque. Enquanto eu passava a vida profissional fazendo retratos em filme de outras pessoas, vivas e mortas, havia outro

16   A outra

plano se desenvolvendo. Fiz filmes sobre colecionadores, artistas e outsiders: assuntos e temas que eram relevantes para Nica e sua história. Talvez sua morte prematura não significasse o fim de nosso relacionamento; talvez aquelas perguntas pudessem ser feitas de maneira póstuma, a seus amigos e parentes ainda vivos.

Lentamente, comecei a montar um esboço de sua vida. Ela nasceu em 1913, antes da Primeira Guerra Mundial, numa época em que nossa família estava no ápice do poder. Teve uma infância privilegiada e cheia de regalias, e morava em mansões repletas de obras de arte. Mais tarde, casou-se com um belo barão, com quem teve cinco filhos; fora dona de um magnífico castelo na França, usava vestidos e joias de estilistas, pilotava aviões, dirigia carros esportivos e cavalgava. Parte de uma glamorosa alta sociedade, vivia em um mundo cosmopolita habitado por magnatas, realeza, intelectuais, políticos e playboys. Podia encontrar quem quisesse e ir aonde quisesse, e frequentemente o fazia. Para aqueles que têm pouco ou nada, tal existência deve parecer o paraíso. Mas um dia, em 1951, sem aviso, ela abriu mão de tudo e foi morar em Nova York, trocando os amigos de classe alta por um grupo de brilhantes músicos negros itinerantes.

Ela literalmente desapareceu da vida inglesa, mantendo contato apenas com os filhos e membros mais próximos da família. O vislumbre seguinte que a maioria das pessoas teve de Nica foi quando suas excentricidades apareceram nos jornais. "Rei do bebop morre no quarto da Baronesa" foi manchete nos dois lados do Atlântico, assim como notícias de que ela estava sendo presa por posse de drogas. Ela ressurgiu interpretada por uma atriz na cinegrafia de Charlie Parker, *Bird*, dirigida por Clint Eastwood, e depois como ela mesma no documentário *Straight, No Chaser*. A filmagem original foi feita em 1968 por dois irmãos, Christian e Michael Blackwood, que, usando uma câmera portátil, seguiram Monk desde o momento em que se levantava da cama até a casa de shows, passando por aeroportos e ruelas, capturando em celuloide todos os resquícios e detalhes de sua vida diária. As filmagens incluíam cenas com sua amiga, a Baronesa Nica de Koenigswarter, que tinha o sobrenome Rothschild quando solteira.

Nessas filmagens, tive o primeiro vislumbre de Thelonious Monk. Pairando ao fundo estava minha tia-avó.

"Vocês sabem quem ela é?", pergunta o alto sacerdote do jazz para a câmera enquanto dança no pequeno porão. Pesando mais de cem quilos e com mais de 1,90 metro de altura, o pianista parece ao mesmo tempo gracioso e fora de proporção enquanto rodopia, trajando seu terno elegante, gotas de suor brilhando na pele escura. Monk cantarola enquanto se movimenta da pia até a mesa, os pesados anéis de ouro batendo no copo de uísque. De repente, resoluto, ele se vira para a câmera.

"Perguntei se vocês sabem quem ela é", vocifera para a equipe de filmagem.

Ninguém responde, então Monk aponta para o outro lado do aposento. A câmera segue seu olhar e se fixa numa mulher branca, Nica, cercada de quatro homens negros naquela cozinha-camarim, a área de espera entre a rua e os shows. A câmera captura a cena; não há um pingo de glamour no lugar, com sua lâmpada nua e uma pilha de pratos sujos. A mulher também não parece a típica *groupie* ou fã de rock: já passou há anos dos quarenta, tem cabelos escorridos até os ombros, veste uma camiseta listrada e uma jaqueta que não valorizam sua atraente silhueta. Sem dúvida não parece herdeira nem *femme fatale*.

"Sabiam que ela é uma Rothschild?", insiste Monk. "Foi a família dela que deu dinheiro para o rei derrotar Napoleão." E então, voltando-se para Nica, diz: "Digo para todo mundo quem você é, tenho orgulho de você".

"Não se esqueça de que eles também financiaram o canal de Suez, só por garantia", ela responde, certamente meio bêbada. Nica olha para Monk com uma mistura de ternura e admiração antes de se concentrar na tarefa de colocar um cigarro na boca.

"Mas isso foi há um ano, ou mais", interrompe um músico mais jovem.

"Toma aqui o canal de Suez", diz Nica, prendendo o cigarro entre os dentes da frente e segurando um canal imaginário na mão.

"Que doido", comenta o cara mais jovem.

"Eu digo para todo mundo quem é você", diz Monk. Para um homem cuja primeira língua supostamente é o silêncio, ele é bastante loquaz. "Sabem quem ela é?", Monk pergunta novamente, aproximando-se da câmera para o caso de alguém não estar prestando atenção. "Ela é uma bilionária, uma Rothschild."

Vi essas cenas diversas vezes, em busca de pistas sobre Nica, tentando imaginar a reação de seus antigos amigos e da família extensa. Perguntei a meu pai, Jacob, o que todos achavam daquilo. "Não falávamos muito sobre ela", ele respondeu.

Mas e quando ficaram sabendo que ela foi parar na prisão ou quando o famoso saxofonista foi encontrado morto no apartamento dela?, insisti.

Meu pai hesitou. "Acho que ficamos meio confusos, um pouco chocados."

Virei detetive amadora. O que havia feito Nica abandonar as mais suntuosas salas de estar e ir parar no mais pobre dos porões? Partir teve consequências reais. O divórcio, naquela época, era caminho certo para o ostracismo social, e raramente a custódia dos filhos era dada às mulheres que saíam de casa. Sem nenhuma formação ou carreira, Nica dependia da família para sobreviver. Será que havia algum segredo terrível, algum motivo obscuro que explicasse por que de repente saiu correndo do país para aquele ambiente estrangeiro?

Talvez estivesse louca. Fizera algumas declarações em público um tanto excêntricas. Ao ser indagada por um jornalista sobre por que seu casamento terminara, Nica respondeu: "Meu marido gostava de música percussiva". Ela disse ao cineasta Bruce Ricker que o que definiu sua mudança para Nova York foi ouvir um disco. "Devo ter colocado o disco para tocar umas vinte vezes, uma atrás da outra, e depois mais algumas. Perdi meu voo e nunca mais voltei para casa."

"Ela comprou um Cadillac para o Art Blakey, e você sabe o que isso significa", alguém me disse.

Como assim?

"Bom, ninguém compra um carro do nada para outra pessoa, certo?", ele respondeu, em tom malicioso.

Havia outros boatos, sobre outros homens. E se eu descobrisse que minha tia não tinha sido nada além de uma diletante, uma mulher liberal, atraída por determinado estilo de vida? E se não houvesse nada de mais em sua história de vida? O que eu faria com essas informações?

Mas a Nica que conheci, a pessoa que parecia centrada, determinada, não era uma harpia maluca. Perdeu a custódia dos filhos mais novos, mas nunca os abandonou: na verdade, sua filha mais velha, Janka, veio para

Nova York com ela, quando tinha dezesseis anos. Nica nunca quis abandonar as pessoas que amava; só queria escapar de uma vida que descrevia como "uma gaiola incrustada de joias".

"Você entende o que está fazendo? Muita gente não vai gostar disso", advertiu o velho amigo de Nica, o trombonista Curtis Fuller, quando ficou sabendo que eu estava investigando a vida dela. "Você vai levar pedrada de todos os lados."

Ingenuamente, eu não tinha me dado conta de que muitas pessoas, principalmente na família, queriam que Nica continuasse a ser uma mera nota de rodapé nas histórias de outras pessoas.

Eu não deveria ter ficado surpresa: a obsessão com a discrição é uma marca da família, e guardar segredo, em diversas ocasiões, foi muito bem-vindo. Foi a discrição que nos manteve vivos no gueto de Frankfurt no século XVIII, durante vários pogroms e, com poucas exceções, durante o Holocausto. A discrição foi a nossa sorte nos campos de batalha de Wellington, nos poços de petróleo de Baku e, recentemente, foi o que nos fez sobreviver ao atoleiro dos voláteis mercados financeiros.

Muitas das Rothschild, inclusive aquelas que eu conhecia bem, esquivavam-se das perguntas ou se recusavam a atender meus telefonemas. Recebi duas cartas desagradáveis, cheias de ameaças. Isso, descobri, havia acontecido antes com a irmã de Nica, Miriam, quando escreveu uma biografia sobre seu tio, *Dear Lord Rothschild*. O livro continha histórias sobre os suicídios na família. Embora um já tivesse sido noticiado pela imprensa nacional, o "crime" de Miriam foi discordar publicamente da família e falar sobre o assunto. Foi repreendida por uma parente: "Apesar de você achar necessário capturar a atenção do público desse jeito obsceno, jamais imaginei que pudesse sujar a imagem da própria família dessa maneira, transformando-a numa manchete".

No início, os filhos de Nica ficaram animados com minha pesquisa, mas logo mudaram de ideia, argumentando que a mãe teria odiado qualquer forma de biografia. Eu me importava com o que pensavam e, levando em consideração seus sentimentos, deixei o projeto de lado durante alguns anos. Mais tarde, eles publicaram um ensaio biográfico junto com uma coleção de fotos e entrevistas privadas de Nica, intitulado *The Musicians and Their Three Wishes* [Os músicos e seus três desejos], que trazia uma

20 A outra

perspectiva única de sua vida. Cada músico que Nica conheceu foi entrevistado para dizer a ela três coisas que realmente queriam. As respostas eram curtas, mas revelavam muito. Monk diz: "Ter uma amiga maravilhosa como você". Miles Davis: "Ser branco". Louis Armstrong: "Viver cem anos". Nica tentara publicar o livro em vida como uma homenagem aos amigos, mas todas as editoras que abordou se recusaram. Agora que os filhos acrescentaram as fotografias da mãe aos manuscritos, as imagens dão vida ao texto. Poucas fotos são posadas, a luz é inconstante e a qualidade é variável, mas nada disso importa: juntas, evocam de maneira extraordinária um mundo perdido.

Por acaso, conheci o grande saxofonista Sonny Rollins, amigo de Nica, e lhe contei sobre meu projeto abandonado. "Você precisa continuar", ele insistiu. "A história dela é nossa história. Precisa ser contada." Comecei a trabalhar novamente no projeto e continuei a pesquisa. Aonde quer que meu emprego ou as férias me levassem, ia armada com uma câmera e um caderno, para o caso de alguém se lembrar de algo. Conduzi inúmeras entrevistas, colecionei pilhas de recortes de jornais, capas de discos, documentários, fotografias, cartas, e-mails, fitas e memórias variadas. Foi uma aventura que começou em uma das casas dos Rothschild em Ashton Wold, Peterborough, com sua irmã Miriam, e cruzou o mundo inteiro, do Harlem à Holanda, do México a Manhattan, da Espanha a San Francisco.

Fiz um programa de rádio e depois um documentário sobre ela, os dois chamados *The Jazz Baroness*. Este último foi transmitido pela bbc e pela hbo, e ainda aparece em festivais pelo mundo todo. Contar uma história em filme é uma forma de biografia; o retrato por escrito oferece outras possibilidades. Queria explorar todas, analisar cada detalhe. Por quê? Basicamente, porque a história dela é extraordinária, uma odisseia musical que varre tanto um século quanto o mundo inteiro, com todos os ingredientes de um melodrama: a herdeira e o artista sofredor; a borboleta e o blues; amor, loucura, guerra e morte.

Mas há outras razões pessoais. Embora tenhamos nascido com meio século de diferença, em circunstâncias diferentes, com características diferentes, investigar a vida de Nica me ajudou a compreender a minha. Ela me ensinou a buscar as semelhanças em vez de as diferenças, a valorizar a escolha em detrimento das convenções e, acima de tudo, a ter mais coragem. Por que levei quase 25 anos para completar este projeto? Há uma parte de mim que fica pensando se seria possível fazê-lo durar mais. Diversas vezes me perguntei: quem é você, Nica? Heroína ou mulher atraente? Alguém que luta pela liberdade ou uma diletante? Rebelde ou vítima?

2

Rainha das pulgas

"Por que você está fazendo isso, Hannah? É só para se autopromover?", perguntou Miriam.

"Há diversas maneiras mais fáceis de se promover", respondi, na defensiva.

"Você não consegue pensar em outra coisa para fazer? Por que precisa ser algo sobre a família?"

"A senhora escreveu uma biografia inteira sobre seu tio Walter", rebati.

"Mas foi diferente."

"Por quê?"

"Porque tinha a ver com ciência. A ciência tem importância."

"A música tem importância para muita gente."

Mas Miriam não queria saber nada daquilo.

"Devo parar de te visitar?", perguntei.

"Ah, imagino que seja melhor", respondeu ela.

Invariavelmente, se ficasse algum tempo sem visitá-la, meu telefone tocava. "Quando você vai vir? Eu vou morrer logo." E aí ela desligava.

Para o mundo exterior, minha tia-avó Miriam era uma entomologista de respeito, mas para os parentes ela era uma matriarca formidável, exigente e grande fonte de inspiração, uma mulher que sempre estendia a mão benevolente a quem precisasse. Até seu funeral, em 2005, passou a maior parte dos seus 96 anos na casa dos Rothschild em Ashton Wold. O lugar sempre foi um porto seguro para a família e os amigos, incluindo, às vezes, Nica, seus filhos e eu. Miriam era especialista na história da família, uma fonte inesgotável de informações e análise sobre nossos antepassados. Era a quintessência de sua geração e completamente indispensável para meu projeto. E ela sabia disso.

Diversas vezes, nos anos seguintes, fui visitar Miriam, subindo a autoestrada A1, que atravessa o norte de Londres e desemboca no coração da parte central da Inglaterra. É uma bela parte do país para quem aprecia paisagens planas e vastos campos de agricultura. Pessoalmente, achava um alívio sair da estrada movimentada, deixar para trás o brilho alaranjado da cidadezinha de Oundle e entrar no país das maravilhas naturais que era a casa de Miriam.

Nica e o pai de Miriam, Charles, um entomologista amador, apaixonaram-se pela propriedade quando ele percebeu que seria um lugar ideal para conservar borboletas e libélulas. Quando tentou comprar as terras, o agente imobiliário da propriedade disse que os donos jamais concordariam em vender — mas não precisaram. Por coincidência, o pai de Charles, Nathan Rothschild, já era o dono. Em 1900, começaram as obras para construir uma grande casa de três andares e as fundações de jardins, estufas, lagos e um parque.

Embora o irmão de Nica, Victor, como filho e herdeiro, tivesse herdado grande parte das posses e terrenos da família, em 1937 ele deu Ashton para a irmã Miriam. Numa tentativa de economizar dinheiro com a calefação, Miriam eliminou todo o andar de cima, deixando mais baixa a fachada de três andares, antes tão imponente. Depois, recusando-se a podar qualquer planta, deixou a natureza seguir seu curso. Logo cada uma das paredes e várias janelas estavam cobertas de trepadeiras, enquanto uma confusão de ervas daninhas, rosas, madressilvas, glicínias e outras espécies cresciam à vontade. No ápice do verão, Ashton Wold parecia mais um monte verde de folhas farfalhando e insetos zunindo do que uma casa. Cercado por um parque com 76 hectares repletos de veados que Miriam se recusava terminantemente a eliminar, o terreno é circundado por bosques com as flores selvagens pelas quais ela ficou famosa.

Eu me sentia revigorada e animada quando entrava com o carro no vilarejo local de Miriam, com seu pub, o Chequered Skipper [Saltadora Quadriculada], batizado, é claro, com o nome de uma espécie de borboleta. Havia uma porteira no começo da comprida e deteriorada estradinha que se esgueirava pelos campos e prados. Depois de cerca de um quilômetro e meio, você passava pelo comprido jardim da cozinha, alto e com paredes de tijolos, e que já contivera diversos hectares de canteiros e estufas que, na década de 1920, conseguiam produzir flores o ano inteiro para a casa, além de verduras para toda a propriedade. Na época de Miriam, as estruturas desabaram, deixando apenas as fundações e as vidraças quebradas. Algumas foram conservadas para abrigar uma coruja de estimação, e também como casa de borboletas e para criar algumas plantas exóticas.

No jardim, vestígios dos laguinhos, cercas de teixos aparados, casinhas de verão e canteiros ainda são visíveis, mas só de leve. Quarenta anos de jardinagem no estilo laissez-faire permitiram que ervas daninhas sufocassem riachos, caminhos se fechassem e árvores tivessem de lutar por espaço. No começo do verão, proliferavam cobras-d'água-de-colar na vegetação rasteira. As buddleias selvagens e os prados cheios de flores incentivavam a existência de uma enorme variedade de insetos e borboletas.

"Bem-vindos ao Liberty Hall!", gritava Miriam para os convidados. "Aqui vocês podem fazer o que quiserem."

A qualquer hora era possível sentar em companhia de professores universitários, parentes, uma ou outra duquesa, o filósofo Isaiah Berlin, o acadêmico John Sparrow e ainda uma variedade de conhecidos (a maioria homens) que Miriam fez nas diversas viagens. O chá era sempre servido numa mesa comprida na sala de estar para que qualquer um, incluindo a gigantesca população de camundongos da casa, pudesse se servir à vontade. Certa vez, chamei a atenção para o fato de que havia dois "visitantes" de quatro pernas correndo perto do pão de ló. "Bom, sinta-se grata por serem camundongos, pois isso significa que não há ratos por aqui. Camundongos e ratos não coexistem, sabia?", disse Miriam, em tom prosaico.

O almoço era sempre servido com um vinho Rothschild menor e a mesa era posta para pelo menos dez pessoas, caso algum visitante inesperado aparecesse. Assim como a irmã Nica, Miriam adorava a companhia dos animais; Nica amava os gatos, enquanto Miriam preferia os cães, e, durante algum tempo, teve até mesmo uma raposa de estimação. Tanto Miriam quanto Victor tiveram corujas. Quando a de Miriam morreu, foi empalhada e colocada na prateleira em que gostava de se empoleirar. O comprido corredor de entrada de Ashton Wold era ladeado de arquivos contendo os experimentos científicos de Miriam, e as paredes do banheiro do andar de baixo estavam cobertas pelas condecorações de suas vacas campeãs. O quarto em que eu dormia era tão lotado de camundongos que o chão muitas vezes ficava coberto de seus excrementos. Não adiantava reclamar, já que Miriam nunca teria entendido o porquê.

Mais para o fim da vida, Miriam transferiu seu quarto para um grande aposento no andar térreo, ocupado por uma bancada, microscópios, documentos e fotografias da família. "Guardo as pulgas ali, em sacos plásticos, perto da minha cama", ela gostava de dizer. "Foi um hábito que começou quando as crianças eram pequenas, para que não importunassem os insetos."

A família inteira era louca por insetos; descobri que Nica fora inclusive batizada em homenagem a um. Um dia, um amigo norte-americano me mandou uma versão pirata da música "Pannonica", que Monk escrevera para Nica. Gravada no Five Spot Café, é acompanhada o tempo todo pelo bate-papo da plateia e pelo tilintar de copos. Nica estava na plateia, então foi ela que fez a gravação, como costumava acontecer. Monk, que raramente falava, pigarreou para chamar a atenção. "Boa noite, senhoras e senhores", disse ele, com seu jeito suave. "Esta é uma pequena composição que escrevi para esta bela dama aqui. Acho que o pai dela lhe deu esse nome em homenagem a uma borboleta que tentou capturar. Acho que ele não conseguiu."

Perguntei a Miriam sobre a borboleta que inspirou o nome de Nica.

"Borboleta!", Miriam rugiu, com desdém, e saiu rápido da sala em sua cadeira elétrica. Fiquei desolada — o que eu havia feito para deixá-la tão chateada?

Mas a dedicatória de Monk parecia dar diversas pistas quanto a Nica e sua própria mitologia. Ela se apresentava como uma criatura exótica, evasiva. Era uma intrigante analogia: tentar capturar Nica não era muito

26   Rainha das pulgas

diferente de ver de relance uma borboleta que voa rápido, dança, oscila e alça voo sobre um jardim, impulsionada por brisas incertas, atraída por aromas delicados, com o sol incidindo momentaneamente sobre suas cores luminescentes. De repente, a borboleta desaparece na reentrância de uma planta ou fecha as asas e, assim camuflada, torna-se uma folha ou uma pétala.

Decidi descobrir se era possível achar a borboleta *pannonica* nas coleções entomológicas tanto de seu pai Charles quanto de seu tio Walter. Os dois homens haviam reunido coleções enormes e, depois que morreram, a maior parte foi doada para a nação: mais de seis milhões de borboletas foram deixadas para o Museu de História Natural de Londres, formando a maior parte de toda a sua coleção de insetos e borboletas. Eu não tinha muitas esperanças: sem dúvida era pequena a chance de encontrar uma borboleta específica entre tantas outras. Escrevi meu pedido, sem muitas expectativas, e fiquei surpresa ao receber um convite para visitar as câmaras do museu para ver a espécie *pannonica*. Nossos ancestrais não só eram grandes colecionadores como também documentaristas obsessivos; tudo era tão cuidadosamente catalogado e com tantas referências cruzadas que pouco se perdeu.

Numa sombria manhã de novembro, em 2007, fui ao Museu de História Natural para encontrar o entomologista Gaden Robinson. Encontramo-nos debaixo do enorme esqueleto de dinossauro na ala central e descemos por escadas ladrilhadas, passando por criaturas estranhas e maravilhosas rumo às salas dos arquivos. Robinson me conduziu pelas enormes estantes de metal. Lá, vi a (agora empalhada) tartaruga gigante que Charles e as filhas costumavam cavalgar no grande parque em Tring. O pobre animal morrera de desejo sexual não correspondido (mas não por Nica ou por ela, asseverou-me Miriam). As salas dos arquivos são enormes: compridas fileiras de armários, cheias de gavetas bonitas de mogno para guardar espécimes. "Estamos mais ou menos na área certa", disse Robinson, andando no meio do corredor com passos firmes. Como sabia o que deveria procurar? "Borboletas à direita, mariposas à esquerda. Este é o subgênero, *Eublemma*."

Para minha surpresa, ele virou à esquerda, não à direita, e continuou a andar com passos largos pelo corredor.

"Mas esta é a seção das mariposas", eu disse.

"*Pannonica* é uma mariposa."

"Uma mariposa? Tem certeza?"

"Sim. Chegamos." E começou a abrir as gavetas com tampo de vidro.

"Mas ela dizia para todo mundo que era uma borboleta", eu disse a ele. "Tem até uma música escrita para ela chamada 'My Litte Butterfly', e inúmeras referências à derivação do seu nome."

Robinson virou-se para mim e disse, um tanto irritado: "As borboletas são só mariposas mais decoradas. As pessoas acham que são muito, muito diferentes, mas as borboletas são só três das muitas dezenas de famílias de mariposas que adotaram um estilo de vida em que voam alto; como voam de dia, tendem a exibir cores mais vibrantes do que as mariposas. Com todo o respeito às pessoas que acham as borboletas lindas de morrer, elas são só mariposas bem-vestidas."

"E por que as borboletas são menos interessantes?", perguntei.

"Não estou dizendo que são menos interessantes, só estou colocando-as no devido lugar. As pessoas tendem a considerar as borboletas bonitas mas veem as mariposas como algo horrível, o que é só uma questão de percepção. É errado; as borboletas são só mariposas com melhores relações públicas."

Devidamente localizada, a *pannonica* revelou-se um insetinho humilde, do tamanho de uma unha, de beleza muito modesta. Levamos a bandeja com as *pannonicas* para o escritório de Robinson. Cada espécime tinha sido cuidadosamente montado num alfinete e catalogado individualmente, à mão, numa bonita caligrafia vitoriana. Usando uma lupa, era possível ler as palavras. Primeiro vinha "NC Rothschild" (Charles, o pai de Nica), depois a data, agosto de 1913, e finalmente o local onde foi encontrada: Nagyvárad (atual Oradea), Bihor, local em que a mãe de Nica nasceu. Foi lá que Charles conheceu Rozsika, e era para lá que, até começar a guerra, a família retornava todo verão para visitar os parentes.

Havia cerca de dez pequenas *pannonicas*, capturadas entre 1910 e 1914. Olhei para a última, ciente do quanto era uma data pungente: foi a última vez que Charles saiu para caçar mariposas, já que nessa época sua saúde começara a se deteriorar. Segurando este último espécime contra a luz, vi que, longe de ser uma mariposinha desmazelada, era bem bonita, com asas amarelo-limão e pontas da cor de um belo vinho Château Lafite. Ri ao me dar conta de que receber o nome de uma criatura da noite era totalmente apropriado: Nica sentia-se viva depois que anoitecia.

"A Nica sabia que na verdade foi batizada com o nome de uma mariposa?", perguntei a Miriam.

"Claro", disse ela, como se eu fosse completamente ingênua. "Pannonica significa 'da Hungria', e também é o nome de um molusco e uma leguminosa. Se você pelo menos tivesse se dado ao trabalho de procurar nos catálogos das *Lepidoptera*, teria visto: *Eublemma pannonica*. Ela foi identificada pela primeira vez por Freyer, em 1840."

"Por que Nica dizia que tinha o nome de uma borboleta?"

Miriam revirou os olhos, fez um som exasperado e saiu da sala. Eu deveria ter corrido atrás dela para perguntar o que aquele som significava, mas na verdade não precisava — Miriam, a irmã mais velha, a que continuou na Europa, que cuidava dos negócios, que levou adiante a obra do pai, que cuidava da família estendida, ficava claramente agoniada com certos aspectos do comportamento de sua irmã mais nova.

Como filha e irmã de entomologistas, Nica sem dúvida sabia exatamente que tipo de criatura inspirara-lhe o nome. Fiquei tentando imaginar por que ela preferia a mitologia à verdade. Será que era melhor para ela ficar nas sombras, não contar toda a história, não dar o panorama completo?

Embora orgulhosa de seu legado e dependente de sua herança, ela permaneceu distante, preferiu viver em outro continente, buscou interesses diferentes e decidiu prescindir do nome de solteira mesmo depois do divórcio. O que, eu me perguntava, tinha feito Nica ser tão diferente de Miriam e Victor, que permaneceram imersos no estilo de vida Rothschild? À medida que minha pesquisa progredia, percebi que Nica se sentia ambivalente tanto quanto a seu nome quanto à sua família de origem. Ela sabia que, para os Rothschild, seu nascimento fora uma decepção. Eles queriam um menino.

3

A Rosa da Hungria

Em 1913, o ano de nascimento de Nica, os Rothschild enfrentavam duas crises. Uma era totalmente causada por eles mesmos; a outra estava fora de seu controle. Haviam, no século anterior, construído um gigantesco império global, mas o mundo no qual ele operava estava ruindo. O inexorável declínio do Império Austro-Húngaro, em paralelo com as políticas expansionistas de seus vizinhos Alemanha, França e Grã-Bretanha, significava que a balança do poder na Europa estava passando por mudanças.

Na guerra e na paz, os Rothschild foram banqueiros para governos e monarcas, financiando os sonhos e medos das nações europeias. Como financiadores de exércitos e indústrias, dizia-se que ninguém começava uma guerra ou aventava a paz sem antes consultar os Rothschild. Durante a crise franco-polonesa de 1836, uma matriarca Rothschild alegou: "Não vai haver guerra porque meus filhos não vão financiá-la". Não era um falso alarde: seus filhos eram os donos e controlavam uma corporação bancária multinacional que exercia um poder sem igual sobre os mercados internacionais. Seu império se estendia desde os campos de petróleo de Baku até a rede de estradas de ferro que ia da França à Bélgica e da Espanha à Itália, passando pela Áustria. De commodities à arbitragem, de minas ao comércio, o alcance dos Rothschild ia da África do Sul a Burma, de Montana ao Cáucaso, e além.

Os impérios financeiros prósperos dependem de estabilidade política. Embora a família pudesse influenciar os líderes de países e suas intervenções, nem mesmo os Rothschild tinham o poder de manter um continente estável; a família observou, horrorizada, a Europa seguir rumo à guerra.

Internamente, enfrentavam um problema ainda maior: a falta de herdeiros do sexo masculino. O negócio da família foi fundado e administrado segundo o princípio de que somente os homens poderiam herdar e gerenciar o negócio. Era um princípio consagrado em seu testamento pelo pai fundador, Mayer Amschel, em 1812, e que vigora ainda hoje.

> Minhas filhas e genros e seus herdeiros não compartilham da empresa criada sob a firma de Mayer Amschel Rothschild e filhos... e [ela] pertence exclusivamente a meus filhos. Nenhuma das minhas filhas, genros e seus herdeiros, portanto, tem direito a exigir gerenciar as transações comerciais. Eu jamais poderia perdoar qualquer um de meus filhos se, ao contrário desses meus desejos de pai, fosse permitido que meus filhos varões fossem prejudicados na posse e prosseguimento pacíficos de seus interesses comerciais.

Além disso, se qualquer um dos sócios morresse, suas viúvas e filhos não tinham automaticamente direito à herança; a posse das ações revertia para os pais, irmãos e filhos sobreviventes. Esperava-se que as filhas se casassem com alguém de fé judaica, e talvez até mesmo com alguém da própria linhagem. James, em uma carta para o irmão datada de 1824, fala sobre sua nova esposa, que também era sua sobrinha, Betty: "A esposa de um homem... é parte essencial da mobília".

Originalmente, havia cinco filhos aptos a gerenciar as cinco filiais europeias, mas, nas últimas décadas do século XIX, a sorte os abandonara; esta escassez de homens foi causa direta do fechamento da filial de Frankfurt, em 1901. Os dois herdeiros, Mayer Carl e Wilhelm Carl, tinham dez filhas no total, mas nenhum filho varão. A filial de Nápoles fechou em 1863, já que Adolph Rothschild também não conseguiu ter um filho para assumi-la. Na virada do século, a filial inglesa operava com quantidades críticas de cromossomos Y. Embora poucos Rothschild admitissem, a total dependência de filhos do sexo masculino era tão prejudicial aos negócios quanto as vicissitudes da guerra e os caprichos da tributação.

Portanto, não era nenhuma surpresa que, em dezembro de 1913, os membros da família esperassem ansiosamente o nascimento do filho do primo Charles e sua esposa Rozsika. Seria o quarto. O casal já havia produzido um herdeiro, Victor, em 1910, mas precisavam de um sobressalente. Até então, só conseguiram ter meninas: Miriam em 1908 e Liberty em 1909.

Os homens gerenciavam o banco; as mulheres ficavam na família, gerenciando o lar. À espera do bebê em Tring Park, em Hertfordshire (como era na época), estavam os avós do bebê, Nathan (Natty) e Emma. Os dois nasceram Rothschild, casaram-se com Rothschild e produziram Rothschild. Natty Rothschild foi o primeiro não cristão a assumir um posto na Câmara dos Lordes e o primeiro a ser convidado a se hospedar com a rainha Vitória no Castelo de Windsor (ela instruiu os chefs a servir uma torta especial, sem presunto). Ele se tornou diretor da filial britânica do Banco Rothschild em 1879. Investidor internacional, Natty fazia empréstimos para os governos dos Estados Unidos, da Áustria e da Rússia; patrocinou Cecil Rhodes na África do Sul e o conglomerado de diamantes De Beers; além disso, organizou o patrocínio do Canal de Suez. Natty serviu como assessor do governo durante vários mandatos consecutivos: tinha como aliado mais próximo Disraeli; Randolph Churchill e Balfour confiavam em seus conselhos. Com a deflagração dos conflitos em 1914, Lloyd George convocou uma reunião com os principais banqueiros, executivos e economistas para discutir o financiamento da guerra: embora o futuro primeiro-ministro e o colega judeu tivessem tido várias discordâncias no passado, Lloyd George depois afirmou que "somente o velho judeu dizia coisas que faziam sentido". Seu tino para os negócios era igualado pelo zelo filantrópico. Chocado com os pogroms na Rússia, Natty recusou-se a fechar um lucrativo negócio com o governo russo por princípios. Doou grandes quantias de dinheiro e fez campanhas em prol do apoio do público contra a perseguição de judeus na Romênia, no Marrocos, na Rússia e em outros países. Em seu país, reconstruiu as moradias populares em Tring, o que deu origem a quatrocentas casas novas e modernas, e criou a Four Per

32   A Rosa da Hungria

Cent Industrial Dwellings Company, uma combinação de empresa e filantropia, para criar 6500 novos lares. O problema para os filhos de Natty era que ele era tão capaz, tão exigente e tão crítico que seriam necessários muitos filhos extraordinários para corresponder aos severos padrões que ele impunha. Em vez disso, ele teve três filhos, e os dois meninos não pareciam ter muito futuro. Agora, com 73 anos e a saúde frágil, Natty, como o resto da família, depositava as esperanças na geração seguinte.

A esposa de Natty, Emma, nasceu em 1844 e viveu até os 91 anos de idade. Quando veio de Frankfurt em 1867 para se casar com o primo, Emma foi informada de que uma casa já havia sido escolhida para ela, Tring Park, situada no coração das terras dos Rothschild, no vale de Aylesbury. Para tornar a vida mais fácil, a família expandiu a estrada de ferro local até a porta de casa. Emma viu a casa pela primeira vez no dia seguinte a seu casamento, um presente generoso, como era o costume, embora um tanto exagerado.

Como muitas outras Rothschild, Emma era pertinaz e direta. Não achava nada de mais convidar o primeiro-ministro Benjamin Disraeli para criticar seus romances, dizendo-lhe que, embora fossem muito bem-escritos, ele não entendia as mulheres. Ela falava três línguas, todas com um leve sotaque alemão, e ria de um jeito diferente em cada uma. Talvez sua longevidade se devesse aos vigorosos exercícios diários ou ao hábito de tomar um banho frio todas as manhãs.

O irmão de Charles, Walter, Lord Rothschild — o filho mais velho e herdeiro aparente — também aguardava o nascimento. Com saúde delicada, ele estudou em casa. Cresceu e virou um homem grande feito um urso, gago, com mais de 120 quilos e, de acordo com as sobrinhas, não deixava ninguém na casa dormir com seus roncos. Nunca se casou, mas teve duas amantes; uma delas deu-lhe uma filha ilegítima, e a outra o chantageou quase a vida inteira, ameaçando revelar o relacionamento à sua mãe. Seus dois grandes amores eram a mãe, Emma, e os bichos, mortos ou vivos. Com o título de Lord Rothschild, era o destinatário da famosa declaração de Balfour, a carta escrita em 1917 pelo governo britânico reconhecendo que via com boas graças o estabelecimento de um lar para os judeus na Palestina. Esta carta abriu caminho para a criação do Estado de Israel. Mas por mais que tivesse interesse no judaísmo e na Palestina, nada ocupava o lugar da primeira paixão de Walter: o estudo de animais e insetos.

Walter não herdou a aptidão da família para ganhar dinheiro. Ocupou um cargo no banco durante anos, mas, enquanto fingia estar trabalhando nas finanças, na verdade usava a fortuna que havia herdado para montar a maior coleção de animais já reunida por um homem. Nela havia mais de 2 milhões de espécimes de borboletas e mariposas, 144 tartarugas gigantes, 200 mil ovos de pássaros, 300 mil peles de pássaros e outros espécimes raros e incríveis, de estrelas-do-mar a girafas, que agora fazem parte das coleções de museus de história natural em Londres e nos Estados Unidos. O que tornava sua coleção tão extraordinária não eram só o tamanho e a abrangência, mas também o modo como tudo era meticulosamente catalogado. Cada criaturinha era etiquetada, registrada e apresentava referências cruzadas.

Walter empregou agentes no mundo todo para garimpar e coletar espécimes. Meek procurava pássaros no arquipélago Louisiade e em Queensland; o capitão Gifford, em Gold Coast; dr. Doherty, nas ilhas Sula; sr. Everett, no Timor; dois homens japoneses, em Guam; e o sr. Waterstrade, em Lirung. E esses são apenas alguns dos que investigavam os pássaros. O que Walter não conseguia capturar, ele comprava. Gastador compulsivo, Walter varria os leilões e as vendas privadas em busca de tesouros para aumentar sua coleção. Entre os animais que foram batizados em sua honra estão uma girafa, um elefante, um porco-espinho, um *wallaby* das rochas, uma lebre, um peixe, um lagarto, um casuar, uma ema, uma ave-do-paraíso, um tentilhão de Galápagos e uma mosca exótica cuja fêmea tem olhos na extremidade de compridas hastes. Walter, por sua vez, batizava algumas de suas descobertas em homenagem às pessoas que admirava, como a rainha Vitória e a princesa Alexandra, que ele visitava no Palácio de Buckingham em sua carruagem puxada por zebras.

Ele construiu um museu particular em Tring Park para alojar sua coleção. Durante as épocas de chuva, suas sobrinhas e sobrinho brincavam de esconde-esconde entre as fileiras de criaturas empalhadas. Também já fui lá quando era criança e levei minhas filhas para admirarem tudo aquilo. Em ocasiões especiais, vamos até os bastidores, as câmaras que abrigam os ovos e até peles de aves, inclusive as que Darwin encontrou em sua viagem no *Beagle*. Em uma vitrine, há o esqueleto do extinto dodô e, em outra, um par de pulgas em traje completo, que faziam shows num circo mexicano.

Observando a enorme coleção acumulada por Walter em seu museu e por outros parentes em suas casas, fiquei tentando imaginar de onde vinha este impulso e por que tantos membros da minha família compartilhavam dele. É, em parte, uma espécie de mania de acumulação, demonstração de superioridade e exibição extravagante. Mas junto a essa ostentação está o desejo do colecionador de criar um mundo perfeito e ordenado sobre o qual exerce algum tipo de controle, uma sensação de poder e segurança; talvez no âmago do ato de colecionar esteja a simples necessidade de criar uma ordem externa a partir do caos interno.

Walter, como todos os outros, queria muito que o irmão e a cunhada tivessem outro filho. Ele sabia que não havia correspondido às expectativas da família e que sua incompetência para as finanças havia destruído os sonhos de muitos.

Charles — o futuro pai — era um homem belíssimo, mas com constituição mental delicada. Desde tenra idade, era suscetível a variações de humor. Charles também amava os animais, mas teve a má sorte de ter sucesso mediano com os assuntos do banco. Se Charles, assim como Walter, tivesse tido permissão para se entregar apenas à paixão obsessiva pelo naturalismo, sua vida talvez tivesse sido diferente. Mas, em vez disso, todas as expectativas de seu pai e seus parentes caíam sobre seus ombros, um fardo intolerável para qualquer pessoa.

Enviado à escola preparatória aos oito anos de idade, Charles escreveu uma patética carta à mãe, dizendo que amava sua casa "10 000 000 000 000 vezes mais do que tudo". Ninguém prestou atenção às saudades que ele sentia de casa e, aos treze, Charles saiu da escola preparatória e foi enviado para Harrow, onde tinha como colegas futuros duques, generais, bispos e políticos, como Winston Churchill. A família esperava que, ao apresentar Charles bem cedo aos homens mais influentes da Inglaterra, isso aumentaria suas chances na vida profissional. Mais tarde, ele escreveu: "Se eu tiver um filho, ele terá aulas de boxe e jiu-jítsu antes de ir para a escola, já que as 'caçadas aos judeus', como as que experimentei, são divertidas só para um dos lados, e há falta de compaixão dos caçadores para com a caça". Em Harrow, soltavam Charles como se ele fosse uma raposa e lhe diziam para correr o máximo que pudesse, enquanto seus colegas, ladrando feito cães de caça, tentavam alcançá-lo. Quando o pegavam, ele apanhava até sangrar. Os professores fingiam que não viam. Os caçadores não registraram suas memórias, mas um colega, o historiador George Trevelyan, confirmou a grande infelicidade de seu amigo, e a memória mais duradoura que tinha dele era Charles montando quadros com peles de pequenos animais ou espetando borboletas.

Imagino o pobre Charles debruçado sobre sua coleção de borboletas-cauda-de-andorinha, perfurando-as com um alfinete afiado, esfregando formaldeído em seus delicados corpos e depois escrevendo cuidadosamente, com sua caligrafia precisa, os detalhes num pequeno cartão. Ele deixou essas borboletas para a escola, na esperança de que outros jovens encontrassem consolo ao estudá-las. As caças aos judeus explicam em parte por que Charles se recusava a mandar as filhas para a escola, mas não explica por que decidiu enviar o filho, o meu avô Victor, para Harrow, a odiada escola em que estudara. Talvez achasse que as borboletas fossem protegê-lo.

Recentemente, Harrow decidiu leiloar este seu legado e, pouco antes do último martelo, fui ver a coleção de Charles. Num porão úmido sob o laboratório de ciências, atrás de uma pilha de computadores velhos, luminárias quebradas e outros detritos educacionais, encontrei as borboletas de Charles, o sonho de qualquer lepidopterista: a mais completa coleção de caudas-de-andorinha em mãos privadas, superada somente por três grandes museus. Mais de 3500 espécimes, com trezentas subespécies diferentes, estão guardadas em gavetas de vidro dentro de belos mostruários de mogno.

As caudas-de-andorinha são os Golias do mundo das borboletas. A asa-de-pássaro, da Papua Nova Guiné, é a maior borboleta conhecida e foi capturada, ou literalmente expulsa, da floresta por colecionadores que usaram espingardas. Mas o grande trunfo da cauda-de-andorinha não é o seu tamanho, e sim sua aparência. Nada feito pelo homem, nenhuma pintura de Ingres ou Velazquez, nenhuma das joias de Catarina, a Grande ou a intrincada arte mogol consegue chegar perto da absurda beleza dessas criaturas. Cada espécie de cauda-de-andorinha é bem diferente da outra, o que é perceptível pelo formato e pelos tons de cor. A asa de uma borboleta é composta de milhares de escamas diminutas, facilmente destacáveis, que capturam individualmente a luz, mas juntas criam uma profundidade de cor e iridescência sem igual na natureza.* Um aluno contemporâneo me disse o quanto se sentia "arrasado" porque a coleção estava indo embora, mas admitiu que era um dos poucos ali que a apreciava.

Ao sair da escola, vi centenas de meninos, todos vestidos como Charles se vestia, com paletós azuis e chapéus achatados de palha, correndo pelas ruas rumo à aula seguinte. Uma lufada repentina levantou os chapéus no ar. Fiquei ali, observando os chapéus flutuando e revirando até caírem no chão como uma multidão de pálidas borboletas, e me lembrei do meu gentil bisavô e do consolo que ele encontrava na natureza.

Charles era mais feliz quando auxiliava o irmão Walter ou quando conduzia as próprias pesquisas de campo. Aos dezenove anos, em 1896, ganhou permissão para fazer o que quisesse durante duas breves semanas e escolheu embarcar numa expedição de colecionador pelo rio Nilo. As cartas que enviou para casa comentam as estranhas e maravilhosas paisagens que vira. "O gado em Shendi é formado por animais muito interessantes." Ou "Estou me esforçando para capturar uma tartaruga para Walter".

Ao retornar à Inglaterra, Charles voltou diligentemente ao trabalho, porém, suas ideias de investimento foram refutadas de modo polido, mas enfático. Ninguém achava que havia futuro no cobre a ponto de justificar a construção de uma fábrica de fundição; poucos concordavam com ele que abrir uma filial no Japão seria bom investimento; e, na opinião de seus colegas banqueiros, uma invenção recente na qual Charles queria investir, o gramofone, seria um fracasso.

Sob as rédeas curtas da mãe em casa e à sombra dos antepassados no trabalho, Charles apostou na independência casando-se com uma bela judia húngara que conheceu enquanto caçava borboletas e pulgas raras nos Cárpatos. Ao escrever para um amigo que também sofria de oscilações de humor, Charles comentou: "Estou muito contente por você estar melhor e por sua tristeza estar diminuindo. Faça como eu, case-se, e nun-

---

* A filha de Charles, minha tia-avó Miriam, costumava mandar um cartão de Natal com uma imagem de cores misturadas e tinha grande prazer em corrigir os que supunham ser a obra menos conhecida de algum famoso pintor impressionista. "Você está olhando para o órgão reprodutivo de uma borboleta, ampliado inúmeras vezes", ela dizia aos príncipes e chefes de Estado, toda satisfeita. (N. A.)

ca mais ficará triste". Rozsika von Wertheimstein foi a única mulher que ele amou.

Rozsika von Wertheimstein vinha de uma família importante, mas pobre. Era conhecida como a Rosa da Hungria, devido a sua beleza; as íris de seus olhos, castanho-escuras mas com bordas arroxeadas, capturavam a luz feito asas de borboletas. Nica depois confessou que todo mundo "morria de medo" de Rozsika. Mesmo assim, sua irmã Miriam, ao ser indagada sobre o que mais gostaria de ter no mundo, qualquer sonho impossível, respondeu: "Eu gostaria de passar só mais uma hora com a minha mãe".

Nascida em 1870 em Nagyvárad, Hungria (atualmente a cidade romena de Oradea), Rozsika era a filha de um oficial do Exército aposentado. Quando conheceu Charles, em 1907, ela já estava com 34 anos e muitos supunham que seu provável destino seria se tornar a encarregada das correspondências do vilarejo. De acordo com Miriam, "Ela foi criada num país onde o antissemitismo se dava totalmente às claras. Somente uma pequena porcentagem de judeus tinha permissão para frequentar uma universidade. Na Hungria, se você fosse judeu, isso era um estilo de vida. Você ficava totalmente à parte." Sem acesso a uma educação formal, Rozsika foi autodidata; ela sabia ler húngaro, alemão, francês e inglês.

Rozsika era considerada bastante "avançada". Passava os dias patinando no gelo no inverno e em festas de partidas de tênis no verão. Fumava abertamente e gostava de desafiar os rapazes a saltar sobre barris no gelo. Foi a primeira mulher na Europa a sacar uma bola de tênis com o braço levantado, um movimento bastante ousado, já que expunha o formato do seio. Rozsika foi chamada a Viena para demonstrar o movimento para a arquiduquesa quando ela ficou sabendo dessa nova façanha.

Casar-se com um Rothschild era considerado não somente um grande golpe de sorte como também uma grande realização pessoal, semelhante a ganhar o Derby, e o noivado foi noticiado em toda a Europa. As juras do casal foram "solenizadas" em Viena numa cerimônia simples, na qual o templo foi decorado de branco e verde-claro, enquanto a noiva usava cetim cor de marfim. Ao retornar para a Inglaterra da lua de mel em Veneza, Rozsika viu sua nova casa pela primeira vez e foi informada de que passaria a vida de casada ali, criando os filhos com a sogra, Emma, e o irmão do marido, Walter. Seu nome aparece como convidada de diversos bailes de Estado no Palácio de Buckingham e na corte, mas o nome da srta. Von Wertheimstein havia desaparecido: ela agora era a sra. Charles Rothschild.

Talvez a tensão de engravidar quatro vezes em cinco anos tenha domado Rozsika, ou talvez sua nova vida a tenha deixado submissa, porque não há relatos de que tivesse saltado por cima de barris ao patinar no gelo na Inglaterra. Ficava constantemente surpresa com a formalidade que existia em seu novo lar: apesar de ela e Emma morarem sob o mesmo teto durante 25 anos, nunca se beijavam ou se abraçavam. Rozsika sabia o que esperavam dela.

Assim, o nascimento no lar da família Rothschild em Londres de Kathleen Annie Pannonica, em 10 de dezembro de 1913, foi um terrível golpe do destino. A menina, em cueiros apertados, foi imediatamente despachada para os cuidados de duas amas. No dia seguinte, a bebê, ainda sob custódia das babás, foi transportada num trem privado e levada para morar com as irmãs na casa de Tring, que pertencia à sua avó Emma.

Durante os dezessete anos seguintes, Nica, como era conhecida, viveria nas várias casas dos Rothschild, brincando com outras crianças Rothschild e caçando com os cães dos Rothschild. Os primos eram, de longe, os convidados mais frequentes nas casas da família. Mesmo hoje em dia, embora essas casas não existam mais, a proximidade continua. Toda família tem brigas e desentendimentos, mas nós ainda nos encontramos nos aniversários, comemorações de datas importantes e celebrações. Como disse Nica, usando uma gíria em iídiche para se referir à família: "Talvez eu venha de uma *mishpacha* estranha, mas somos uma família unida, acredite se quiser".

4

Lutar, fugir ou ficar

Nica descrevia sua infância como uma fase cansativa: "Eu ia de uma enorme casa de campo para outra, viajando nos vários imaculados vagões Pullman, e era vigiada dia e noite por um batalhão de amas, governantas, tutores, lacaios, valetes, choferes e criados". A vida das crianças era organizada de acordo com a conveniência do planejamento das outras pessoas. Não poupavam dinheiro com elas, mas também nenhuma delas ganhava algum tipo de mesada para gastos pessoais ou idiossincrasias.

A rotina pré-guerra era sempre a mesma. As crianças dormiam num quarto com a babá, que as acordava às sete todas as manhãs. Depois do banho, as meninas eram colocadas num apertado espartilho, depois vestiam um avental imaculadamente passado e por fim um vestido branco engomado. Cada menina tinha uma fita de cor diferente amarrada na cintura. A de Miriam era sempre azul, a de Liberty, rosa, e a de Nica, vermelha. Os cabelos eram escovados cem vezes e presos com presilhas de tartaruga. Victor, o filho e herdeiro, estava sempre longe de casa, no internato, e só via as irmãs nas férias. O contato com os pais era limitado, mas, quando Rozsika estava em casa, as meninas eram levadas para o seu quarto, onde ajoelhavam no chão, colocavam as mãos juntas e rezavam para que "Deus faça de mim uma boa menina, amém". A mãe não seguia os costumes judaicos. Onde quer que dormissem, as meninas tentavam ficar o máximo de tempo acordadas para ouvir o pai retornando nos fins de semana, aguardando o revelador som dos cascos dos cavalos sobre o cascalho e o constante avanço da carruagem iluminada por lamparinas na estradinha.

As crianças almoçavam na ala reservada para as crianças e só podiam fazer as principais refeições com os pais quando completassem dezesseis anos. A comida era da melhor qualidade, preparada por um famoso chef francês que gastava 5 mil libras por ano só com peixe. O cardápio nunca variava. Às segundas, o café da manhã consistia em peixe cozido; às terças, ovos cozidos; às quartas, ovos cozidos; às quintas, peixe cozido, e assim por diante. A comida e a rotina diária em Tring eram, de acordo com Miriam, "imaculadas, constantes e extremamente monótonas".

A rotina era tão repetitiva quanto os cardápios. Todas as manhãs, exatamente à mesma hora, as crianças eram levadas para passear no parque. Era proibido correr ou se esconder, para que as meninas não sujassem os vestidos brancos nem se perdessem. Ao contrário das crianças, os animais tinham total liberdade para correr pelo parque, e a área onde ficavam, atrás de uma grade alta, era um paraíso artificial. Havia antílopes, cangurus, tartarugas gigantes, emus, emas e casuares, tudo da coleção do tio Walter. As crianças se apavoravam com os emus; eles faziam um curioso som repetitivo com os pés e seguiam os carrinhos de bebê, esperando receber comida. Miriam recorda-se das aves gigantes inclinando a cabeça para dentro de seu carrinho com seus "olhares penetrantes e terríveis e bicos compridos".

As crianças passavam os meses de inverno em Tring, em Hertfordshire, mas, durante o verão — juntamente com os criados e os animais —, eram realocadas para outra residência, Ashton Wold, a cerca de cem quilômetros dali. Nessa casa, onde colocavam naftalina durante o inverno, as capas contra pó eram retiradas, os estábulos preparados e a estradinha da entrada rastelada para receber Charles e a família. Embora informal se comparada a Tring, Ashton tinha vinte criados permanentes, e esse número aumentava para atender necessidades adicionais.

Quando Charles estava em casa, as crianças o ajudavam a pegar e emoldurar borboletas e outros insetos. A rotina e as convenções ficavam temporariamente de lado. Para seus filhos, que o adoravam, Charles era "simplesmente o pai perfeito". Victor, Miriam e Nica me disseram que ele adorava contar piadas. Miriam afirmou: "Meu pai era um homem muito bem-humorado, adorava piadas e trocadilhos. E todo mundo o achava muito engraçado". Nica, Miriam e Victor me contaram diferentes versões dessa história. "Às vezes, ele vinha nos ver nos aposentos das crianças, onde contava piadas que eu não entendia, mas que deixavam as babás morrendo de rir", contou Nica. Charles tinha uma barra de ouro em seu escritório e dizia que a criança que conseguisse levantá-la com uma das mãos poderia ficar com ela. Nica e seus irmãos tentavam até bufar, mas ninguém nunca conseguiu. Quando eu era criança, meu avô, Victor, repetiu a mesma brincadeira quando fomos visitá-lo no banco.

A música ficou intrinsecamente ligada às memórias felizes que Nica tinha do pai. Quando retornava do trabalho, Charles deixava que os filhos usassem o fonógrafo no volume máximo e os ajudava a escolher um disco. O gosto musical dele ia desde os mestres da música clássica até inovadores contemporâneos como Stravinski e Debussy, mas ele também se encantava pelos novos sons que vinham da América e gostava de ouvir um jovem músico de ragtime chamado Scott Joplin. Depois da Grande Guerra, havia mais discos sendo produzidos e Charles levou para casa Bix Beiderbecke, as primeiras excursões de Louis Armstrong com a banda de Fletcher Henderson e a "Rhapsody in Blue" de George Gershwin, e todos ficavam ecoando pela casa.

Embora Victor tivesse sido enviado para estudar em Harrow, os pais de Nica não aprovavam a educação formal para mulheres e, por princípio, detestavam professores. "Eles achavam que era como *David Copperfield*", disse Nica; que a escola acabava com a individualidade da criança.

As governantas das crianças eram conduzidas até a casa numa charrete de pôneis todos os dias, mas ensinavam pouco além de bordado e piano. As três filhas não foram nem mesmo preparadas para a menstruação e não tinham a menor ideia de que uma coisa chamada pênis existia. Ocasionalmente, os primos Rothschild hospedavam-se lá, mas as outras crianças geralmente só eram avistadas rapidamente da janela de um carro ou de uma carruagem. "Havia famílias aristocratas ali perto, mas elas não convidavam crianças judias para brincar e, quando convidavam, era só para os grandes eventos", disse Miriam. Nica e suas irmãs estavam confinadas à classe conhecida como "*yids*", ou "gente diferente de nós".

42   Lutar, fugir ou ficar

Victor deixou registros de suas conquistas escolares, mas foi impossível achar qualquer vestígio dos boletins de Nica, e muito menos composições ou os livros que lera. Miriam me disse: "As lições aconteciam de dia, com muitos intervalos para jogos e brincadeiras. E aí, às cinco da tarde, a carruagem aparecia e levava as governantas para suas casas, que ficavam do lado de fora da nossa casa. Quando eu tinha dezesseis ou dezessete anos, me perguntaram o que aprendi de História e eu disse: 'Bom, nunca passamos dos romanos'".

Ao visitar o arquivo da família em Londres, ainda no banco em St. Swithin's Lane, vasculhei os registros em busca de menções de Nica. A busca foi ainda mais difícil devido à mania da família de destruir todos os registros pessoais. Só os documentos mais públicos eram guardados, e neles raramente havia referências às crianças. Ainda me lembro da emoção de ver o raro nome de Nica em um dos livros de visitas da família: lá, em 1928, espremida entre as irmãs, um duque, um ministro e um príncipe estrangeiro, estava sua assinatura, "Pannonica Rothschild", em letra grande e rebuscada.

A descoberta de seu álbum de fotografias em Ashton foi outra emoção. As prateleiras de Miriam eram lotadas de livros e objetos. Fotografias de parentes e dignitários ficavam misturadas às obras que ela mesma escrevera e livros escritos por amigos. No fundo da prateleira inferior, encontrei, por acaso, um álbum de fotografias com capa de couro azul-escuro com *Pannonica* gravado em dourado na frente. Intocado há anos, cheirava a mofo e abandono. Havia cocô de camundongo espalhado perto dele feito confete, mas felizmente o livro não os apeteceu. Ali, dentro daquelas páginas pesadas, manchadas pelo tempo, vi fotos de uma Nica menina e bonita, que a cada página se transformava numa bela adolescente. Eram fotografias formais, e as roupas nunca mudavam, exceto pelo tamanho: Nica sempre trajava um vestido branco de renda, usava os cabelos presos para trás com laço e meias sempre na mesma altura. Contudo, apesar da formalidade da pose, a expressão em seu rosto vibrava, era muito intensa, como se estivesse enfrentando a lente da câmera, desafiando o fotógrafo a capturar de fato a essência de sua personalidade, tornando o cenário e os detalhes de época supérfluos.

Gradualmente, fui começando a montar um retrato da criação de Nica. Além de ter poucos amigos, as crianças Rothschild não tinham privacidade. Mais de trinta pessoas trabalhavam na casa e pelo menos outras sessenta estavam empregadas na fazenda, estábulos e jardins. As crianças dormiam com as babás, comiam na companhia de lacaios que se postavam atrás de suas cadeiras, cavalgavam em companhia dos cavalariços, tomavam banho supervisionadas por criadas e passeavam com as governantas. Além do habitual séquito de mordomo, governanta, chefs, lacaio, criadas da área de serviço, babás, cavalariços, jardineiros e choferes, havia membros da criadagem com títulos de que nunca ouvi falar e jamais imaginei que existissem. Havia uma pessoa para passar cartolas e outra para cuidar das obras de arte. O "homem adicional" verificava se os baldes estavam cheios de areia para combater algum incêndio; havia funcionários apenas para dar corda em relógios, cuidar de despertadores, exterminar insetos e polir as grelhas das lareiras.

"Eu não conhecia mais nada; achava que o mundo era assim. Supunha que sempre seria daquele jeito, já que havia um senso real de finalidade, como o sol nascer e se pôr", disse Miriam, ao relembrar a infância. "Era de fato uma prisão; a liberdade não existia. Este era o problema: tudo era perfeito mas, no que tange às crianças, era chato e repetitivo."

Como muitos da sociedade, a vida dos membros adultos da família Rothschild era bem-documentada na *Court Circular* do *Times*, uma espécie de revista de celebridades da época. Informações tão banais quanto "Lady Rothschild saiu de Londres para ir a Tring Park" ou "sra. Rothschild toma chá com a princesa Alexandra" eram publicadas, e nas festas da alta sociedade cada convidado era solenemente listado. Quando Emma era mais jovem, antes de Charles ficar mais recluso, havia festas enormes em Tring, almoços e jantares à mesa para centenas, com bandas, festivais e apresentações. Nica recordou-se de Albert Einstein aparecendo em algum evento e fazendo truques de mágica para as crianças, sendo que um deles era tirar a camisa sem despir o paletó.

Casar-se com Rozsika só afastou temporariamente a depressão de Charles. Logo depois do nascimento de Nica, em 1913, Charles ficou mais introspectivo, às vezes sem falar durante dias a fio. No começo, a família lidava com isso fingindo que nada estava acontecendo. Charles ainda comparecia às refeições, mas ficava sentado em silêncio absoluto e depois voltava para seus aposentos, onde ficava olhando desconsolado pela janela ou pelo microscópio.

À medida que a Grande Guerra progredia, a apatia de Charles foi aumentando, até que finalmente a família não pôde mais ignorar seu comportamento. Em 1916, ele e sua esposa nunca eram convidados para nenhum evento social; mais tarde no mesmo ano ele foi enviado a um sanatório na Suíça em busca de ajuda. Embora esse devesse ser um período de convalescença, Charles foi bombardeado por pendências do banco: havia problemas de pensão a resolver para os funcionários, mudanças na manufatura das barras de ouro, o pagamento dos impostos de transferência de espólios do primo Alfred e a venda das ações da Rio Tinto, só para mencionar algumas. Ao mesmo tempo, ele havia dado início ao seu sonho de fundar uma reserva natural: sua correspondência privada revela que ele estava tentando comprar terras em Essex para começar um parque dedicado à fauna selvagem.

Charles permaneceu na Suíça por dois anos, mas, apesar de seu retorno ser visto com imensa esperança e otimismo, era patente que a "cura" não havia funcionado. Para a família, isso foi uma decepção enorme. Para Nica, viver naquela atmosfera, com o fantasma constante da instabilidade mental, tornou-se algo normal.

Solitária e isolada, ela era deixada sozinha cada vez mais, enquanto os pais passavam a maior parte do tempo em Londres. Suas duas irmãs mais velhas, que eram grandes amigas, não faziam questão de ter a pequena Nica atrapalhando as brincadeiras. Victor estava no internato; o tio Walter vivia no universo paralelo de seu museu particular. A avó Emma, cada vez mais idosa, não tinha paciência para crianças. Mais tarde, quando Nica afirmou que "meus únicos amigos eram os cavalos", ela estava dizendo a verdade. Sua infância foi um misto de luxos físicos e abandono pessoal. Uma prima Rothschild que conheceu Nica na infância disse que ela foi ficando cada vez mais indomável. Se havia uma árvore a ser escalada, ela subia; se havia uma cerca mais alta a ser pulada, Nica conduzia seu cavalo para ela.

Era essa vida hermética, um tanto rarefeita, que se esperava que Nica, Miriam e Liberty habitassem até a vida adulta. Muitas das primas de Nica nunca saíram das casas dos Rothschild, escolhendo permanecer solteiras ou casar-se com parentes. O resultado era que, apesar das espantosas vantagens materiais e da educação cosmopolita, seu horizonte era tão limitado quanto o de mulheres menos afortunadas. Estavam confinadas tanto pelas expectativas quanto pelas oportunidades; com as asas adultas aparadas, estavam presas como muitos dos espécimes da coleção de Walter. Sem meio independente de sobreviver, mas com uma reserva de dinheiro generosa, viviam num estado de dependência permanente, embora confortável, de seus pais e irmãos, mas sem acesso ao capital. Nos registros da família, somente as filhas dos primeiros filhos eram registradas; seus maridos e filhos não eram reconhecidos.

Os homens da família Rothschild estavam igualmente presos: cresciam sabendo que não tinham escolha senão entrar para o ofício da família. Para ambos os sexos, o peso das expectativas ou era extremo ou muito leve. Miriam, Liberty e Nica não faziam o tipo submisso nem tinham vocação para a vida doméstica. Protegidas pelo luxo e pelos privilégios, mas sem uma válvula de escape para a criatividade e nenhum veículo para seus talentos, as perspectivas para as três irmãs pareciam insuportavelmente limitadas. Elas tinham três escolhas: lutar, fugir ou ficar. Cada uma das irmãs escolheria uma dessas opções.

5

Uma prisão comprida e escura

"E você sabe alguma coisa sobre qualquer assunto que seja?" Miriam ficou furiosa quando descobriu que eu pouco sabia sobre nossos antepassados Rothschild. Estávamos almoçando sozinhas em Ashton Wold. Meu erro foi tentar fingir que sabia a história da família. Tentar enganar Miriam foi uma péssima ideia.

"Eu nunca me interessei muito", confessei, antes de acrescentar, pateticamente: "Até agora".

"Não se interessou! Até agora! Você sabia que a vida de uma pessoa é moldada bem antes de ela nascer? Não surgimos do nada. Você entende alguma coisa de genética ou de cromossomos? Até a Bíblia nos ensina que os pecados dos pais recaem sobre os filhos até pelo menos quatro gerações", ela disse, fitando-me com raiva. Eu me senti tola, na defensiva. A história da família, pensava eu, era algo a se explorar na velhice, assim como Deus e a jardinagem. Ademais, Nica era uma personalidade do século xx. Sem mais desculpas para mergulhar no passado, reservei uma passagem para Frankfurt, onde a história dos Rothschild começou.

Cheguei à Alemanha numa chuvosa manhã de inverno, armada com um endereço e uma câmera. Tinha ido em busca do local de nascimento da família Rothschild, mas achei apenas um monte de concreto e asfalto no local. A única coisa dali que os Aliados não destruíram durante os ataques de 1944 foi um pedaço pequeno de uma parede. A *Autobahn* cobre a maior parte da pequena rua onde o pai fundador da dinastia dos Rothschild, Mayer Amschel, nasceu em 1744. No museu e nos arquivos dos Rothschild, comecei a montar a nossa história.

Em 1458, o imperador Frederico III proclamou que os judeus só poderiam permanecer em Frankfurt se pagassem para viver naquela ruela gradeada e apertada, na extremidade nordeste da cidade. A rua dos Judeus, uma via estreita com apenas algumas centenas de metros de comprimento, originalmente deveria ser o lar de mais ou menos cem pessoas. No século XV, mais de quinhentas famílias moravam ali. No século XVIII, o impressionante número de 3 mil pessoas de alguma maneira conseguia se espremer na chamada *Judengasse*. Houve tentativas para restringir a população, como não permitir mais do que doze casamentos por ano, e somente se a noiva e o noivo tivessem 25 anos ou mais. Já que os judeus eram proibidos de ter terras, plantar, entrar em parques públicos, pousadas ou cafés, ou de chegarem a trinta metros da catedral da cidade, as opções para qualquer judeu que buscasse uma profissão além da usura e determinadas formas de comércio eram insignificantes.

Como as leis do país não lhes ofereciam ou não queriam oferecer proteção, as comunidades de judeus criaram seus próprios sistemas de justiça, medicina, oração, educação e costumes. Eles, na verdade, criaram nações dentro de outras nações, o que os deixava ainda mais afastados da comunidade de gentios, sempre desconfiados e incapazes de compreendê-los. O empréstimo de dinheiro era uma das poucas profissões que os judeus tinham permissão para exercer. Não há nada nas escrituras judaicas que condene lidar com dinheiro ou até ganhar dinheiro; na verdade, cabe aos judeus tentar melhorar de vida para o bem da comunidade, e espera-se que cada judeu dê pelo menos dez por cento de sua renda anual para a caridade.

Até o século XVIII, os judeus só podiam sair da *Judengasse* se usassem roupas com dois anéis amarelos estampados no paletó, enquanto as mulheres eram obrigadas a usar véu. Se um gentio passasse, o judeu tinha que retirar o chapéu, esquivar o olhar e ficar com as costas viradas para a parede mais próxima. Perto da entrada da casa dos Rothschild, havia um mural chamado "A Porca dos Judeus" que mostrava dois rabinos sugando as tetas de uma porca enquanto o terceiro copulava com o tolo animal. Em cima, havia uma representação de um menininho coberto de facadas, supostamente o Simeão que, aos dois anos, foi "morto pelos judeus", uma referência à crença popular de que os judeus precisavam do sangue de crianças gentias inocentes para fazer seu pão sem fermento.

Quanto mais eu lia, mais vergonha sentia. A raiva de Miriam tinha fundamento: eu havia ignorado a história da minha família, sem nunca me preocupar em investigar seu difícil começo. O que tornava as conquistas da família ainda mais impressionantes era ler sobre a rua de onde vieram os Rothschild — um lugar de miséria tão indescritível que os europeus, inclusive George Eliot, a consideravam uma atração "imperdível" quando visitavam a cidade. Goethe escreveu: "A ausência de espaço, a sujeira, a multidão de pessoas, o sotaque estranho das vozes, tudo isso dá uma impressão muito desagradável, mesmo sobre quem só esteja passando por ali e espie pelo portão". Aparentemente, quando Goethe finalmente teve coragem de entrar na *Judengasse*, ficou surpreso ao descobrir que os habitantes "eram, no fim das contas, seres humanos, trabalhadores e obedientes, e era impossível não admirar a obstinação com que aderiam às suas tradições". Outro viajante que testemunhou aquele verdadeiro fim de mundo não foi tão elogioso assim: "Até os que estão na flor da idade parecem mortos. Sua aparência mortalmente pálida os destaca dos outros habitantes de maneira deprimente". Não era exatamente surpreendente que a expectativa de vida de um judeu no gueto era 58% mais baixa do que a de um gentio que morasse a apenas uma rua dali.

O patriarca original, Mayer Amschel, ficou órfão em 1756, aos doze anos, quando uma epidemia varreu a rua dos Judeus. Casou-se bem, com Gutle Schnapper, a filha de um agente da corte que servia o príncipe de Saxe-Meiningen, e ele usou o dote da esposa para fundar uma pequena casa de moedas. Perto dos 45 anos de idade, Mayer Amschel já era o 11º homem mais rico da *Judengasse* e pôde comprar uma casa relativamente bonita, com apenas cinco metros de largura, mas com seis andares. O casal teve dezenove filhos, dos quais dez sobreviveram à infância. O nome Rothschild, ou "*zum Rotten schild*" — "no escudo vermelho" — derivou do pseudônimo de um ancestral do século XVI.

Ainda na época em que Gutle e Mayer Amschel viviam na rua dos Judeus, tentando criar a família, o poeta alemão Ludwig Börne fez a seguinte descrição do lugar:

Uma prisão comprida e escura, na qual a altamente celebrada luz do século XVIII ainda não conseguiu penetrar [...] estendendo-se à nossa frente havia uma rua muito comprida, mas próxima o suficiente para que pudéssemos ter a certeza de que não poderíamos dar meia-volta assim que a vontade surgisse. Acima de nós, não havia mais o céu de que o sol necessita para expandir; não é possível enxergar o céu, só a luz do sol. Há um cheiro terrível por toda a parte, e o lenço que deve nos proteger das infecções serve também para enxugar a lágrima da compaixão ou esconder o sorriso malicioso do olhar dos judeus que observam.

Fiquei pensando se Gutle e Mayer Amschel não estariam observando Börne enquanto ele passeava por ali. Será que estariam imaginando se havia alguma saída, se seus filhos teriam alguma chance de viver além daquela estreita prisão? Talvez isso parecesse um sonho sem esperança, tendo em vista a vida das gerações anteriores, a vida de que outros judeus desesperados e talentosos tentaram em vão escapar. Talvez seja um dos filhos dos Rothschild que o poeta descreve em seguida, talvez até mesmo Nathan Mayer, que fundou a filial em Londres do banco dos Rothschild:

Escolher com dificuldade o caminho por entre a sujeira faz com que andemos mais devagar e permite que observemos mais. Depositamos os pés com cuidado para não pisar em nenhuma criança. Elas estão mergulhadas na sarjeta, rastejam na sujeira, incontáveis como vermes que ao calor do sol brotam do estrume. Quem não atenderia aos pequenos desejos desses menininhos? Se consideramos as brincadeiras na infância como o modelo para a realidade da vida, então a existência dessas crianças deve ser o túmulo de todo incentivo, toda animação, toda amizade e todas as alegrias da vida. Tens medo de que essas casas altas caiam sobre nós? Ah, não temais! São muito firmes, essas gaiolas dos pássaros com asas cortadas, e descansam sobre o pilar da hostilidade.

"Se você tivesse nascido lá, ia querer escapar", comentou Miriam, impassível.

* * *

50   Uma prisão comprida e escura

Eu peguei nossa árvore genealógica e a coloquei no chão. Nove gerações separam o pai fundador do membro da família mais jovem de hoje. Estou a sete gerações de distância da vida na *Judengasse* e Nica, a apenas cinco. Ela nasceu um século depois de Mayer Amschel, mas teve uma ligação direta com aquela época através da avó Emma, que nasceu em Frankfurt, em 1844, e visitava com frequência a bisavó, Gutle, que morou na rua dos Judeus até a morte, em 1849. Eu podia imaginar a jovem Nica sentada aos pés de Emma, ouvindo suas histórias e, sucessivamente, Emma ouvindo as de Gutle. Memórias transmitidas de geração após geração, garantindo que ninguém se esquecesse.

Gutle Rothschild, forte e orgulhosa, recusou-se a sair daquele gueto apertado até mesmo depois que o marido, os filhos e os netos ganharam uma fortuna. Imaginei a jovem Nica sentada perto dos pés da avó, ouvindo as histórias de Emma. Outro primo, Ferdinand, escreveu sobre as visitas à velha senhora, que os recebia na "casa pequena e lúgubre", onde descansava "num sofá em sua pequena e escura sala de estar, envolta num grosso xale branco, o rosto cheio de vincos profundos emoldurado por uma touca branca cheia de laços". Gutle viveu 37 anos a mais que o marido, mas, apesar da longevidade e da independência, como muitas mulheres Rothschild depois dela, sua vida foi governada pelos termos do testamento do marido.

Uma mulher extremamente supersticiosa, Gutle acreditava que, se saísse da rua dos Judeus, a memória das origens de sua família se perderia. Para ela, o medo de retornar à *Judengasse* era o melhor incentivo para que os filhos fossem bem-sucedidos, e era esse medo que estava por trás das ambições da família. Só o dinheiro e o poder os protegeriam do antissemitismo e do retorno a uma vida de miséria. Séculos de perseguições deixaram os Rothschild discretos e introvertidos; não conseguiam confiar em estranhos e não esperavam que os outros entendessem o que haviam suportado. Seu talento para ganhar dinheiro combinado com a mania de discrição faziam deles banqueiros perfeitos. Eles ofereciam aos clientes um serviço único: ótima orientação financeira e total discrição.

Foi só na década de 1790 — quando os franceses atacaram Frankfurt e a rua dos Judeus foi destruída, deixando 2 mil pessoas sem teto — que os Rothschild finalmente puderam abandonar o confinamento daquela viela estreita e misturar-se aos outros. A essa altura, os negócios da família haviam expandido de moedas para algodão e grãos. Com o início da Revolução Industrial, além dos avanços tanto nos transportes quanto em tecnologia, os Rothschild começaram a importar algodão melhor e mais barato dos moinhos do norte da Inglaterra. Mayer Amschel entendia que o bem mais valioso para qualquer negócio era uma rede de empregados qualificados, bem-informados e confiáveis. Não precisou tentar encontrá-los; ele mesmo os gerou. De seus dez filhos sobreviventes, cinco eram meninos. Amschel, Nathan Mayer, Karl, Salomon e James compartilhavam um quarto na modesta casa da família e permaneceram unidos pelo resto da vida.

Libertar-se da *Judengasse* e o seu modesto sucesso deram a Mayer Amschel a coragem necessária para dar o passo seguinte. Mandou os cinco filhos para as cinco maiores capitais da Europa para fundar a primeira sociedade internacional existente até então. No período entre as décadas de 1820 e 1860, estabeleceram-se na Europa. Em Frankfurt, o negócio foi administrado depois da morte de Mayer Amschel por seu filho mais velho, Amschel; o escritório de Paris foi fundado pelo mais novo, James; Karl assumiu Nápoles; Salomon conduzia os negócios em Viena; e Nathan Mayer (conhecido posteriormente como NM) fundou a filial em Londres.

"O que eles fizeram", explicou-me Miriam, "foi fundar o primeiro tipo de União Europeia. Embora houvesse desentendimentos, como existem em qualquer família, [os irmãos] espalharam-se e trabalharam juntos em prol de um propósito comum". O historiador Niall Ferguson, em sua biografia definitiva dos Rothschild, atesta que "entre 1815 e 1914, aquele era sem dúvida o maior banco do mundo. O século XX não tem equivalente; nem mesmo as corporações bancárias internacionais dos dias de hoje desfrutam da supremacia dos Rothschild no auge de sua carreira". A maior parte de sua colossal fortuna, explica ele, vinha de empréstimos e especulações com títulos do governo.

O primeiro grande avanço foi um contrato para financiar o Exército de Wellington em 1814. Usando uma arriscada combinação de negociações em transações de taxa de câmbio, especulações de títulos e comissões, a família teve um lucro imenso. Os registros mostram que em 1818 eles controlavam um capital de 500 mil libras; em 1828, o valor havia subido para 4 330 333 libras, cerca de catorze vezes mais do que seu concorrente mais próximo, o Baring Brothers. Ao contrário de muitos de seus colegas banqueiros, os Rothschild reinvestiam os lucros em seus próprios negócios. Para os regimes que buscavam financiamento estável e empréstimos seguros, os Rothschild eram a resposta definitiva. Deixando o antissemitismo na soleira da porta, reis e governantes faziam uma conveniente visita ao banco localizado na St. Swithin's Lane.

Os Rothschild inventaram uma rede de créditos e débitos que libertou tanto indivíduos quanto Estados das formas tradicionais de renda. Anteriormente, todas as transações baseavam-se em posse — de bens, terras, metais, imóveis e assim por diante — mas um título não precisa estar preso a uma posse física; pode estar ligado a uma mera promessa de liquidação. "Os Rothschild não apenas substituíam a velha aristocracia, eles também representavam a nova religião materialista", escreve Ferguson.

Assim, cinco jovens judeus, que durante a maior parte da vida foram tratados como párias, puderam se estabelecer em países estrangeiros, sem contatos ou sem saber os idiomas, e ganharam a confiança dos líderes mundiais. Meu avô Victor acreditava que isso se devia ao caráter e à determinação e que, de todos, Nathan Mayer Rothschild em particular possuía esses atributos vitais.

A presença de NM avulta sobre a história dos Rothschild ingleses até hoje. Seu retrato está em nossas paredes e seu nome ainda é invocado com assombro e reverência. Era o quarto filho de Gutle e Mayer Amschel a nascer na rua dos Judeus. Em 1799, aos 22 anos, quando chegou a Manchester, NM não tinha nenhuma educação formal e não falava inglês. No entanto, ele tinha um plano. Percebendo que os mercadores de tecido não conversavam entre si, ele os persuadiu a se unirem para negociar preços melhores. Seus irmãos replicaram seu modelo de negócios pela Europa afora.

Assim como seus parentes, NM tinha um talento para a discrição. Quando um jornalista lhe perguntou: "Como o senhor teve tanto sucesso?", NM respondeu, ríspido: "Cuidando só dos meus assuntos". Em certa ocasião, ele esqueceu objetos pessoais numa diligência de Manchester e queria muito que fossem devolvidos, mas a única descrição que queria dar para identificar suas posses era "chapéu e casaco de cor escura".

No dia 22 de outubro de 1806, ele se casou com Hannah Barent Cohen, a filha mais velha de Levi Barent Cohen, importante investidor de

Londres, e imediatamente NM ficou ligado pelo casamento aos judeus proeminentes, os Montefiore, os Salomon e os Goldschmidt. Não foi desse seu distinto ancestral que Nica herdou seu amor pela música; ao ser indagado se apreciava essa forma de arte específica, NM colocou a mão no bolso, tilintou as moedas e respondeu: "Esta é a única música de que gosto".

A ascensão meteórica da família dava combustível a especulações. De onde vieram essas pessoas? Qual era seu segredo? Que artimanhas e ardis utilizavam? Parecia inexplicável que em apenas uma geração uma família que veio do nada passasse a aconselhar e financiar governos. Eles até escreviam uns para os outros numa língua indecifrável, o *judendeutsch*, um híbrido idiossincrático de hebraico e alemão.

Embora agora fossem livres, os Rothschild ainda enfrentavam animosidade. Em 1891, o panfletário Max Bauer escreveu: "A casa de Rothschild é uma coisa disforme, parasita, que se prolifera pela Terra, de Frankfurt a Paris e a Londres, feito um cabo de telefone retorcido". O inflamado discurso antissemita de Edouard Drumont, *La France juive*, publicado em 1886, fez tanto sucesso que foi republicado mais de duzentas vezes. "Os Rothschild, apesar de seus bilhões, têm jeito de vendedores de roupas usadas", escreveu. Depois, acrescentou: "O deus Rothschild não apresenta nenhuma das responsabilidades que advêm de um cargo de poder, mas tem todas as vantagens; ele deposita sobre o governo todos os recursos da França em prol dos próprios interesses". William Makepeace Thackeray, que já tinha sido convidado nas residências de Tring e Waddesdon, disse que "NM Rothschild brinca com novos reis, assim como meninas brincam com bonecas".

Os relatos retrospectivos sobre a conduta de NM com a vitória britânica em Waterloo ilustram de maneira perfeita os insanos boatos e as teorias conspiratórias a respeito do *modus operandi* da família. Alguns diziam que o banqueiro saiu para o campo de batalha com um par de pombos mensageiros, que ele libertou quando o resultado da batalha era certo. Os pássaros voaram direto para seus agentes na Bolsa de Valores, levando consigo a mensagem "Comprem ações britânicas, vendam tudo que for francês".

O jornalista francês George Mathieu-Dairnvaell relatou que NM estava em Londres quando os pombos chegaram. Ao chegar ao salão da Bolsa de Valores de Londres, ele fingiu estar arruinado e fez um espetáculo, como um homem falido e desesperado. Ver o outrora onipotente rei dos judeus se prostrar causou tamanha crise de confiança nos outros que todos venderam suas ações; enquanto isso, o ardiloso NM comprou todas por um valor ridiculamente baixo. Outros o acusaram de subornar generais e causar grande especulação em prol de seu banco.

A verdadeira história de NM em Waterloo foi pesquisada e publicada por Victor, que provou que NM estava em Londres à época e que recebeu a notícia da vitória britânica através dos funcionários de seu irmão. Assim que informou o primeiro-ministro, Lord Liverpool, NM foi até a Bolsa de Valores e comprou ações em baixa. Seu lucro foi de um milhão de libras — o equivalente, nos dias de hoje, a mais de duzentos milhões.

Logo o governo britânico estava valendo-se da família para obter crédito. Quando o primeiro-ministro Benjamin Disraeli quis financiar a construção do Canal de Suez, ele abordou seu amigo, Nathan Rothschild, filho de NM, que havia recentemente recebido seu cargo nobiliário.

"Quanto?", perguntou Lord Rothschild.

"Quatro milhões de libras", respondeu Disraeli.

"Quando?"

"Amanhã."

"E qual a garantia?"

"O governo britânico."

"Você terá o dinheiro."

Algumas famílias judaicas mudaram de religião para evitar o racismo. Os Rothschild continuaram judeus e tinham orgulho e respeito por sua religião, embora poucos Rothschild britânicos fossem de fato praticantes. Nica nunca foi instruída em suas leis. Fiquei imaginando se ela não achava confuso ter o nome Rothschild, encontrar pessoas que a consideravam judia, suportar todo o antissemitismo, mas sem de fato conhecer os costumes e a cultura. Os quatro filhos de Charles e Rozsika estavam à deriva entre dois mundos, sem entender nem a fé cristã nem a judaica. Estavam presos numa terra de ninguém, entre não judeus que supunham que Nica era judia e judeus que logo ficavam irritados porque os filhos dos Rothschild também não eram como eles.

* * *

As gerações anteriores dos Rothschild criaram mundos perfeitamente autossuficientes para seus filhos, com base nos princípios da religião e também na importância da família e da ambição. À medida que tais imperativos foram sumindo, havia cada vez menos o que mantivesse os diversos ramos unidos e, na geração de Nica, a família começou a se dispersar.

Na geração dos avós de Nica, catorze de um total de dezenove casamentos dos Rothschild foram entre primos. O bisavô de Nica, Lionel, casou-se com sua prima de primeiro grau Charlotte, enquanto seu avô, Natty, casou-se com outra parente, a já citada Emma. Houve outras uniões entre tios e sobrinhas. Alguns analistas supõem que esses casamentos consanguíneos existiam para manter a fortuna dos Rothschild intacta; outros, que era difícil encontrar judeus adequados. Também é provável que nenhum desses homens que trabalhavam tanto tivesse interesse ou tempo de apresentar suas filhas a pretendentes de fora da família. Eles trabalhavam juntos e viviam juntos. Como poderiam conhecer outras pessoas?

Além disso, que pessoa fora dos Rothschild poderia ser confiável, quem mais poderia entender a vergonha do passado recente? As mulheres Rothschild compartilhavam desse passado e também da determinação de seus maridos de criar uma vida melhor para os filhos, uma vida livre de perseguição e miséria. Como um bando de cervos fugindo dos predadores, eles sabiam que ficar juntos em rebanho era a melhor defesa; aqueles que se separavam ficavam vulneráveis. Criar essas comunidades unidas e incestuosas era parte essencial da receita de sucesso, mas, para essas famílias, isso também significava uma bomba-relógio genética.

Na fé cristã, o casamento entre primos próximos fora banido desde o sexto século, e por um bom motivo. As pesquisas confirmam que o intercruzamento aumenta as chances de determinados tipos de doença mental. Miriam dava a isso o nome de "melancolia" da família; outros diziam, sem meias palavras, que era esquizofrenia. Os registros médicos das gerações anteriores foram destruídos; os atuais são privados, então é impossível obter um diagnóstico mais informado. Sabe-se que há uma disposição biológica a perturbações de humor e alguns acreditam que isso seja hereditário. No caso da esquizofrenia, por exemplo, uma em cada cem pessoas tem chance de desenvolver a doença, mas a probabilidade diminui para uma em dez caso um parente próximo tenha sido afetado. Ao contrário da crença popular, a esquizofrenia não significa uma ruptura na personalidade. Os sintomas incluem pensamentos desordenados e irreais, às vezes acompanhados de alucinações. A esquizofrenia pode ser desencadeada por um evento, estresse ou drogas. Cada caso é diferente e não há uma panaceia universal. Era uma enfermidade que assombraria a vida de Nica de maneiras inesperadas.

6

Rothschildiana

Decidi que já era hora de prestar uma homenagem a NM e fui procurar o lugar em que ele estava sepultado. Eu sabia, como meu pai havia me ensinado, que todo ano os descendentes devem colocar uma pedra sobre o túmulo de um antepassado, como gesto de respeito e lembrança. Contudo, obter acesso ao cemitério onde NM está enterrado é um processo difícil, devido ao medo de uma ressurgência do antissemitismo e à recente profanação de alguns túmulos judeus na Europa. Numa manhã fria de fevereiro de 2008, bem cedo, um representante do departamento mortuário da United Synagogue destrancou para mim os portões de ferro em um muro alto de tijolos, numa estradinha lateral que sai da Whitechapel High Street e, num gesto de gentileza, ficou esperando enquanto se protegia do vento na marquise de um prédio adjacente. Não fossem um ou outro jacinto-uva ou os ciclames-da-pérsia, ou as vozes elevadas das crianças muçulmanas numa escola ali perto, aquele seria um lugar onde o tempo havia parado.

Grande parte das lápides, a maioria de 1761 a 1858, havia caído no abandono; musgo e líquen obscureciam as inscrições em hebraico, e raposas começaram a habitar um sarcófago em ruínas. As inscrições nas lápides são como uma chave para a história da sociedade e as aspirações dos colonos judeus da época. Algumas têm endereço, mas só se for um lugar distante de Whitechapel, provando assim que o imigrante havia galgado os degraus deste mundo mortal da miséria até os subúrbios. Os ofícios também estão marcados nas lápides: um peixe indica que o defunto era um vendedor de peixes; os carpinteiros são indicados por um homem cortando uma árvore. No topo da hierarquia, estão as famílias rabínicas, ou Kohanim, com duas mãos talhadas no topo da lápide para abençoar as pessoas, ao contrário dos levitas, cujo emblema é um cântaro de água para lavar as mãos de seus superiores. Os túmulos de NM e sua esposa Hannah são grandes, brancos e simples, com nada gravado exceto seus nomes e datas, mas no de Hannah Rothschild está a inscrição "Estou aqui. Deus seja louvado".

Gentilmente, depositei uma pedra em cada túmulo.

Whitechapel, no coração de East End em Londres, recebe há séculos ondas de imigrantes, com os huguenotes, depois os judeus, depois os irlandeses e, mais recentemente, a próspera comunidade de bangladeshianos, que encontrou refúgio em suas ruas estreitas. Depois de mudar seu negócio de Manchester para Londres, NM comprou em 1809 um imóvel perto de St. Swithin's Lane, que ainda hoje é o endereço do banco, e ele frequentava a sinagoga de Bevis Marks a pouca distância dali. Esta área, agora conhecida como "Banglatown", foi seu verdadeiro, embora adotado, lar e o local de nascimento das operações britânicas do banco. Embora tenha morrido de repente na Alemanha, em 1836, com apenas 58 anos de idade, era o desejo expresso de NM que seu corpo fosse devolvido à Inglaterra e enterrado na comunidade que ele havia aprendido a amar, perto das muitas instituições de caridade que havia fundado, no coração do centro financeiro em que havia deixado sua enorme marca.

Durante a maior parte da vida, NM Rothschild viveu modestamente numa pequena casa no subúrbio e continuou envolvido nos detalhes das transações financeiras do banco até sua morte. Como muitos membros da família, antes e depois, insistiu que seus documentos pessoais fossem queimados, mas nos registros contábeis no Arquivo Rothschild estão suas últimas instruções: vender notas promissórias do governo, despachar 100 mil libras em ouro para Paris, comprar duzentas ações do Danúbio, despachar cem garrafas de água de lavanda e um baú de boas laranjas, e não deixar que o jardineiro faça o que bem entender no jardim.

* * *

O pai fundador da dinastia Rothschild, Mayer Amschel, era contra o consumo extravagante, dizendo que a ostentação encorajava a inveja. Quando ganhou um pouco de dinheiro, comprou um jardim, acreditando que assim a terra poderia ser desfrutada de modo seguro, sem atrair atenção indesejada. A geração seguinte não tinha a menor intenção de manter tamanha discrição: haviam ganhado dinheiro, então iam mesmo gastá-lo e desfrutar dele. Também perceberam que os negócios não estavam confinados às salas de reunião; o verdadeiro poder e a política eram exercidos em salas de estar e em campos de caça. Na Inglaterra, havia uma ligação estável entre as Casas do Parlamento e as festas de campo. Para avançar e continuar no topo, os Rothschild precisavam ser capazes de entreter os grandes e os bons, e agora tinham as condições financeiras para fazer isso de forma notadamente extravagante.

Determinada a continuar unida, a família construiu casas perto uns dos outros. Em Londres, compraram mansões em Piccadilly, e no campo estabeleceram-se nas terras do Vale de Aylesbury, a uma pequena distância de trem da cidade. Na região, construíram as grandes mansões de Buckinghamshire, Mentmore, Halton, Aston Clinton, Hulcott e Bierton. Em 1883, NM alugou o imóvel em Tring; seu filho Lionel depois o comprou para o filho e a nora, Natty e Emma. Os primos gostavam de dizer que, se subissem no telhado de suas mansões num dia claro de inverno, conseguiam acenar uns para os outros através do vale. As casas eram gloriosas afirmações de sua importância: cartões de visita imensos e tridimensionais que anunciavam a chegada da família.

Assim como muitos novos-ricos, os Rothschild tinham mais dinheiro que bom gosto; queriam os ornamentos da riqueza e queriam para ontem. Uma história, talvez apócrifa mas boa demais para omitir, conta que o primo francês de Nica, James, estava tão disposto a impressionar o rei da França que organizou uma caça ao faisão com papagaios treinados para voar entre a caça e gritarem *"Vive le roi, vive le roi"*.

É claro que os Rothschild eram só os últimos numa longa linhagem de "pseudos" a erigir monumentos ao próprio sucesso. Os fabulosos palácios de Blenheim, Houghton, Castle Howard e Wentworth Woodhouse eram todos monumentos à vitória militar, brilhantismo mercantil ou astúcia política, e à época de sua criação geraram choque e consternação. As gerações subsequentes cobriram as brilhantes superfícies do dinheiro novo com a pátina do tempo e da reputação.

Em 1874, o barão Ferdinand de Rothschild contratou o arquiteto francês Destailleur para criar uma versão século XIX de um château do século XVIII no alto de um grande morro em Waddesdon. Cavalos da raça Percheron foram importados da França para ajudar a transportar uma enorme quantidade de material de construção pelo íngreme morro acima, incluindo onze quilômetros de tubulação de cobre, várias árvores já crescidas, centenas de toneladas de tijolos e chumbo, e milhares de metros de balaustradas, todas estampadas com a inconfundível insígnia de cinco setas, o brasão da família, simbolizando os cinco irmãos que foram enviados como flechas para as capitais da Europa. Os interiores revestidos de madeira e a mobília francesa foram adquiridos de hotéis franceses como o Richelieu e o Beaumarchais, depois da renovação de Paris feita por Haussmann.

Ao adquirir os bens de famílias majestosas e bem-estabelecidas, os Rothschild estavam, na verdade, ligando sua história e sua procedência a um passado mais ilustre. Os primos elevaram os preços no mercado de arte a alturas estratosféricas, adquirindo centenas de pinturas, incluindo obras de Greuze, Romney, Reynolds, Gainsborough e Cuyp para suas paredes. Seus aposentos eram decorados com tapetes e móveis de valor inestimável. Mesmo que pudessem apenas traçar suas origens cem anos antes à rua dos Judeus, ao menos podiam formar fortes laços através de suas posses com as mais importantes famílias reais e aristocráticas da Europa. Ao exigir revestimentos dos reis de Bourbon, a mobília de Luís XV e as pinturas de Catarina, a Grande, além de tapeçarias Gobelin, porcelana Sèvres e ovos Fabergé, os Rothschild ligavam-se a dinastias de prestígio. Suas mesas laterais eram repletas de fotografias autografadas por reis e os retratos que encomendavam nos mostravam em indumentária cerimonial. O escritor francês Édouard Drumont descreveu uma casa dos Rothschild como um lugar "sem passado", cheio das mais magníficas joias da cultura francesa, apinhadas em um palácio gigante como se fossem bugigangas.

A família queria mostrar sua dignidade, que não era proibida de possuir terras ou imóveis nem tinha de viver sob as regras dos outros. Ao construir aquelas enormes casas e criar coleções imensas, ao adquirir cavalos e cães de caça, bancos e títulos, os Rothschild não estavam só esbanjando riqueza; estavam estabelecendo raízes e anunciando que tinham direito de pertencer, de ser parte de algo. Ter bens importantes os fazia sentir que tinham importância.

Eles eram hospitaleiros incomparáveis. NM e seus filhos tinham baixa estatura; seus antepassados não tinham o suficiente para comer, e os efeitos da desnutrição resultaram na atrofia de algumas gerações seguintes. Os Rothschild decidiram que seus filhos, convidados e dependentes jamais passariam fome, então as mesas de suas mansões rangiam sob o peso da comida. Os convidados podiam escolher entre chá do Ceilão, Souchong ou Assam pela manhã na cama, com um acompanhamento de leite de vacas *longhorn*, *shorthorn* ou leiteiras. Havia mais de cinquenta estufas que garantiam um fornecimento de frutas, vegetais e flores o ano todo (o *parterre* estava sempre florido). "Em algumas casas dos Rothschild", Nica me contou, "ninguém se dava ao trabalho de colher as cerejas. Eles achavam que era muito mais elegante que os jardineiros carregassem as cerejeiras ao redor da mesa".

O livro de visitas de Tring Park mostra que todos os dias durante os meses de verão, entre 1890 e 1932, havia festas de almoço para até cem bem-vestidos convidados. Os nomes e endereços de cada visita eram escritos em registros com capa de couro em caligrafia imaculada. No livro do chef, as refeições eram registradas em detalhes para evitar a catástrofe social de um convidado ter de consumir o mesmo prato duas vezes. As mulheres da família organizavam esses eventos nos mínimos detalhes. Impossibilitadas de entrar nas salas de reunião, elas sabiam exatamente quem seria útil convidar para expandir os interesses comerciais dos maridos. As conexões internacionais da família significavam que a lista de convidados nunca era limitada. Os Rothschild entendiam a importância de selecionar as visitas para criar uma embriagante mistura de ricos e exclusivos, artistas e realeza, beleza e inteligência. Marajás indianos da Índia, o xá da Pérsia, Cecil Rhodes (que Natty financiou na África do Sul) misturavam-se com George V, Eduardo VII, a rainha Vitória (que insistia em almoçar à parte, em outra sala) e um pequeno número de parentes, incluindo certa srta. Pannonica Rothschild.

A família empregava chefs famosos de todo o mundo, servia o melhor vinho, organizava festas, concertos e bailes. Quando o primo de Nica, Alfred Rothschild, construiu uma casa em Halton, incluiu um circo privado, uma pista de boliche, um rinque de patinação no gelo, uma piscina interna e um pavilhão indiano, para que seus visitantes pudessem desfrutar de todos os prazeres possíveis. Um dos poucos Rothschild a demonstrar interesse por música, Alfred escreveu seis peças para piano chamadas *Boutons des Roses*, e tinha sua própria orquestra, que ele conduzia trajando cartola, fraque azul e um bastão de madeira de buxo cravejado de diamantes. Os convidados nem sempre apreciavam. "Quanta exibição! Esse senso de riqueza extrema esfregada no seu nariz", escreveu o secretário de Gladstone, Edward Hamilton, acrescentando que "as decorações são infelizmente exageradas e nossos olhos anseiam por descansar em algo que não seja ouro e dourado". Outro convidado de Alfred, o romancista David Lindsay, observou que "o número de judeus neste palácio está além da imaginação. Estudei a questão antissemita com certa atenção, sempre esperando derivar algum movimento ignóbil [mas] sinto certa simpatia por [outros que dizem] que o judeu é a tênia da civilização."

Na França, James de Rothschild foi humilhado publicamente por Émile Zola em uma descrição pouco disfarçada que este fizera de seu anfitrião: "Por toda parte, sua missão e conquista feroz [é] deitar-se à espera da presa, sugar o sangue de todos e engordar às custas da vida alheia". Outro convidado habitual era Anthony Trollope, que retribuiu a hospitalidade da família em 1875 publicando uma sátira social claramente inspirada nos Rothschild. Poucos que leram *The Way We Live Now* duvidavam que o personagem de Melmotte não fosse baseado no bisavô de Nica, Lionel, cujo "horrível e rico patife... um rufião vil da cidade" veio do exterior para acabar com todos no mercado de valores. Nem todos eram tão críticos. Benjamin Disraeli, judeu de nascimento, escreveu: "Sempre fui da opinião de que nunca há Rothschild demais no mundo".

Gradualmente, a família se imiscuiu na vida britânica. Alfred tornou-se o primeiro diretor judeu do Banco da Inglaterra, em 1869, aos 26 anos, cargo que ocupou durante vinte anos, até 1889. Ele mesmo nunca recebeu a tão desejada aceitação da sociedade, mas sua filha ilegítima, Almina, veio a casar-se com o conde de Carnarvon; foi a herança dela que financiou a exploração britânica no Egito e a descoberta da tumba de Tutancâmon. O bisavô de Nica, Lionel, seu primo Jimmy e seu avô Natty tornaram-se membros do Parlamento. Emma, a avó de Nica, tornou-se grande amiga de Disraeli; Herbert Asquith era convidado constante em Waddesdon. Winston Churchill ficou hospedado com a família muitas vezes e compareceu ao baile que apresentou Nica à sociedade. Outra Hannah Rothschild casou-se com Lord Rosebery, um tory importante e futuro primeiro-ministro. Nenhum Rothschild do sexo masculino compareceu ao casamento, já que Hannah se casou fora da religião.

Ainda assim, a rainha Vitória opôs-se às recomendações de que o bisavô de Nica, Lionel, recebesse um título nobiliárquico. "Fazer de um judeu um igual é um passo ao qual *ela* não poderia aquiescer", escreveu ela, embora Lionel tivesse financiado projetos de moradia em áreas pobres, emprestado dinheiro ao governo, subscrito a emissão de notas promissórias norte-americanas e estabelecido fundos de auxílio durante a época da fome na Irlanda. Ele também frequentemente subscrevia os gastos do governo de Sua Majestade. A família precisou esperar outra geração para que Natty, filho de Lionel e avô de Nica, se tornasse o primeiro judeu a entrar na Câmara dos Lordes.

A Nica que conheci nos Estados Unidos havia escolhido um tipo de vida totalmente diferente. Ela adorava música ao vivo, uma forma de arte que se evapora assim que passa a existir. Tinha milhares de discos e centenas de horas de gravações piratas, mas estava claro que era a performance que importava para ela; acima de tudo, era uma questão de estar presente, não de possuir a música em gravação.

Sua casa era modesta e não tinha coisas de grande valor. Em vez de obras de Rubens, Reynolds, Van Dyck, Guardi e Boucher nas paredes, Nica havia grudado aleatoriamente capas de discos no reboco e, em vez das escadas nos fundos para que os criados circulassem sem ser notados, havia portinholas e passarelas para os gatos. As cortinas eram puídas, e a mobília, com exceção do grande piano Steinway, era meramente funcional. As únicas verdadeiras pistas de seu passado europeu — a enorme fortuna da família e o modo de vida totalmente diferente — eram seu título, o bloco de notas monogramado, o Bentley, o casaco de pele e os colares de pérolas perfeitas.

Era incomum que ela oferecesse comida a seus convidados, mas a bebida era servida à vontade. Ao ser indagada certa vez pelo documentarista Bruce Ricker se a família enviava para ela caixas com os vinhos Rothschild, Nica bufou, irritada, e disse: "Pode acreditar que não mandam", e logo acrescentou: "Tenta conseguir um tostão deles para ver se você consegue". Para um observador qualquer, Nica havia rompido completamente com o passado.

Embora não adquirisse objetos, havia uma tradição que Nica mantinha. Sua família, principalmente as mulheres, era bastante diligente quando o assunto era ajudar os menos afortunados e fazer boas ações para a comunidade local. Por exemplo, em Whitechapel, em Londres, os Rothschild financiaram sinagogas, escolas e moradias modernas. Quando perceberam a importância de ter um bom par de sapatos numa entrevista de emprego, davam a cada ano para cada aluno e formando de uma escola dos Rothschild um novo par de botas. Esses atos de caridade não eram atos de generosidade altiva: Emma e as netas envolviam-se pessoalmente com vários casos.

Os empregados de Tring foram os primeiros do país a receber assistência de saúde gratuita. Muito antes de os grandes estabelecimentos terem comodidades modernas, todas as casas nas propriedades dos Rothschild possuíam encanamento e saneamento básico. Emma, a avó de Nica, fez listas com umas quatrocentas causas que patrocinava, desde reparos a construções a pagar a passagem para o Canadá do carneirinho de estimação de uma família pobre de emigrantes judeus. As causas filantrópicas locais incluíam associações de bordado, corais, casas para convalescentes, sociedades de auxílio a gestantes e a Tring Band of United Hope. Sua nora Rozsika e suas netas tinham a obrigação informal de participar. Nos feriados reais públicos, as crianças de Tring recebiam uma caneca comemorativa cheia de doces e um xelim novinho em folha. As famílias dessas crianças podiam solicitar a participação do clube de carvão de Emma no inverno ou auxílio-desemprego. Pagando uma pequena taxa, todos os habitantes locais tinham acesso a cuidados médicos e enfermeiras. Todas as famílias tinham direito a um terreno. Nas palavras de um funcionário, "Trabalhar em Tring Park era ter seguro do berço ao túmulo".

Nica levou essa tradição para Nova York; se visse uma pessoa ou animal passando necessidade, tentava ajudar. Enquanto a avó Emma era sistemática em seus atos de caridade, Nica era em grande parte impulsiva. Toot, o filho de Thelonious Monk, que na infância passou muito tempo com Nica, ficava maravilhado com sua generosidade. "Não sei nem dizer quantas missões de caridade ela fez para salvar a vida dos músicos de todas as maneiras possíveis", ele me disse. "Fosse ir a uma casa de penhor para pegar o instrumento de um cara, ou fazer compras porque alguém não tinha comida, ou ir até a imobiliária pagar o aluguel de alguém porque a pessoa estava prestes a ser despejada, ou visitar alguém no hospital porque a pessoa não tinha ninguém para visitá-la. Ou ajudar alguém com comida porque a namorada acabou de ter um bebê. Em todos os aspectos da vida humana, eu via que os músicos se apoiavam em Nica e ela os ajudava: ela era o Papai Noel e a madre Teresa numa pessoa só."

Nica não via seu próprio comportamento como heroico ou parte da tradição da família. Ela me disse: "Eu só via muita gente precisando de ajuda". Suas tentativas de ajudar às vezes saíam pela culatra. "Virei até empresária", ela contou para Max Gordon, dono do clube Village Vanguard. "Acredite ou não, assumi o cargo de empresária de uma banda de jazz, Art Blakey and the Jazz Messengers. Imagine só! Eu achava que isso pudesse ajudar o Art e os músicos a arranjar emprego. Eu! Empresária de uma banda! Foi um desastre." Talvez se lembrando da regra de sua avó de comprar sapatos novos para as crianças ou dar a um homem em busca de emprego uma roupa decente para usar na entrevista, Nica comprou para os Messengers seis smokings azuis iguais. "Eu achava que isso fosse ajudá-los a achar emprego. Eu estava doida."

Quando Nica nasceu, já surgiam rachaduras na fachada da Dinastia Rothschild e a tensão entre os primos aumentava. A ambição predominante de ganhar dinheiro havia arrefecido. Em vez disso, a família queria ter experiências mais amplas, mesclar-se à sociedade britânica e desfrutar dos espólios de seu sucesso. O papel das mulheres Rothschild ficou menos definido; nos séculos XVIII e XIX, elas foram submissas, parceiras indispensáveis, mas, no início do século XX, elas tiveram tanto sucesso ao integrar seus pais e filhos na tessitura da sociedade britânica que sua importância de repente diminuiu. A geração mais jovem de homens, como Walter ou seu irmão Charles, não tinha exatamente vocação para a vida de banqueiro. Durante várias gerações, nunca houve um Rothschild britânico sem um tino significativo para os negócios. O imperativo de ter sucesso no mundo dos negócios passaria a hibernar durante várias décadas.

Menos de um ano depois do nascimento de Nica, foi declarada a Primeira Guerra Mundial. Muitos dos criados e funcionários das propriedades foram chamados, simplesmente para depois morrer em terras estrangeiras. Os homens da família, levados pelo ânimo patriota, alistaram-se. Os primos de Nica uniram-se à Infantaria Ligeira de Buckinghamshire; Evelyn morreu em fevereiro de 1917, durante uma carga da cavalaria contra os turcos. Seu irmão Anthony lutou em Galípoli, mas sobreviveu. Felizmente, os primos britânicos não precisaram lutar contra seus parentes franceses ou austríacos. Charles foi recusado para o serviço militar: ele tinha a aptidão física necessária, mas havia dúvidas quanto a sua saúde mental.

A morte de Natty, avô de Nica, em 31 de março de 1915, marcou o fim de uma era. Centenas de espectadores observaram o cortejo de seu funeral de Hyde Park a Willesden, com uma carruagem negra puxada por quatro cavalos emplumados. Em Tring Park, sua viúva Emma tentou manter os padrões anteriores para os netos: mantidos num isolamento cheio de esplendor, Nica e os irmãos passaram em grande parte incólumes pelos tumultuosos eventos que se desenrolavam do lado de fora da ala das crianças. Todavia, seu mundo ruiria dali a alguns anos com a morte repentina e inexplicável de seu querido pai, Charles.

7

A borboleta e o blues

Certa tarde, no começo da primavera de 1998, em Ashton, Miriam conversou comigo sobre a depressão do pai. Ela foi bem categórica quanto à causa. Dizia ter provas científicas de que foi a tradição de procriação consanguínea que havia debilitado a saúde mental do pai. Era uma doença degenerativa, explicou Miriam, e, à medida que Charles foi envelhecendo, os intervalos entre as recorrentes crises de depressão foram ficando menores.

Havia períodos em que o pai ficava meses desaparecido num sanatório na Suíça. Quando a guerra terminou, uma epidemia de gripe espanhola levou à morte mais 50 milhões de pessoas. Charles foi infectado, mas conseguiu lutar contra o vírus; porém, a doença o deixou fisicamente debilitado e ainda menos capaz de enfrentar a vida. Mais uma vez foi internado para se recuperar.

A família não poupou esforços na busca desesperada por um meio de ajudar Charles. Apesar de sua incrível influência e astúcia, sentiam-se perdidos. Os Rothschild finalmente ocupavam uma posição de riqueza e poder, mas não sabiam o que fazer naquela batalha contra um inimigo sem rosto. Quando receberam a notícia da "cura pela fala", promovida por um homem chamado Freud, em Viena, os primos austríacos foram enviados ao psiquiatra para buscar orientação. Outros parentes e conselheiros sugeriram diferentes drogas e sanatórios. Procurar ajuda na Suíça não era incomum: T.S. Eliot e Max Linder estavam entre aqueles que foram para lá em busca de auxílio para a depressão e o colapso nervoso. Nos arquivos da família, encontrei uma carta escrita pelo sr. Jordan, acompanhante de Charles, enviada de Fusio em 25 de julho de 1917; portanto, é provável que Charles, assim como o escritor alemão Hermann Hesse, estivesse sendo tratado pelo pupilo de Carl Jung, dr. Joseph Lang. Quis muito saber por que haviam escolhido os métodos místicos de Jung e não os de seu rival, Sigmund Freud. Miriam disse que, na hora da morte, sua avó Emma estava lendo as obras completas de Freud.

A doença de Charles coincidiu com a morte, em sequência, dos Rothschild mais velhos. Entre 1905 e 1917, a geração que havia dominado as finanças da família desde 1875 foi assolada, vitimados por doenças e debilidade. Esperava-se que Charles administrasse a filial britânica, modernizasse as práticas do banco e liderasse os judeus na Grã-Bretanha. Mas tudo o que ele queria era estudar história natural e ficar com a família.

Em dezembro de 1919, Rozsika acordou os filhos cedo para dar a melhor notícia do mundo, um presente antecipado de Natal. O pai estava voltando para casa. A alegria na ala das crianças era palpável. Embora o chão estivesse coberto por uma grossa camada de neve, Charles sem dúvida os ajudaria a caçar borboletas e a tocar música. Tudo voltaria a ser piada e brincadeira. Tudo voltaria a ficar bem, como antes da guerra, antes de o papai ter de ir embora. As crianças organizaram uma exposição de todos os insetos que capturaram durante o verão. Uma onda de calor extremo em setembro deixou as sebes e o jardim zunindo de tantos insetos.

Na manhã do retorno do pai, as crianças vestiram as melhores roupas e ficaram o esperando no hall de entrada. Com apenas seis anos, Nica, especificamente, estava animadíssima; mal conhecia o pai e queria mostrar a ele todas as coisas que aprendera em sua ausência. Charles chegou de carro; Rozsika e uma enfermeira ajudaram-no a descer. Ele andava bem lentamente, mancando muito. Souberam mais tarde que, sem querer, uma enfermeira havia derramado água fervente sobre seu pé. As crianças não atentaram para isso e correram para abraçá-lo. Rozsika ergueu a mão, pedindo para que ficassem longe. As crianças pararam, mas mal conseguiam conter a empolgação. Miriam, a líder, gritou: "Olá, papai!". Mas Charles nem mesmo olhou para elas. Era como se fossem invisíveis. Passou direto pelas crianças, cambaleante, depois pela árvore de Natal e entrou em seu estúdio.

"E esse é o fim da história, que eu saiba, porque daí em diante meu pai ficou louco", disse Miriam, as memórias ainda vívidas quase oitenta anos depois. "Coitada da minha mãe. Ela adorava meu pai. O homem com quem havia se casado desapareceu e ela ficou com um louco em casa."

Embora a doença de Charles não seguisse um padrão, os sintomas lembram um tipo de esquizofrenia, com altos e baixos repentinos, da calmaria para a mania. Às vezes exibia um comportamento doce e gentil, mas, momentos depois, ficava distante e irascível. Tinha acessos de ostentação extrema e generosidade compulsiva em que tentava dar todas as posses para a primeira pessoa que visse. Passava vários dias sem dormir, andando pela casa, olhando para o nada nos aposentos. Então desabava, adormecendo durante o almoço. Ficava totalmente obcecado por algum assunto e, com ele na cabeça, falava insistentemente com quem quer que se dispusesse a ouvir. Tanto as crianças quanto os criados morriam de medo de serem envolvidos em sua mania.

Walter, irmão de Charles, e sua mãe, Emma, tentaram fingir que nada estava acontecendo; Walter mergulhou em suas pesquisas e Emma na administração das propriedades. Era uma situação quase intolerável para Rozsika, que não tinha muitos amigos nem um papel definido em Tring, e não fazia a menor ideia de como a vida britânica funcionava. Seus pais morreram durante a Primeira Guerra Mundial e seus irmãos estavam presos do outro lado da Europa. Em um raro momento de terna lucidez, Charles escreveu para a esposa: "Queria que você e eu não tivéssemos passado por isso; sinto muito que tenhamos vivido para ver isso acontecer". Não estava claro se falava da doença ou da guerra.

Em 1923, Rozsika decidiu levar a família para Ashton Wold, na esperança de que o início da primavera despertasse a natureza e melhorasse o humor do marido. Charles adorava em particular a abundância de insetos e borboletas raras encontradas no jardim. Nos dias bons, ficava observando os filhos brincarem e, durante um breve período, seu ânimo melhorava. De repente a casa ficava cheia de otimismo, mas passava rápido. Naquele ano, à medida que o verão foi cedendo espaço ao outono, o humor de Charles foi piorando.

Setenta e cinco anos depois, Miriam e eu estávamos sentadas perto da lareira em sua sala de estar, em Ashton Wold. Eu havia colocado a filmadora de frente para sua cadeira de rodas e sentei ao lado do aparelho. "Certa tarde, meu pai foi ao banheiro e trancou a porta. Aí ele pegou uma faca e cortou a garganta", disse Miriam.

Embora soubesse do suicídio de Charles, eu não sabia de nenhum detalhe. A fria descrição dos fatos feita por minha tia-avó era mais comovente do que se tivesse chorado ou transmitido autocomiseração.

Ficamos alguns minutos sentadas em silêncio enquanto eu pensava em algo para dizer, ou se deveria mesmo dizer alguma coisa. Finalmente, perguntei: "Vocês alguma vez conversaram sobre o assunto depois, em família?".

"Não, nunca."

Miriam já estava falando havia tanto tempo que a luz do dia desaparecera e o fogo se apagara. Mudei a fita na filmadora. Miriam esticou a mão para pegar a xícara com chá, que agora devia estar bem frio. Perguntei se queria mais. Numa mesa lateral, uma lâmpada noturna brilhava sob o carrinho de prata do chá. Fiz um movimento para levantar e pegar um chá mais quente. Ela fez um gesto para que eu voltasse a me sentar, sem querer ser interrompida.

"Nunca vou me esquecer do encontro entre minha mãe [Rozsika] e minha avó [Emma] depois do que aconteceu", continuou. "Adentramos o hall em Tring e minha avó apareceu no topo da escadaria e só olhou para nós. Minha mãe não aguentou e fugiu."

As crianças não foram informadas da causa da morte do pai. Os criados estavam proibidos de falar sobre o assunto e todos os jornais enviados para a casa eram retidos. Recentemente, encontrei a seguinte notícia no *Times* de 16 de outubro de 1923: "O herdeiro presumido do atual Lord Rothschild foi encontrado morto em sua residência de Ashton Wold na sexta-feira. No sábado, um inquérito declarou que estava com a garganta cortada no banheiro. 'As informações são de que estava mal de saúde e sofria de depressão, mas, até onde sabemos, não tinha motivos para se desesperar'". Li a última frase diversas vezes: "Não tinha motivos para se desesperar". Percebi que Charles ainda tinha de enfrentar a pressão da culpa, afinal, não fora capaz de sentir alegria com a vida perfeita.

Para os Rothschild, sua morte foi uma catástrofe inimaginável. Tiveram de enfrentar a perda de um amado filho, primo, irmão e pai, mas também o terror de ter perdido o líder da linhagem britânica da família. Na esteira da morte de Charles ficou um vácuo e um terrível sentimento de vergonha.

Em 1923, o suicídio era ilegal, uma afronta à lei, à sociedade e à monarquia. Miriam, Nica, Victor e Liberty tiveram de suportar o silêncio quase universal por alguns anos, sem saber da natureza da doença do pai, seguido da dificuldade, anos depois, de descobrir quais foram as circunstâncias de sua morte.

O suicídio deixa em seu rastro um turbilhão de confusão, raiva, culpa, tristeza e sentimento de perda. O suicida escapa, mas os que continuam vivos são lançados numa escuridão perpétua, com perguntas sem resposta, medos sem solução. Paira sempre o fortuito pensamento de que o suicídio não teria acontecido se algo tivesse sido feito de modo diferente. Os sobreviventes lutam contra o desejo completamente inútil de tentar voltar ao passado, agarrar a pessoa, abraçá-la bem forte e convencê-la a não se matar. As crianças sentem tudo isso sem ter o conhecimento e a experiência necessários para guiar suas reações. Não é difícil imaginar o impacto devastador que isso tem sobre uma criança, principalmente quando não há ninguém para confirmar, negar ou ajudar a interpretar seus medos. Nica e os irmãos não só não tinham essa pessoa, como também viviam com o medo constante de que a mesma coisa pudesse acontecer com a mãe ou outras pessoas que amavam. Há também outro medo constante: será que poderia acontecer conosco? Será que a mente pode dar um pequeno passo e cair no abismo, um passo que estamos prestes a dar a qualquer momento?

Em que se transforma essa criança na vida adulta? Será que existem distúrbios de ansiedade ou características de comportamento comuns? Os relatórios médicos e psiquiátricos sobre o assunto são inconclusivos e ao mesmo tempo abarcam tudo: os filhos de um suicida apresentam uma série de sintomas, desde medo da intimidade a tendências suicidas, passando pela propensão ao vício. Toda criança sofre um trauma de algum tipo em algum estágio, mas, como diz Alice Miller de modo tão sucinto, "não é o trauma que sofremos na infância que nos deixa emocionalmente doentes,

72   A borboleta e o blues

e sim a incapacidade de expressar esse trauma". Como Nica e as irmãs não tinham ninguém com quem compartilhar sua infelicidade, foi difícil para elas passarem sozinhas e em silêncio pelo processo de intensa tristeza pela perda do pai.

Nica entendeu muito cedo que, quando uma pessoa reprime as próprias necessidades e a vitalidade natural, isso leva a formas terríveis de autodestruição. Esse foi um dos motivos por que ela, no futuro, se recusou a ficar presa a uma vida infeliz. E ajuda a explicar por que, muitos anos depois, arriscou a própria felicidade para que Monk não fosse para a cadeia e lutou o máximo que pôde para que ele vivesse os últimos anos longe das exigências da vida pública.

Seguindo a religião judaica, Charles foi enterrado em 24 horas. Só membros e pessoas próximas da família que fossem do sexo masculino tiveram permissão para comparecer ao funeral. As mulheres e as crianças ficaram em casa.

Dois anos depois do suicídio de Charles, Victor, então com quinze anos, ligou para Miriam da Harrow School, pedindo que fosse visitá-lo com urgência. Ela pegou o carro e foi imediatamente. "Ele estava extremamente infeliz e disse que alguns dos meninos caçoavam dele, dizendo que seu pai havia se matado e só loucos ou condenados à prisão faziam isso." Miriam, que tinha dezessete anos, já havia adotado o papel de protetora da família. Acalmou o irmão, dizendo que tudo era mentira; prometeu resolver a confusão, ao mesmo tempo confirmando para Victor que o pai não era nem louco, nem criminoso. Voltou correndo para Tring Park e confrontou a mãe, querendo saber a verdade. Rozsika, disse-me Miriam, "não levantou os olhos da mesa". Sem pestanejar, ela disse à filha: "Era algo que há um tempo suspeitávamos que fosse acontecer". Depois disso, o assunto morreu. A mãe nunca mais quis falar dele.

De acordo com a tradição da família, Charles deixou todos os bens (avaliados em 2 250 mil libras) para o único filho, Victor. Deixou para cada filha 5 mil libras — dois por cento da herança do irmão. Apesar de não ter uma educação formal em finanças, Rozsika assumiu a gerência das propriedades que pertenciam ao marido e ao cunhado Walter, assim como a herança dos filhos. Seu tino para os negócios era tanto que, no fim da vida, havia dobrado os bens do filho. No entanto, nesse processo, a mulher que foi uma alegre e bonita patinadora que saltava sobre barris se tornou uma senhora feudal arredia e impiedosa; afinal, era necessário. Sua sogra, Emma, antes extremamente ativa, ficou arrasada com a perda do marido e depois do amado filho. Walter, desolado, foi ficando mais excêntrico e se escondia cada vez mais em seu museu.

As cartas para os amigos mostram que Rozsika tinha outro grande problema, a saúde de sua segunda filha, Liberty. Desde bem nova, Liberty era fisicamente frágil e parecia contrair qualquer doença. Era tão sensível emocionalmente que, com o menor problema, afundava em desespero. Um pássaro com a asa machucada, um cavalo manco ou uma mudança na rotina a afetavam profundamente. Num grupo de cartas endereçadas a um amigo da família, as preocupações de Rozsika com a frágil filha pairam em cada página. "Ela parece tão frágil. Fico preocupada com ela o tempo todo, sem parar." Nos breves períodos em que estava saudável, Liberty dava grandes esperanças quanto a seu futuro. Suas pinturas ganharam medalha de ouro na exposição de verão da Academia Real e, aos doze anos, recebeu a proposta de fazer concertos solo de piano em Londres. Tentando manter Liberty equilibrada, Rozsika dividia o tempo entre os cuidados com a segunda filha e as finanças dos filhos. Com Victor em Harrow e Miriam em Londres, Nica frequentemente ficava sozinha.

Como era a mais nova, Nica, até os dezesseis anos, comia frequentemente sozinha na ala reservada para as crianças, enquanto a ama e a governanta desciam para o festivo e barulhento salão dos criados. Quando Nica finalmente teve permissão para juntar-se à mãe e aos irmãos na sala de jantar, teve de se acostumar com outras regras. Um lacaio uniformizado, com luvas brancas imaculadas, ficava atrás de sua cadeira. Seu prato dourado, estampado com a insígnia da família, era ladeado por várias facas, garfos e colheres, cada um com sua função. Durante toda a interminável refeição, esperava-se que ficasse sentada com as costas eretas, olhando para a frente, com as mãos no colo, e limpasse a boca com batidinhas do guardanapo pesado e monogramado de linho branco.

O exemplo mais perfeito desse tipo de vida pode ser visto atualmente em Waddesdon Manor, agora propriedade do Tesouro Nacional aberta ao público. A casa foi perfeitamente preservada para capturar a atmosfera da infância de Nica. Agora há cordinhas vermelhas para evitar que os visitantes pisem nos tapetes caríssimos ou toquem em alguma porcelana. Todavia, mesmo durante a infância de Nica, as cortinas ficavam fechadas para proteger da luz as obras de arte, e era proibido correr por entre as porcelanas Sèvres, os ovos Fabergé delicadamente preservados e os objetos folheados a ouro do século XVIII. A luz do dia era bloqueada por camadas de seda e damasco bordado. Os pesados revestimentos franceses e espécimes perfeitos e raros de tapetes Savonnerie amorteciam o som no ambiente.

Tring, assim como Waddesdon, era bonita, mas completamente sufocante, o que talvez explique por que mais tarde Nica demonstrasse tão pouco interesse por posses ou formalidades. Nos armários de sua cozinha, não havia muito mais do que comida para gato e um ou outro biscoito. Não havia aparelhos de jantar ou de prata, nenhuma tentativa de aprender a cozinhar. Tring Park e até mesmo Ashton Wold, apesar de toda a beleza e conforto, representavam mais lugares dos quais sentia que precisava escapar do que um lar.

8

A mais pura perfeição pré-guerra

Embora Nica fosse da primeira geração de inglesas emancipadas, ainda se esperava que as senhoritas de boa estirpe se comportassem como o sexo mais frágil e submisso. A submissão, a modéstia e a humildade eram os atributos femininos exigidos. A alta sociedade inglesa era tão pequena e introspectiva que todo mundo sabia o que todo mundo fazia. Se os acontecimentos não estivessem listados no *Times* ou fossem transmitidos pela rede de criados, a fofoca corria pelos campos de caça e salas de estar. A reputação de Nica de moça selvagem já existia antes mesmo que ela entrasse num salão de dança. Barbara, a mãe de meu pai, que costumava se hospedar em Tring Park, escrevia diários. Em 1929, ela escreveu: "Casa vermelha incrível com amplas janelas de vidro. No interior, mobília amarela nos quartos, laços azuis na minha cama e bem poucos banheiros. A maravilhosa Lady Rothschild com sua querida cara de bruxa e o Tio Wally com espaguete na barba e seu jeito de cão da casa. A irmãzinha Nica, gordinha e animada".

Em 1929, aos dezesseis anos, Nica debandou da ala das crianças. Finalmente com permissão para ficar acordada depois das nove da noite, decidiu que dormir era perda de tempo e mudou seu horário do dia para a noite. O livro de visitas de Tring Park mostra que a casa agora ficava cheia de gente quase todos os fins de semana. Hóspedes selecionados eram convidados ao sotão para participar de encontros na madrugada. Entre duas e cinco da manhã, depois que os adultos mais chatos fossem para a cama e antes que os criados acordassem, os jovens Rothschild entretinham os amigos com garrafas do vinho da família e discos de jazz. "A gente chamava isso de se esgueirar pelos corredores", explicou Barbara, com uma risadinha travessa.

Rozsika não tinha a menor ideia de como controlar sua teimosa filha. Distante de sua Hungria nativa e de suas tradições, mal podia contar com a orientação da sogra já idosa, ou com o excêntrico Walter. Perdida num mar de regras arcanas e bastante incompreensíveis, Rozsika buscou os conselhos das damas da sociedade. O primeiro conselho dado e aceito foi mandar Nica para uma escola de etiqueta em Paris. Embora por fora fosse um estabelecimento de respeito, na realidade era "operado por irmãs lésbicas que usavam peruca", confidenciou Nica para o crítico e escritor Nat Hentoff, num perfil para a revista *Esquire*, em 1960. Aquelas mulheres terríveis, disse Nica, "flertavam com as moças. Elas nos ensinaram a usar batom, providenciaram um pouco de literatura e filosofia e, se você não fosse uma das favoritas, azar o seu. Costumavam cobrar uma fortuna para corromper aquelas meninas todas. Foi bastante revelador".

Depois de se formar nesse seminário lésbico, no verão de 1930, Nica juntou-se à irmã Liberty numa grande viagem pela Europa. Uma governanta, um chofer e uma criada acompanharam as jovens. A rede de primos por parte de pai e de mãe significava que a presença das irmãs era sempre requisitada. Na França, ficaram no magnífico Château Ferrière. Na Áustria, Nica dançou valsa nos bailes e cavalgou magníficos cavalos Lipizzaner na Escola de Equitação Espanhola. Em Viena, envolveu-se em seu primeiro escândalo internacional, embora não fosse, pelo menos dessa vez, sua culpa. Uma oportunista condessa que caiu na miséria, na esperança de recuperar a fortuna da família, anunciou que seu filho e a senhorita Pannonica Rothschild estavam noivos. Não havia muita base para esse romance, exceto o amor pela equitação. A má sorte da condessa foi que Rozsika, que lia todos os jornais estrangeiros, viu o anúncio e imediatamente publicou um retumbante desmentido.

Em Munique, as duas irmãs entraram num curso de pintura. "Foi durante a ascensão de Hitler, mas não tínhamos noção do que estava acontecendo até finalmente percebermos que as pessoas que eram rudes conosco eram as que sabiam que éramos judias", confidenciou Nica à revista

Esquire. Foi um raro momento de consciência política; as irmãs eram estranhamente alheias aos eventos internacionais. Outro grande incidente que aparentemente passou despercebido foi a quebra da bolsa de Nova York em 1929, embora o colapso do mercado de valores e a depressão que se seguiu tivessem prejudicado profundamente a fortuna da família.

Com uma renda imensa à sua disposição, pela qual não precisaram trabalhar, mas sem um homem da família que servisse de modelo, Nica e as irmãs estabeleceram as próprias regras. Os quatro filhos de Charles e Rozsika eram governados mais pelo senso de merecimento do que de dever. Miriam, Victor e Nica ocultavam sua insegurança sob um ar de arrogância. Nenhum deles era popular ou mesmo querido.

Apesar de seus esforços, da escola de etiqueta e dos circuitos nas festas em Londres, Rozsika não tinha sucesso na tentativa de casar as filhas. Liberty, embora muitíssimo admirada por seu primo Rothschild, Alain, era nervosa demais para lidar com os assuntos do coração. Miriam se interessava mais por fitar coisas através de um microscópio do que fitar os olhos dos rapazes. Em 1926, aos dezoito anos, ela decidiu que não ia mais desperdiçar as noites dançando e flertando e se matriculou em segredo nas aulas noturnas da Chelsea Polytechnic. Obtendo as qualificações mais básicas, ela conseguiu emprego remunerado, pesquisando sobre a biologia marítima em Nápoles. A família ficou perplexa e a alta sociedade da década de 1920 ficou chocada. Por que alguém na posição dela escolheria um emprego em detrimento de uma vida confortável? Tomada pela determinação de completar a pesquisa iniciada por seu pai, Charles, Miriam tornou-se uma das principais naturalistas da Grã-Bretanha e uma especialista internacional em pulgas, borboletas e comunicação química. Sem as credenciais adequadas para garantir um lugar na universidade, ela acabou recebendo oito doutorados honorários, da Universidade de Oxford em 1968 à de Cambridge em 1999, bem como o título de *fellow* da Royal Society em 1985; mais tarde, foi condecorada Dama do Império Britânico.

Assim, Miriam mostrou a uma geração de jovens mulheres, inclusive Nica, de que havia alternativas para a vida, de que suas paixões poderiam se transformar numa carreira. Quando Nica deixou a ala das crianças, Miriam já estava bem adiantada em seus estudos. Depois de seu aprendizado em Nápoles, passou os anos entre as guerras desenvolvendo um alimento para galinhas à base de algas em vez de gráos. No entanto, a inspiração de seu trabalho ainda vinha da pesquisa inacabada do pai com borboletas e pulgas. Miriam tornou-se a dedicada filha mais velha que permanece em casa, trabalha diligentemente e mantém acesa a chama da memória dos pais.

Sem o envolvimento, o incentivo e as memórias de Miriam, este livro não teria sido escrito, mas suas conquistas de vida e sua personalidade contundente também ameaçaram abalar o projeto. Miriam era tão forte, suas lembranças tão vívidas, que sua voz às vezes parecia sobrepor-se à de Nica. Às vezes, quando eu perguntava a Miriam sobre Nica, ela falava dela mesma, ou sobre a outra irmã, Liberty. Eu perguntava a outras pessoas sobre Nica e elas só queriam falar de Miriam. Por que você não escreve sobre ela?, diziam. Ela é a que foi a mais célebre, a que mais realizou.

Fiquei pensando se Nica se ressentia do fato de viver à sombra de uma irmã e de um irmão tão bem-sucedidos. Será que a decisão posterior de morar fora era uma tentativa de se estabelecer em outro lugar, longe da fama de ambos? Sei que uma das consequências de vir de uma família de grande sucesso é ser tratada como a filha, irmã, prima, sobrinha ou mãe de alguém, em vez de uma pessoa que tem os próprios méritos. Insisti que persistiria ao lado de Nica e deste projeto. Estava disposta a defender que talvez Nica tivesse realizado algo que não se possa medir em graus honorários e documentos que comprovam qualificações, algo menos público, mas ainda assim válido. Os personagens menores, pensei, são igualmente importantes.

Como a filha caçula, Nica nunca sentiu a obrigação de continuar nenhuma tradição, então ela fazia o que quisesse, quando bem entendesse. Liberty, no entanto, nunca aproveitou seu enorme potencial, permanecendo incapacitada pela fragilidade psicológica pelo resto da vida.

Victor não tinha a menor intenção de deixar que a carreira no banco atrapalhasse suas verdadeiras paixões. Desde cedo, como o filho e herdeiro tão desejado, ele foi mimado e criado para acreditar que sua vontade era onipotente. Quando, ainda muito pequeno, achou o fogo algo divertido, sua mãe instruiu um criado a andar para lá e para cá na frente de seu carrinho, acendendo fósforos. Na escola, quando ficava entediado com as liçóes, tinha permissão para matar aula e se concentrar no críquete. Acabou participando das ligas de críquete de condado, no time de Northampton. Sua irmã mais velha, Miriam, tornou-se sua empresária e, na ausência de um pai ou de uma mãe interessada, comparecia a todos os jogos.

Em Cambridge, Victor estudou Ciências Naturais, o que estava longe de ser uma escolha surpreendente para um menino cuja primeira memória era o pai pedindo-lhe para caçar uma aurora ginandromorfa. Ali, um novo mundo abriu-se para ele: Victor percebeu seu potencial intelectual e fundou um grupo de estudos. Embora fosse conhecido na universidade como o playboy que dirigia um Bugatti conversível e colecionava primeiras edições raras, durante toda a vida Victor deu mais valor à competência acadêmica do que às posses. As pessoas que realmente admirava eram cientistas, professores universitários, pensadores e intelectuais. Seus antepassados haviam usado os bens e a riqueza para criar um senso de identidade; Victor, ao contrário deles, se apoiava na inteligência e em estar rodeado de pessoas inteligentes. Sua outra grande paixão era o jazz, e ele cogitou tornar-se músico profissional. Ao saber que o grande pianista do jazz Teddy Wilson estava dando aulas em Londres, Victor se inscreveu e levou a irmãzinha Nica para observar. Anos depois, Teddy Wilson veio a ser o bilhete de entrada de Nica na cena dos clubes noturnos de Nova York.

No primeiro grupo de amigos universitários de Victor estavam dois jovens, Guy Burgess e Anthony Blunt, que o persuadiram a se juntar a um grupo de discussão, os Apóstolos. Victor os via como aliados que compartilhavam de seu amor pela literatura e pelo aprendizado e de seu ódio pelo fascismo. No período entre 1927 e 1937, vinte dos 26 novos membros do grupo eram socialistas, marxistas, simpatizantes marxistas ou comunistas. Para um jovem judeu que via a ascensão do nazismo na Alemanha, tornar-se simpatizante de esquerda não era incomum.

Ao se formar em Cambridge, Victor recebeu menção honrosa tripla e foi eleito Fellow of Trinity. Durante a guerra, trabalhou no MI6 e ganhou a Medalha George por desarmamento de bombas, dizendo que os anos que passou copiando os acordes de Teddy Wilson e Art Tatum foram a preparação ideal para uma tarefa tão complicada.

Apesar de seus leais serviços ao governo, quando se noticiou, depois da guerra, que seus dois grandes amigos, Guy Burgess e Anthony Blunt,

80 A mais pura perfeição pré-guerra

eram espiões soviéticos, e que dois outros membros dos Apóstolos também eram agentes secretos, o dedo acusatório da suspeita pairou sobre Victor durante quase toda sua vida. Um livro dizia que ele era o "Quinto Homem". Embora tenha se revelado que na verdade o Quinto Homem era John Cairncross, as suspeitas continuaram a assombrar Victor. Em 3 de dezembro de 1986, ele tomou a medida não muito comum de publicar uma carta nos jornais britânicos, dizendo: "Não sou, e jamais fui, um agente soviético". Mesmo com as suspeitas desmentidas por Thatcher, a maledicência continuou. Mais tarde, ele contou a seu biógrafo Kenneth Rose que descobrir a identidade de Blunt como agente duplo foi "devastador, um choque inacreditável".

Victor continuou a trabalhar no campo da ciência, estudando especialmente o sistema reprodutor dos ouriços-do-mar. Mais tarde, ele e Miriam foram o único casal de irmãos a se tornarem *fellows* da Royal Society. De acordo com Miriam, "claro que meu irmão entrou na Royal Society bem antes de mim. Acredito que isso se deveu basicamente ao preconceito contra as mulheres. Eu não havia frequentado a escola como o meu irmão — fui educada, ou deseducada, em casa. Mas acho que sempre fui uma zoóloga melhor do que ele".

Apesar das aparentes diferenças entre eles, Victor sempre cuidou de sua irmãzinha Nica, e os dois compartilhavam do amor pela música e pelo convívio social. Nica era muito bonita, nem um pouco séria como as duas irmãs, e Victor gostava de exibi-la para os outros. Foi Victor quem a apresentou aos movimentos mais recentes do jazz moderno e a encorajou a aprender a pilotar aviões. Grande admirador de carros velozes, Victor ensinou Nica a dirigir e comprou para ela um potente carro esportivo quando ela completou dezoito anos. Mesmo exasperado com o estilo de vida que ela havia escolhido para si, Victor continuou a tomar conta dela com atos aleatórios de bondade, embora meu pai, Jacob, diga que Victor tinha dificuldade para demonstrar afeição ou generosidade semelhante por qualquer um de seus seis filhos.

Esperava-se que Nica se casasse com um judeu, mas pretendentes de qualidade estavam em falta. Depois de enviá-la para a escola de etiqueta e numa pomposa viagem pela Europa, Rozsika decidiu apresentar a filha à sociedade em 1932.

Esta tradição anual britânica, conhecida como "Temporada", estava aberta a moças e rapazes de boa estirpe. Seguindo o costume que prevaleceu até 1958, Nica usou branco e fez uma vênia perante um enorme bolo branco no Baile da Rainha Charlotte. Nos três meses seguintes, participou da alegre corrida conhecida como o "mercado dos casamentos". Visto que poucos judeus compareceram, era pouco provável que Nica pudesse encontrar seu "príncipe encantado" entre as centenas de jovens debutantes que eram apresentados ao rei e à rainha.

Em junho daquele ano, Nica, com dezessete anos, foi formalmente apresentada ao rei George V e à rainha Mary e ficou envolvida com bailes de debutante e festas de apresentação à sociedade. "Entrei naquele mundo, deixando-o surpreso com minha presença, mas fiz minhas vênias sem cair", ela contou a Nat Hentoff. Como já havia supervisionado as duas filhas mais velhas na Temporada, Rozsika não tinha vontade de ciceronear Nica numa terceira. A tarefa de zelar pelo retorno da jovem senhorita Rothschild até em casa agora cabia ao azarado chofer de sua avó Emma. A prima Rosemary recorda que Nica raramente voltava para casa no horário estipulado.

A família morava na Kensington Palace Gardens, uma estrada fechada. Embora fosse fácil despistar o chofer, era bem mais difícil escalar grades altas no escuro usando um vestido de baile que ia até o chão. Havia aproximadamente quatro bailes por semana no período em que as Câmaras do Parlamento ficavam em sessão, entre novembro e maio. Desejosa de saber mais sobre aquela época, entrevistei uma contemporânea próxima de Nica, Debo, a duquesa herdeira de Devonshire (que quando solteira tinha o sobrenome Mitford). Assim como os Rothschild, as moças da família Mitford eram bastante excêntricas. Unity gostava de levar um rato de estimação para as danças e Diana expunha suas radicais opiniões políticas para seus parceiros durante o foxtrote. Debo explicou que as moças toleravam tudo aquilo. "Era como sair para o trabalho", disse ela. "Era o que a gente precisava fazer, mas era muito divertido."

É fácil traçar o progresso de Nica pela Temporada de Londres. Cada dança era mencionada no *Times*, muitas vezes acompanhada de uma descrição detalhada do que a debutante estava usando e qual estilista fizera o vestido. Era imprescindível usar roupas em estilo mais casual; havia muitos estilistas, mas poucas variações. No ano em que Nica debutou, era *de ri-*

82　A mais pura perfeição pré-guerra

gueur usar punhos curtos de pele que podiam ser retirados e transformados em aquecedores para as mãos. Os vestidos costumavam ser florais, adornados com detalhes de seda. As saias iam até o joelho e eram feitas de *tweed* macio sobre crepe de seda, às vezes adornado com cintos de veludo de duas cores, retorcidos e atados com nós firmes. As roupas de Nica eram feitas em Paris por estilistas importantes como Worth e Chanel. As joias das Rothschild, que incluíam esmeraldas do tamanho de ovos de pombas e gargantilhas com os mais belos diamantes brancos, pertenciam a Victor, mas ele as emprestava à esposa ou às irmãs nas ocasiões especiais.

Rozsika anunciou na circular da Corte do *Times* que o baile de debutante de sua filha aconteceria em 22 de junho de 1931, em 148 Piccadilly, endereço da casa de sua sogra, Emma. A mãe de meu pai, Barbara, que à época estava sendo cortejada por Victor, irmão de Nica, descreveu a noite em seu diário:

> No jantar havia três mesas, a maior para todas as pessoas mais velhas — liderada pela mãe da família, muito bem-vestida e deveras matriarcal, a matriarca mais jovem [Rozsika] perto de Winston [Churchill] —, a outra mesa liderada pela futura matriarca, Miriam, e, finalmente, a mesa de Victor, para Nica. A dança depois foi maravilhosa, os grandes salões cheios de ouro e candelabros, cadeiras douradas estofadas e espelhos enormes, uma grande quantidade de champanhe e gente subindo as escadas, vindo do hall de entrada, com todas as suas joias e seus melhores vestidos. O parque ficava aberto atrás da casa. Nica era a mais pura perfeição *pré-guerra*. Alguns de nós rumamos para o Café de Madrid. Os rapazes perseguiram Nica em Piccadilly e ela foi resgatada por Victor.*

Miranda, a irmã de meu pai, era uma das poucas Rothschild que visitava com frequência sua tia Nica em Nova York. Ela entendia as nuances da vida dos Rothschild na Inglaterra e também o que Nica buscava em Nova York. "O problema de você colocar todas essas coisas de 'alta sociedade' no seu livro", disse Miranda, numa conversa recente, "é que isso faz com que Nica e Victor pareçam pessoas convencionais. Eles eram completamente, totalmente excêntricos. Eram diferentes de todo mundo. Meu

---

* Infelizmente, não existem mais detalhes. (N. A.)

pai [Victor] costumava esquiar usando uma túnica de seda Schiaparelli e ficava completamente nu sempre que quisesse, onde quisesse. Nica e os irmãos só compareciam às festas para agradar a mãe".

De acordo com Miranda, os filhos de Rozsika não tinham o menor interesse em serem aceitos na alta sociedade; caso tivessem, o resultado para todos, e as escolhas que fizeram, teriam de ser bem diferentes. Victor era um "esnobe intelectual chatíssimo"; Nica, um tanto esnobe em assuntos musicais; mas nenhum dos dois dava a mínima para o status social das pessoas. E o que era importante para eles?, perguntei. "Música!", ela respondeu. "Victor e Nica eram doidos por música. Victor, que era um pianista de talento, brincava com a ideia de seguir carreira como músico de jazz." Para Nica, a Temporada era o nirvana, mas não por causa dos rapazes: o que ela amava de verdade eram os músicos e a música.

O primeiro amor de Nica foi o líder de banda norte-americano Jack Harris. Em cenas filmadas em 1934 no Café de Paris, em Londres, ele aparece dançando pelo salão com o violino na mão. Oscilando de leve de um pé para o outro, Harris às vezes toca o violino e canta um pouco, mas quase sempre ele está retribuindo os olhares das debutantes derretidas. Apesar de 55 anos terem se passado desde seu último encontro com ele, Nica me disse que ela conseguia se lembrar de todos os detalhes sobre Harris, inclusive seu telefone, sua bebida favorita (conhaque) e de que ele gostava de ovos fritos de um lado só, com a gema mole. Não está claro se ele tirou ou não a virgindade de Nica, mas ela aproveitava todas as oportunidades que tinha para ver seu amado. Perguntei a Debo Devonshire se ela ficou chocada com a paixonite de Nica. "Chocada! Claro que não. Todo mundo se apaixonava pelos líderes das bandas. Eles eram de longe os homens mais bonitos do salão. O homem que eu mais gostava era um chamado Snakehips Johnson. Ele morreu na guerra. Uma tragédia."

Sempre havia big bands americanas se apresentando em Londres. Algumas tocavam nos bailes de debutantes; outras, nos clubes londrinos. Victor levou a irmã caçula até Streatham Town Hall para ver Duke Ellington e Benny Goodman. Desde a estreia de *Sagração da primavera*, de Stravinski, em 1913, o ano de nascimento de Nica, a música mudou radicalmente. Não era mais algo a ser apreciado sentado numa cadeira dourada, ou o acompanhamento para executar passos perfeitamente coordenados: a música havia extrapolado os confinamentos das convenções. Saía dos rádios e reverberava pelos salões de dança. A emancipação da música libertou a geração mais jovem. Agora, eles finalmente tinham algo que seus pais menosprezavam e não conseguiam entender, mas que era gloriosamente, totalmente só seu.

Na Europa e nos Estados Unidos, os músicos reagiram às mudanças sociais e políticas jogando fora a tradição e as regras que ditavam como a música deveria ser feita. Nos salões de dança, os jovens não se interessavam por um allegro ou um scherzo; queriam ritmo, algo para dançar ou cantar, algo que refletisse a nova liberdade e as novas oportunidades. E o nome desse estilo musical era swing. De ambos os lados do Atlântico, separados por um vasto oceano, Nica e um jovem negro que abandonou a escola no ensino médio, chamado Thelonious Monk, ouviam, simultaneamente, o mesmo tipo de música. Tinham origens diferentes e suas circunstâncias não poderiam ser mais díspares, mas a trilha sonora de suas vidas era exatamente a mesma.

9

O comandante-chefe

Nica debutara havia três anos quando, no verão de 1935, seu irmão Victor a levou para Le Touquet, na França, uma sofisticada extensão da vida britânica que anunciava ser "uma nova atmosfera em ambiente familiar". Desde que Noël Coward e seus amigos fizeram do lugar um destino de viagens nos fins de semana, na década de 1920, jovens promissores passaram a frequentar este resort na orla para se divertir nas corridas, jogos de apostas e festas.

Em um almoço organizado por um primo Rothschild, Nica conheceu o futuro marido. Para uma jovem órfã de pai que cresceu numa casa dominada por mulheres, o barão Jules de Koenigswarter parecia um homem dono de si e cheio de glamour. Um bonito viúvo judeu, dez anos mais velho que Nica e pai de um menininho, Jules trabalhava como consultor em mineração no Banque de Paris. Originária da Áustria, a família de Koenigswarter morava na França há mais de um século e fazia parte do grupo cosmopolita, pulava de país em país em busca de interesses em comum nos negócios, na caça e nas danças. Rozsika era conhecida da família desde jovem. Embora a família tivesse algum dinheiro, Jules precisava trabalhar para se sustentar.

Nica ficou literalmente sem chão. Antes que o almoço terminasse, Jules a levou direto do restaurante para o aeroporto para que os dois passeassem em seu avião Leopard Moth. Já nesse primeiro encontro havia pistas que davam ideia do padrão que seguiria a vida dos dois juntos. Para Jules, posteriormente batizado por Nica de "comandante-chefe", a navegação precisa, as checagens de segurança, os procedimentos de manutenção e o horário dos voos eram tão importantes quanto a sensação de estar no ar. Nica mais tarde admitiu que ficou entediada com a insistência de Jules em fazer meticulosas checagens de segurança antes de decolarem. Jules também deveria ter percebido possíveis incompatibilidades entre os dois: Nica aprendeu a voar com um saxofonista, Bob Wise, que conheceu quando dançava no Hotel Savoy. Jules ficou chocado ao descobrir que ela nem mesmo tinha licença para voar e não sabia ler um mapa. Nica navegava orientando-se pelas linhas de trem ou as estradas principais. "Isso não era um problema, a não ser que estivesse nublado", ela me disse.

Durante muitos anos, tentei conseguir mais informações sobre Jules. O casal se separou bem antes de eu nascer e, depois da separação, a família Rothschild perdeu contato com o barão. Nica descreveu o ex-marido em termos que o desmereciam: era obcecado por horários, autoritário e tinha pouco senso de humor. Certamente ela havia se apaixonado por algo, mas o quê?

Ao saber que Jules publicara suas memórias, consegui achá-las num sebo em Málaga. O título era *Savoir dire non* (Saber dizer não). Nelas, Jules se descreve como um bad boy e conta que foi preso por seu regimento por ter quebrado as regras, como levar uma garota para seu quarto à noite ou trapacear nas lições de casa no Exército. Em três ocasiões, indo contra a recomendação de amigos, ele relembra, orgulhoso, que voou e aterrissou sob forte neblina — exatamente o tipo de imprudência que criticava na esposa. Se Jules fosse inglês, teria sido um homem de classe alta que gostava de se passar por alguém extremamente cativante e sempre em busca de aventuras relativamente radicais. Sob o encanto inicial do romance, Nica escolheu ver nele um pretendente extravagante e elegante. Infelizmente, a névoa dessa paixão inicial ofuscou os traços mais presentes na personalidade de Jules.

Nos três meses seguintes, Jules cortejou a jovem herdeira pela Europa afora com a determinação de uma campanha militar. Sua primeira decisão foi pedir à mãe que convidasse Nica para ficar com sua família na casa de verão em Deauville. Felizmente para Jules, Rozsika aprovava os De Koenigswarter e deu permissão para que a filha fosse, desde que um chofer e uma criada fossem como acompanhantes. Foi a primeira viagem que Nica fez sozinha para o exterior, e representava outra excitante ruptura com sua juventude cheia de restrições.

Nica levou os criados até Deauville em seu carro esportivo rebaixado e, durante dois dias, ela e Jules permaneceram no solo. E então, num impulso, decidiram voar para Salzburgo e para Viena, num claro rompimento com a etiqueta. Suas horrorizadas mães instruíram que a criada e o chofer fossem atrás deles. Toda vez que os criados alcançavam o casal, os namorados entravam no Leopard Moth e voavam para a capital seguinte. Depois de enfrentarem cada estrada esburacada, de Deauville a Salzburgo, de Viena a Veneza, o chofer e a criada finalmente alcançaram Nica várias semanas depois, em Monte Carlo.

Nica contou ao irmão Victor que Jules mais a instruiu para que ela se casasse com ele do que propriamente pediu sua mão. Mesmo nesse estágio inicial, ela já tinha dúvidas quanto à compatibilidade dos dois e pediu a ele tempo para refletir, já que não tinha pressa de entrar na vida de casada. Mas Nica não conhecia ninguém que conhecesse Jules bem e, sem uma figura paterna para lhe aconselhar, decidiu às pressas que estava perdidamente apaixonada.

Em setembro de 1935, Nica fingiu que precisava visitar Nova York para se aconselhar com sua irmã Liberty. Talvez o que Nica realmente quisesse era ir para os Estados Unidos e ouvir diretamente a música extraordinária que ouvia pelo rádio. No Savoy Ballrom, no Harlem, ela ouviria Chick Webb, Teddy Hill e o rei do swing, Benny Goodman. Ela mal podia esperar para ver as duas novas estrelas das gravações, Ella Fitzgerald e Billie Holiday, que se apresentavam com o professor de Victor, Teddy Wilson. As fronteiras das artes norte-americanas estavam se expandindo. Naquele mesmo ano, 1935, estreou a ópera de Gershwin, *Porgy and Bess*, que escandalizou a alta sociedade ao mostrar a vida dos negros norte-americanos pobres. O Museu de Arte Moderna de Nova York causou controvérsia e certa perplexidade ao montar uma exibição chamada "A arte do negro africano". Na literatura, William Faulkner, John Steinbeck e F. Scott Fitzgerald estavam no topo das listas dos críticos, enquanto uma nova geração de pintores, entre eles Ashile Gorky, Willem de Kooning e Jackson Pollock, conquistava seu lugar ao sol na costa leste. A Europa, em contraste, parecia anacrônica, cansada. A Inglaterra celebrava o Jubileu de Prata do rei George V e a Academia Real montava uma amostra com pinturas francesas.

Para Nica, essa visita a Nova York seria a primeira, mas não a última vez em que ela buscaria refúgio na metrópole. A viagem de duas semanas pelo Atlântico foi a primeira experiência que a herdeira teve de ficar sozinha. Ela logo percebeu que havia subestimado a determinação de Jules. Mesmo com ela a bordo do *SS Normandie*, oscilando entre duas costas marítimas, Jules a bombardeava com flores e telegramas. Com apenas 21 anos de idade, Nica não foi capaz de se esquivar desse violento ataque de romantismo. Antes de chegar a Nova York, ela já estava noiva. Jules comprou a próxima passagem disponível para os Estados Unidos, determinado a não deixar a noiva escapar.

O casamento ocorreu na capela do Manhattan Municipal Building, em 15 de outubro de 1935. Liberty foi a única representante da família e a principal dama de honra. Nica já era notícia. O evento apareceu no *New York Times* sob a manchete "$enhorita Rothschild se casa". Dedicaram quatro parágrafos à história da família Rothschild, com o último, mais curto, ao marido de Nica, que foi descrito como um engenheiro de mineração admirador da aviação e membro de diversos clubes franceses dignos de nota. Victor, o irmão de Nica, deu a ela um avião como presente de casamento, mas, nos anos subsequentes, Nica mal teve tempo de pilotá-lo.

Rozsika ficou satisfeita: pelo menos uma filha estava casada. Mas agora enfrentava um problema mais sério. A família esperava que enviar Liberty para Nova York seria como um bálsamo, que a viagem lhe daria a chance de se afastar dos problemas da família. Como a paixão de Liberty era a pintura, Rozsika conseguiu que tivesse aulas com uma artista de talento, Maria de Kammerer, uma húngara que a família de Rozsika conhecia. Tanto Liberty quanto Victor posaram para Kammerer, e seus retratos integraram uma exposição em Nova York em 1936. Durante muitos anos, tentei, sem sucesso, achar esse retrato de Lib; tristemente, restam poucas imagens dela que não sejam da infância.

Infelizmente para Liberty, a mudança para Nova York foi apenas geográfica; seu estado mental ficou ainda pior. Liberty, a filha mais doente, havia se transformado numa adulta muito nervosa cujo frágil equilíbrio era abalado pelos menores acontecimentos. Miriam tinha certeza de que, como seu pai Charles, Liberty havia herdado a "melancolia" da família. Há poucas informações sobre a enfermidade de Liberty: o juramento de Hipócrates calava os médicos e Miriam queimou todos os seus prontuários médicos.

Logo depois que Nica voltou da lua de mel, Liberty sofreu um grande colapso nervoso. Ao participar de um sofisticado jantar em Nova York, deixou os outros convidados chocados ao preferir se alimentar com a decoração da mesa — rosas — em vez da comida. Depois disso, Liberty foi mandada para casa, em Tring, e ficou sob os cuidados de um hospital privado, sob a orientação de um amigo da família, o dr. Freudenberger, psiquiatra.

Nica havia saído do casulo que era a ala das crianças em Tring. Desdobrou as asas úmidas e opacas e alçou voo. Mas era uma independência limitada. Ela saiu da vida restrita em família e passou para o controle do marido. Fisicamente, sua cintura estreita era mantida por um espartilho apertadíssimo. A sociedade ditava o tamanho de suas saias e o corte de seu casaco. Seu comportamento era controlado por uma miríade de regras, do que devia e não devia fazer, necessárias para uma jovem casada na década de 1930.

A primeira indicação de que havia problemas no casamento vem das memórias de Jules. Nica nunca é mencionada pelo nome, nem durante a lua de mel, e é citada apenas duas vezes como "minha esposa".

O casal foi de Nova York para Los Angeles atravessando o Panamá. De lá, pegaram um navio da OSK rumo ao Oriente. Quando Nica ficou doente durante a longa viagem, o médico japonês do navio ficou tão nervoso por cuidar de uma mulher importante, com título nobre, que passou a maior parte da consulta fazendo mesuras e se esqueceu de prescrever o remédio.

Em Pequim, os dois fumaram ópio deitados em almofadas duras enquanto uma bela moça colocava pequenas bolinhas do narcótico em seus cachimbos. Contrataram um avião e sobrevoaram as áreas devastadas pela enchente do rio Amarelo, de onde podiam ver com clareza, mas sem poder ajudar as famílias desabrigadas que acenavam desesperadas para eles, à espera de resgate. Continuando a jornada, Jules e Nica quase morreram quando o avião fez um pouso de emergência numa área remota. Finalmente conseguiram pegar carona num caminhão de gado até um vilarejo próximo, que tinha um hotel decadente no qual os únicos outros hóspedes eram baratas gigantes. Sobreviveram à base de chocolate e uísque. Voltando à civilização, foram para o Japão, onde Jules ganhou uma aposta de quem bebia mais saquê contra um magnata dos jornais e comprou uma arma num mercado. Em Kobe, visitaram uma sex shop, compraram *brinquedos sexuais* musicais e mandaram para os amigos e para a família. Os funcionários da alfândega, indignados, infelizmente confiscaram os pacotes. Ao ser indagado a respeito de seu pacote, Victor Rothschild negou conhecer alguém chamado De Koenigswarter e, acrescentou, não tinha a menor ideia de por que alguém lhe enviaria itens tão chocantes.

Apesar de todas as aventuras na lua de mel, Nica estava inquieta. Seu marido planejava tudo compulsivamente e não deixava nada ao acaso. A viagem pelo mundo, que havia durado meses, foi uma decepção para Nica porque, como ela disse a Nat Hentoff, "meu marido sempre fazia tudo de acordo com um plano, e fazer isso na minha companhia não é fácil. Todas as nossas horas eram planejadas, desde o momento em que chegávamos de manhã até a hora em que saíamos para o lugar seguinte, e a consequência disso era que nunca víamos nada de interessante". Nica começava a perceber que havia saído de uma gaiola para entrar em outra.

10

You're the Top*

Depois de voltar da lua de mel, Jules e Nica se estabeleceram em Paris enquanto procuravam uma casa de campo nas redondezas. Para qualquer amante do jazz, a cidade era um pedaço do paraíso conhecido como "Harlem em Montmartre". Depois da Primeira Guerra Mundial, um pelotão de soldados negros norte-americanos, conhecidos por alguns como os Harlem Hell Fighters, ficaram tão apaixonados pela prática de liberdade, igualdade e fraternidade na França que resolveram permanecer no país. Como combatentes, os chamados Hell Fighters foram a unidade norte-americana mais condecorada na Grande Guerra. Em tempos de paz, supriam a grande demanda de músicos negros nas bandas dos pequenos clubes noturnos de Montmartre. Uma comunidade de negros logo começou a se formar do lado direito do Sena, constituída basicamente de músicos itinerantes, todos jovens e solteiros. Um marco importante foi a criação do Hot Club of France, um quinteto formado por um encontro casual entre Django Reinhardt e Stéphane Grappelli. Embora os fundadores do grupo fossem brancos, surgiram Hot Clubs semelhantes de todas as nacionalidades, credos e cores.

---

* Título de uma canção clássica do jazz, escrita por Cole Porter. Em português, "Você é o máximo". (N. T.)

Paris tornou-se a parada obrigatória nas turnês de todo músico famoso, o que deu a Nica a chance de ouvir Coleman Hawkins, Dizzy Gillespie, Charlie Parker e Duke Ellington, entre outros. Uma das poucas pessoas que ela não teria visto foi Thelonious Monk, que preferia ficar mais perto de sua conhecida Nova York e que, à época, tentava achar uma banda com a qual tocar.

Nica ficou mais próxima de seus primos franceses e os encontrava nas corridas em Deauville ou Longchamp, onde adoravam misturar estilo e esporte. Havia uma grande competição entre os dois ramos da família; Edouard de Rothschild ganhou o Prix de l'Arc de Triomphe em 1934 e 1938, e a herança de Hannah de Rothschild, prima de Nica, financiou seu marido Lord Rosebery no Derby nada menos que quatro vezes, entre 1894 e 1944.

E então, no fim de 1935, Nica ficou grávida. Ela tinha 23 anos e realizava o desejo da família. Nenhuma de suas irmãs estava casada, e parecia que a volúvel Nica havia sido domada. Como muitas mães, ela queria dar à luz em casa, então o casal voltou para Londres. Patrick nasceu em julho, e em agosto o jornal *Express* fotografou o casal numa pista de aviação privada no sul de Londres. A legenda dizia: "Ao que parece, Patrick, o filho de um mês de idade, já demonstra tino para a aviação. Foi embora ontem, com a mãe, para o continente".

Embora algumas das opções de Nica ficassem restritas pelo casamento e pela maternidade iminente, o estilo de vida anterior só chegou ao fim pelas mãos de seu irmão Victor. Depois da morte do tio Walter em 1937, Victor decidiu vender a enorme coleção da família que ele havia herdado. Isso incluía Tring Park, o que havia dentro da residência e a casa de sua avó Emma, em 147 Piccadilly. Sua esposa era da família Strachey e peça importante no grupo de Bloomsbury; sua mãe Mary era amiga de Matisse e T.S. Eliot. Sem apreço particular por tesouros do século XVIII ou os infinitos objetos de prata ou Sèvres, Barbara persuadiu o marido a colecionar livros e arte contemporânea.

Membros da família ficaram perplexos e perturbados com o descarte brutal da herança. Como ele podia se desfazer de coleções que levaram tantos anos para serem reunidas, que significaram tanto para as gerações anteriores? Uma explicação era que Victor preferia o dinheiro à responsabilidade da posse. Outra era a ambivalência de Victor quanto a ser um Rothschild: ele queria ser reconhecido como cientista e intelectual, mas seu sobrenome e herança atrapalhavam. "Quando as pessoas me conhecem pela primeira vez", disse ele a Bernard Levin, numa entrevista à BBC, "já imaginam que moro numa casa onde sai ouro das torneiras". Em Cambridge, ele era um socialista e mais tarde ocupou lugar no lado dos Trabalhistas na Câmara dos Lordes. Ao se desfazer de suas extravagantes posses, Victor esperava que o vissem como alguém normal. Ele e Barbara compraram a residência Merton Hall, em Cambridge, perto da universidade onde ele trabalhava como pesquisador. Barbara contratou a decoradora inglesa Syrie Maugham para supervisionar a pintura dos interiores no tom branco neutro que estava na moda à época. Merton Hall era um templo do modernismo se comparada aos palácios reluzentes e dourados da juventude de Victor.

O leilão dos Rothschild ganhou as manchetes dos dois lados do Atlântico e foi transmitido ao vivo pela BBC. A principal venda durou quatro dias, sendo que mais três foram dedicados à extraordinária coleção de prata da avó de Nica, herdada dos Rothschild de Frankfurt. No primeiro dia, dezessete grandes pinturas foram vendidas pelo incrível valor de 41 252 libras. *The Courtyard*, de Pieter de Hooch, foi comprado por 17 500 libras pelo lendário comerciante de quadros Duveen. O conteúdo da casa acabou chegando a 125 mil libras, o que equivale nos dias de hoje a muitas dezenas de milhões, se levarmos em conta a valorização no mercado de arte.

A fascinação internacional com o leilão deveu-se em parte ao aspecto fantástico dos itens, mas também ao que ele representava: sem dúvida, a dissipação massiva dos bens marcava o fim da hegemonia dos Rothschild na vida financeira britânica.

Depois da morte de Rozsika, em 1940, Victor deu seu último bem, a fazenda em Ashton, para sua irmã Miriam. Era como se ele estivesse tentando apagar o passado da família para recomeçar do zero. Depois de despojar a família de pinturas de famosos mestres holandeses, além de pinturas de Reynolds e Gainsborough, Victor escolheu pendurar em suas paredes gravuras do esperma de diferentes animais ampliadas até ficarem irreconhecíveis. Quando criança, e também já adulta, ao visitar a casa de Victor, não vi nenhum vestígio daquela vida anterior; Nica não era o único membro da família que buscava uma grande ruptura com o passado.

As vendas das casas dos Rothschild deixaram Nica sem as residências de sua infância e também sem lar na Grã-Bretanha. Ela não estava mais ansiosa quanto ao casamento, já que agora não havia escapatória: sua casa e sua vida agora eram na companhia de seu marido no país de nascimento dele, a França. Começaram a buscar, entusiasmados, uma casa. Para o mundo exterior, parecia que o casal estava se divertindo. Viajaram muito e, em 1937, deixando o bebê para trás, saíram numa expedição em busca do tesouro de Lima, que supostamente havia afundado nas ilhas Cocos, a quase 500 quilômetros da costa do Panamá. Retornaram de mãos vazias, mas Nica estava, mais uma vez, grávida.

Quando chegou a Londres para dar à luz a segunda filha, Janka, em 1938, Nica alugou uma casa em Hyde Park Square. O retorno à França foi, mais uma vez, registrado pela imprensa nacional; em 26 de novembro de 1938, a circular da Corte do *Times* anunciou que "o Barão e a Baronesa de Koenigswarter partiram para o Continente". Desta vez, seria para sua nova casa, na Normandia.

O Château d'Abondant era tão grande e palaciano quanto várias residências dos Rothschild. Pertencera a uma família norte-americana de banqueiros, os Harjes, que tinham um bando de cães de caça e introduziram o polo na França. Enquanto Miriam e Victor escolheram vidas ascéticas e acadêmicas, Nica parecia estar voltando às origens. O *New York Times* noticiou a compra "como uma das negociações imobiliárias no exterior mais interessantes dos últimos meses". Acredito que Nica tenha gastado uma grande parte do dinheiro que havia herdado comprando o lugar; além do dinheiro que seu pai havia lhe deixado, ela também havia recebido uma pequena herança nos testamentos de sua avó Emma e seu tio Walter.

Nica tornou-se senhora de uma vasta mansão vermelha e amarela que ficava num terreno com duzentos acres de estradinhas ajardinadas e bosques. Um dos mais belos exemplos da arquitetura Luís XIII na França, foi classificada como *monument historique*. Todo o primeiro andar era composto de uma série de salões fartamente decorados com janelas de quatro metros de altura. O segundo e terceiro andares tinham dezessete luxuosos quartos e, o que não era comum, catorze banheiros modernos. Todo o andar superior era dedicado aos aposentos dos criados, e os anexos incluíam uma garagem para oito carros grandes e estábulo para trinta cavalos. A propriedade tinha sua própria produção de leite e canis para uma matilha de cães de caça.

E também tinha uma história intrigante: uma das ocupantes anteriores, a notória viúva "Marie de la Noue", fora proprietária do château no século XVII. Descrita como "fascinante e bela", Marie, muito bem casada, amante da música e instrumentista de talento, construíra ali um teatro que ainda existe, no qual concertos e peças eram apresentados todas as noites. A nora de Marie foi empregada por Maria Antonieta como governanta da realeza e diz-se que foi ela quem disfarçou o delfim como menina, o que salvou sua vida na desastrosa fuga para Varennes.

A vida no Château d'Abondant era semelhante à vida em Tring, mas a alta sociedade na França era ainda mais presa a regras e claustrofóbica do que a inglesa. Desde o começo, isso deve ter sido uma tortura para alguém com a disposição de Nica. Ali estava uma jovem mulher que odiava regras e horários e que agora estava encarregada de um estabelecimento cujo funcionamento correto dependia da ordem e da hierarquia. Ela sabia o que fazer, já que fora criada observando pouco além daquilo, mas, no entanto, aquela era exatamente a vida que ela e suas irmãs mais queriam evitar. De manhã, Nica discutia os cardápios com o chef e os lugares à mesa com a governanta-chefe. As festas em casas grandes incluíam convidados de todos os cantos da Europa. As mesas eram colocadas para quarenta pessoas e as conversas podiam oscilar entre francês, inglês, italiano ou espanhol. Os quartos precisavam ser inspecionados e distribuídos. No inverno, os convidados cavalgavam com os cães de caça ou caçavam javalis selvagens. No verão, faziam passeios e grandes piqueniques no parque. Mas dedicava-se pouco tempo para as crianças, que, de acordo com os costumes da época, passavam a maior parte do tempo na ala das crianças, aos cuidados de babás, assim como acontecera com Nica.

Jules encontrava-se em seu ambiente ideal: suas memórias revelam um homem altamente sociável e hospitaleiro que adorava grandes reuniões. Ele inventava dispositivos que melhoravam a eficiência da nova casa, para que tudo acontecesse na hora e na ordem corretas. Uma dessas invenções foi um trem com dois carrinhos, um para as comidas quentes e outro para as frias, que circulava sem parar numa pista de sessenta metros entre a cozinha e a sala de jantar. Durante toda a refeição, o trem ia para a frente e para trás, levando diferentes bebidas e pratos. Ele também instalou telefones em todos os quartos para que os convidados pudessem fazer seus pedidos do café da manhã diretamente na cozinha.

A despeito de suas dúvidas, Nica parecia tentar ao máximo desempenhar seu papel de senhora de um palácio. Os primos que se hospedavam no Château d'Abondant ficavam maravilhados com a facilidade com que ela havia se adaptado: a filha selvagem havia se transformado numa típica matriarca Rothschild.

Tia-avó Miriam trabalhando.

Victor e sua primeira esposa, Barbara (em solteira, Hutchinson).

Nica e Jules em Edimburgo.

O jovem Thelonious Monk.

Um jovem Charlie Parker.

Nica com os filhos: Janka, Shaun, Berit e Kari em 1957.

Nica e Monk fotografados para um artigo da revista *Time*, publicado em fevereiro de 1964.

Nica num clube de jazz em Nova York, em 1988.

11

Stormy Weather*

Em 1936, Victor, o irmão de Nica, quis levar a nova esposa a um restaurante na região de Mayfair, então na moda. O maître o reconheceu e perguntou: "O senhor é Lord Rothschild?"

"Sim", respondeu Victor.

O gerente o olhou de cima a baixo lentamente. "Não servimos judeus."

Esse tipo de tratamento não era incomum para Victor ou as irmãs, mas, à medida que a década progredia, foi ficando cada vez mais difícil de ignorar.

A ascensão do antissemitismo na Europa significava que nenhum judeu podia continuar apolítico; em *Mein Kampf*, publicado em 1929, Hitler havia exposto suas crenças de modo bem claro. Em sua opinião, os dois grandes males que acometiam o mundo eram o comunismo e o judaísmo. Durante a década de 1930, poucos judeus na Europa continental se sentiam seguros quando histórias começaram a surgir, oriundas da Alemanha, sobre a perseguição de judeus inocentes, homens, mulheres e crianças. Com a nomeação de Hitler como chanceler, em 1933, e sua consolidação

---

* Título de uma canção do jazz composta por Harold Arlen e Ted Koehler, interpretada por Frank Sinatra e Billie Holiday, entre outros. Em português, "Clima de tempestade". (N. T.)

no poder depois da Noite dos Longos Punhais, no ano seguinte, muitos medos se concretizaram.

Com a morte do tio Walter, Victor herdou o título de Lord Rothschild e tornou-se o líder de facto da comunidade judaica britânica. Embora desejasse seguir uma vida acadêmica, foi forçado a ficar em evidência na vida política. O dilema para a família britânica, e para Victor em particular, era que, ao decidir seguir uma carreira independente, longe da base de poder do banco, ele perdia sua influência política e a força financeira. No passado, os Rothschild, como banqueiros de reis e governos, eram consultados em assuntos de política externa, e muitas vezes eram requisitados para financiar os custos de uma guerra ou campanha. Mas tudo o que a geração de Victor podia fazer era protestar publicamente. Em 1934, Nica, Victor e outros membros da família compareceram à exibição de um novo longa-metragem, *A casa de Rothschild*, para um evento de caridade em auxílio a refugiados alemães. Esta narrativa bastante romantizada da história dos Rothschild era estrelada por George Arliss e foi indicada a um Oscar.

Desde o começo, o regime nazista usou a família Rothschild como o modelo da apoteose do judaísmo maligno. Em resposta ao filme *A casa de Rothschild*, Goebbels encomendou outro longa, *Die Rothschilds*, que culpava a família pelos problemas do mundo. Em seus diários, Goebbels revela que discutiu longamente a produção, muitas vezes "até tarde da noite", e que sua intenção foi criar uma "obra-prima da propaganda". Contudo, o filme era tão confuso e sua mensagem tão obtusa que as plateias não entenderam direito quem era o errado na história. Goebbels reeditou o filme, que sobrevive nos dias de hoje como uma "curiosidade", uma amarga lembrança de um terrível preconceito.

Outro problema era que as estratégias e lealdades da família ficaram fragmentadas e, como consequência, os Rothschild que haviam conquistado tanto devido à sua união começaram a se dividir. Desde que saíram de Frankfurt, mais de cem anos antes, os irmãos que haviam acabado de se estabelecer e seus descendentes criaram um lar para si em novos países; agora, sua lealdade ficava dividida entre a família e os amigos. Victor e suas irmãs não viam um conflito entre ser judeu e ser britânico, mas havia muitos na vida pública que consideravam declarações de fé e nacionalidade uma situação de "ou isso ou aquilo". Os Rothschild britânicos levantaram mais de um milhão de libras para ajudar os judeus alemães, mas um primo foi contra colocar em risco sua "cidadania inglesa caso sejamos ativos demais em nossas ações no mundo judaico".

Poucas pessoas sabiam ao certo sobre um local seguro para os refugiados judeus. A preferência dos nazistas, pelo menos no começo, era enviar cada um deles para Madagascar. Os comitês judaicos tentaram levantar fundos para comprar terras no Brasil, no Quênia e na Rodésia. Alguns Rothschild fizeram grande alarde em suas campanhas para ação internacional a fim de deter Hitler, enquanto outros defendiam uma abordagem mais discreta. Na França, Robert de Rothschild fez um fundo para ajudar a onda de refugiados que invadiam as fronteiras, oriundos da Europa ocupada pelos alemães, mas aconselhava: "Os estrangeiros devem aprender a se assimilar o mais rápido possível... Se não ficarem felizes aqui, é melhor que vão embora".

Uma alternativa eram os campos criados na Palestina em 1882 por um dos Rothschild franceses, Edmond. Um dos principais defensores do movimento sionista, Edmond gastou mais de 50 milhões de dólares para adquirir mais de 50 mil hectares, promovendo a industrialização e encorajando o desenvolvimento econômico da Palestina. Mas não havia terras suficientes para abrigar os milhões de judeus ameaçados pelo regime nazista, e Edmond previu outros problemas neste plano. Em 1934, numa carta para a Liga das Nações, teve a presciência de que "a luta para pôr fim ao Judeu Sem Lar não poderia ter como resultado a criação do Árabe Sem Lar". Na época, o governo britânico via a questão da Palestina como "extremamente complicada".

Alguns Rothschild temiam que a promoção de um Estado, Israel, criaria outro gueto para os judeus, outra prisão na qual ficariam confinados. Os próprios sentimentos conflituosos de Victor ficaram evidentes em uma declaração feita à Pathé News, em 1938:

> Nós, os judeus britânicos, faremos o possível para proteger este país; lutaremos como todo bom cidadão.
>
> Apesar de nossos sentimentos humanitários, provavelmente todos nós concordamos que é insatisfatório que refugiados invadam a privacidade de

nosso país, mesmo durante um breve período de tempo. Os próprios refugiados compartilham desse sentimento, de uma maneira diferente. Ter de entrar repentinamente num país estrangeiro, com costumes desconhecidos, uma linguagem desconhecida, até mesmo comida diferente, indesejados, sentindo que são dependentes tanto em termos morais como materiais da caridade alheia, imagino que seja uma das experiências mais humilhantes que um ser humano possa enfrentar.

Fui o infeliz destinatário de tantas cartas emocionantes, escritas por crianças, de relatos comentados e pessoais de observadores, que acho difícil acreditar que novamente voltarei a ser o cientista feliz e despreocupado que era antes de tudo isso começar.

Sua declaração é cheia de duplos sentidos. Victor estava há poucas gerações de ser ele mesmo um refugiado. Sua mãe e avó foram imigrantes, mas ele se considerava britânico. Também sabia que tinha uma responsabilidade para com uma comunidade internacional de judeus que buscava nos Rothschild apoio financeiro e político. Os relatos que chegavam da Alemanha eram cada vez mais desesperados, mas a resposta não era óbvia. A maioria dos membros da Câmara dos Comuns apoiava a política de apaziguamento, enquanto outros lordes eram ativamente pró-Alemanha. O Right Club, fundado por Archibald Ramsey em 1939, foi criado "para opor e expor as atividades de organizações de judeus". Seu "primeiro objetivo" era "eliminar o Partido Conservador da influência de judeus". Entre os membros estavam Lord Redesdale, o duque de Westminster, o 5º duque de Wellington e outros, muitos dos quais foram convidados dos Rothschild e não viam nenhum conflito aparente entre aceitar a hospitalidade da família e, ao mesmo tempo, demonstrar hostilidade contra os judeus. Unity Mitford, contemporânea de Nica, mudou-se para a Alemanha a fim de ficar mais próxima de Adolf Hitler; o cunhado de Unity, Oswald Mosley, fundou a União Britânica de Fascistas. Enquanto muitos praticavam formas mais sutis de antissemitismo, os camisas-negras acusavam os Rothschild de "sugar e explorar" o público em busca de lucro. A natureza insular e claustrofóbica da vida da classe alta britânica indicava que Victor olhava através dos bancos estreitos da Câmara dos Lordes, ou frequentava festas com os membros das mesmas famílias que perseguiram seu pai pelos campos de Harrow, sendo que alguns agora queriam que o jovem Lord Rothschild fosse extirpado da vida pública. Como família, os Rothschild continuavam extremamente patriotas e gratos à Inglaterra, e arriscariam suas vidas e fortunas durante a guerra.

Quando o governo conservador assinou o Acordo de Munique, em setembro de 1938, houve pouca resistência por parte do Parlamento. Uma das poucas renúncias do gabinete de Chamberlain foi a de um amigo dos Rothschild, Duff Cooper. "Você diz que espera que eu receba mais de mil [cartas de apoio]", Duff escreveu a Victor logo após a renúncia. "De fato recebi mais de mil, e quase o mesmo número de telegramas — o que mostra que, embora eu estivesse sozinho no gabinete, não estou sozinho no país." Os dois homens continuaram se correspondendo sem interrupção durante os anos 1930, discutindo ardentemente o que poderia ser feito quanto ao nazismo.

Às vezes as pessoas acusam Victor de ter feito pouco, mas ele tentou, em oposição a um Parlamento apático, divulgar o drama dos judeus na Alemanha. Fez discursos, preencheu cheques e vendeu algumas das obras de arte que lhe restaram, como *The Braddyll Family*, de Joshua Reynolds, para apoiar os refugiados judeus. Em 1939, ele pegou um avião rumo aos Estados Unidos para apresentar a causa judaica ao presidente Roosevelt, ao secretário de Estado Cordell Hull e ao secretário do Tesouro Henry Morgenthau Jr. Recebeu outro convite de J. Edgar Hoover, então diretor do FBI, para discutir a guerra química. Durante essa mesma viagem, Victor conseguiu encaixar aulas de piano com Teddy Wilson, viajando de Washington até o apartamento do pianista, em Nova York.

A sucursal austríaca do Banco Rothschild foi fechada à força em 1938, e seu diretor, o barão Louis, foi capturado e aprisionado durante um ano. Foi libertado mediante pagamento de um enorme resgate por seu irmão, Albert. Hitler e seus oficiais não viam problema algum em libertar judeus em troca da quantia determinada ou em adquirir obras de arte que eram de judeus para suas coleções; obras de arte de valor inestimável, que pertenciam aos Rothschild alemães e austríacos, foram confiscadas enquanto Adolf Eichmann ocupou o Palácio Rothschild na Prinz Eugenstrasse, onde estabeleceu o famoso "Zentrastelle für jüdische Auswanderung", cujo "propósito" era "organizar" a emigração de judeus da Áustria. Na teoria, os judeus podiam comprar sua saída do país; na prática, mesmo depois que as exigências dos nazistas foram cumpridas, muitos receberam uma passagem só de ida para um campo de concentração.

Tendo feito da França o seu lar, apesar das perturbadoras notícias repassadas por seu irmão, Nica decidiu ficar no Château d'Abondant nos últimos anos da década de 1930. Em suas cartas e diários, Nica raramente menciona política, e nem se interessa muito por eventos internacionais. Para alguém que não via nada de mais em entrar num carro ou avião e estava acostumada a se movimentar sem esforço com todo o estofo de riqueza e privilégio, a ameaça de um exército nazista que avançava parecia ser algo que pudesse ser evitado.

Mesmo quando as ameaças contra os judeus e em particular contra os Rothschild infectaram a liderança francesa, Nica continuou em negação. Como muitas pessoas ricas, ela conseguiu, durante algum tempo, erguer uma cortina financeira ao seu redor; a vida continuou como sempre, dominada por danças e roupas da moda. As coleções de 1939 eram famosas por seus desenhos extravagantes e alegria. Schiaparelli apresentou um vestido de noite feito de pele de arminho e introduziu seu famoso sapato de salto alto. O verão estava magnífico, belo demais, racional demais para servir de prenúncio à guerra.

Entre o verão de 1938 e os primeiros meses de 1939, alguns membros europeus da família Rothschild mudaram-se para Nova York. Em janeiro de 1939, Hitler ordenou o lançamento do Plano Z, um programa de expansão naval com duração de cinco anos para construir uma frota capaz de derrotar o Exército britânico. Num discurso feito no Reichstag, em 30 de janeiro de 1939, conclamando uma "batalha de exportação" para aumentar os lucros da Alemanha no exterior, Hitler sem dúvida pensava em seus inimigos, os Rothschild: "Mais uma vez serei um profeta: se os patrocinadores judeus internacionais, dentro e fora da Europa, mais uma vez tiverem sucesso em lançar as nações numa guerra mundial, então o resultado não será a bolcheviquização da Terra, e portanto a vitória dos judeus, e sim a aniquilação da raça judaica na Europa!".

Em março, as tropas alemás anexaram as últimas partes da Boêmia e da Morávia; a Tchecoslováquia deixou de existir. Em maio, os alemães tomaram de volta sua ex-província de Memelland da Lituânia, e os dois ditadores, Mussolini e Hitler, assinaram o Pacto de Aço. Ao fim de julho, as últimas empresas judias que ainda operavam na Alemanha foram fechadas. No dia 1º de setembro os nazistas invadiram a Polônia, e a guerra foi declarada.

Nica continuava na França com os filhos em seu château. Um por um os homens partiram — jardineiros, choferes e cavalariços se juntaram ao Exército. Jules não demorou a decidir ir também. Em suas memórias, li, incrédula, que ele enterrou uma lata cheia de dinheiro no jardim e escondeu um carro na garagem, em caso de emergência. Mas não contou a Nica sobre o tesouro escondido. Talvez suas ações demonstrem que ele acreditava nas habilidades dela: conhecendo quem Nica era, supôs que ela conseguiria escapar com os filhos.

Deixando a esposa com um mapa desenhado à mão, explicando como chegar à costa, Jules juntou-se ao Exército. No começo, ele foi tenente da reserva em Rouen, depois, em janeiro de 1940, tornou-se comandante de uma bateria de defesa antiaérea, supervisionando um avançado sistema de radares que avisava que aeronaves inimigas se aproximavam. Na noite em que os alemães invadiram a França, 10 de maio de 1940, ele estava em Bordeaux. No começo, sua bateria teve sucesso, derrubando um bombardeiro Heinkel, mas logo foi cercado por tanques inimigos. Jules conseguiu atravessar o Somme e deu ordens a seus homens de destruir todo o equipamento e a reserva de combustível que não pudessem carregar antes de escapar pelas margens do rio.

Quando Jules recebeu a notícia de que o governo francês havia se entregado à Alemanha em 22 de junho de 1940, imediatamente renunciou a sua patente. Reunindo um grupo de 110 oficiais, suboficiais e voluntários, ele conseguiu alcançar a Inglaterra no barco polonês *Sobieski* e ser voluntário do Exército da França Livre.

Extraordinariamente, Nica e os filhos continuaram na França, e o único homem que restava no château era um chef gordo. Ignorando recomendações de amigos e parentes, ela abria as portas para os refugiados que passavam e, após algumas semanas, sessenta evacuados dormiam nas camas que antes eram ocupadas pelos convidados. O rádio foi a conexão de Nica com seu estilo de música favorito, trazendo jazz dos Estados Unidos pelo ar, mas agora o aparelho ficava ligado no Serviço Mundial da BBC. Ela ouviu seu velho amigo Winston Churchill, que havia comparecido a seu baile de debutante e que fora convidado constante em Tring, fazer sua declaração: "Nada tenho a oferecer além de meu sangue, meu trabalho, minhas lágrimas e meu suor... Vocês se perguntam, qual a nossa medida? A vitória — a vitória a qualquer custo". Não sei dizer se a decisão de Nica de ficar na França se devia à arrogância, à bravura ou à tolice. Não seria fácil demais julgar em retrospecto as decisões alheias, supor que abandonar a própria casa com os próprios filhos e poucas posses era um ato de mera precaução?

Nica recebeu a notícia de que sua prima Marie de Rothschild havia escapado com sucesso do Château Lafitte. Grávida e pesada de seu segundo filho, Eric, e na companhia da primeira, Beatrice, que tinha só dois anos de idade, Marie pegou o último barco de Bordeaux pouco antes de os nazistas chegarem e anexarem sua casa.*

Jules conseguiu entrar em contato com Nica para dizer que ela deveria escapar. Os alemães estavam se aproximando e, como judia, seu destino estava selado. Fez algumas preparações rápidas para a evacuação, mas então não havia mais navios comerciais, muito menos voos comerciais, e a gasolina era mais rara que ouro. Nica não conseguiu o suficiente para pegar seu avião e sair do país.

Para deixar a França, precisava de vistos de saída para ela, seus dois filhos, seu enteado Louis, sua criada suíça e sua babá francesa. Para que sua mãe não ficasse ansiosa, ela mandou um telegrama para a irmã, Liberty, na Inglaterra. A família esperou para ver se e quando ela chegaria. Eles sabiam que os alemães avançavam para o château, que as estradas estavam repletas de refugiados desesperados; que a chance de conseguir um lugar, uma mera vaga num barco, era muito pequena. Rozsika descreveu a espera como "dias de pura agonia". Numa carta para a irmã na Hungria, ela descreveu a jornada da filha:

---

* Até hoje Eric de Rothschild se recusa a tirar a fileira de chuveiros instalados pelos oficiais alemães em seu château para servir de lembrança do que poderia ter acontecido. (N. A.)

Jules não conseguiu deixar seu posto, que estava sendo bombardeado sem parar, mas ela [Nica] conseguiu fazer tudo direitinho, saindo ao raiar do dia no sábado, no meio de uma enxurrada de refugiados da Bélgica e do norte da França. Disseram a eles que chegariam ao porto em dez horas, mas levaram dois dias e duas noites, com comida só no primeiro dia, quando compartilharam sua cesta de lanches com outros passageiros famintos. Na terça, chegaram a Londres, e, ontem, quarta, estavam aqui. Nica estava ótima, fresca como uma flor, e as três crianças também não sofreram muito com a jornada. Vale a pena relatar o que ela descreveu, mas, apesar das dificuldades, nunca perdeu o bom humor. E também encontrou o tempo todo ingleses que a ajudaram muito galantemente e também o Exército da Salvação, a quem ela é muito grata, pois sozinhos forneceram chá para milhares de pobres refugiados. Ela estava maravilhosa na chegada, como se estivesse chegando de um piquenique.

O relato de Rozsika explica em parte por que Nica hesitou em deixar sua casa na França. Criada para não fazer estardalhaço, ela sai de casa como a pura e inocente pata Jemima Puddle, da história infantil de Beatrix Potter, com sua cestinha de comida, sem perceber o perigo representado pela terrível raposa nazista. As filmagens da época mostram claramente as estradas engarrafadas com milhares de pessoas rumando para a costa, o estado caótico dos portos, os navios superlotados, o medo estampado nos rostos dos fugitivos. Contudo, ao retornar para Ashton Wold, Nica sabia o que esperavam dela: ela precisava manter as aparências, parecer "fresca como uma flor" e aguardar as instruções de Jules.

Três dias depois que Nica saiu do château, os alemães chegaram. Sua sogra, que se recusava a ir embora, foi capturada e passou os últimos dias em Auschwitz. Destino semelhante estava reservado à primeira esposa de Philippe de Rothschild, Elisabeth, que foi presa na frente da filha e levada para Ravensbrück, onde morreu.

Dois jovens Rothschild franceses, que haviam se alistado em 1939, foram capturados em 1940. Alain ficou ferido e foi para um hospital militar, enquanto Elie, que havia saído para a guerra a cavalo, foi feito prisioneiro, junto com a maior parte de seu regimento, perto da fronteira da

Bélgica. Os dois tentaram escapar: Elie foi enviado para Colditz e depois Lübeck, um "campo de represália". Contudo, tiveram a sorte de ser tratados como oficiais do Exército, e não judeus. Seu primo Guy estava num barco que foi torpedeado enquanto ia para Londres lutar pela Resistência Francesa de De Gaulle. Ferido, foi enviado para Ashton Wold para se recuperar.

Ele encontrou a casa lotada de gente e descobriu que alguns funcionários milagrosamente escaparam de Dunquerque. "Os dois irmãos da criada da casa, Ivy, atravessaram metade do canal nadando, enquanto o chofer de Victor escapou com um amigo da família, hoje em dia um coronel, num barquinho pequeno", escreveu Rozsika para a irmã. De modo geral, as notícias eram bem desanimadoras. Muitos amigos de infância não voltariam para casa.

As casas dos Rothschild na Grã-Bretanha foram confiscadas como alojamentos pelo Exército e usadas para alojar refugiados. Em Waddesdon, os salões de festas ficaram cheios de leitos para crianças refugiadas. A casa que era de Alfred, Halton, tornou-se salão de refeição dos soldados. Miriam brincava que era muito engraçado, porque ela nunca sabia quem ia aparecer. Um soldado registrado lá foi Clark Gable, que ela descreveu como "bonito"; outro foi George Lane, com quem ela se casou.

Em 1940, Victor tornou-se chefe de um pequeno departamento no MI5, onde trabalhou com sabotagem e eliminação de bombas do inimigo. "Quando você desmonta uma bomba", ele escreveu, "não há tempo para ter medo. Você também fica absorto nos belos mecanismos, como de relógios suíços". Mais tarde, Victor admitiu que, nos momentos finais de desmontar a bomba, puxava o último fio protegendo-se com uma cadeira, dizendo: "Consigo encarar perder uma mão ou as duas, mas não suportaria perder a visão". Depois da guerra, ele recebeu a medalha George, atribuída "por trabalhos perigosos sob circunstâncias de risco à vida".

Miriam juntou-se à turma de decodificadores de Alan Turing em Bletchley Park, onde ajudou a "encurtar a guerra em alguns anos". Foi presa durante um breve período como agente inimiga quando pombos-correios, uma mala cheia de códigos e um saco de milho foram encontrados num casebre que ela tinha em Aberdovy, na costa do País de Gales. Acabou que o hábito de ter pombos era um hobby da família e os tais códigos eram na verdade quebra-cabeças de matemática que ela e Victor usavam para manter a mente afiada.

Desde que voltou dos Estados Unidos, Liberty, a irmã de Nica, ficou extremamente magra e ainda mais nervosa, mesmo sob os cuidados do dr. Freudenberger. "O dr. F. telefona e diz que tudo está bem com Liberty. Ela não se preocupa muito com as coisas e seu humor não está ruim", escreveu Rozsika para a irmã.

O serviço postal, surpreendentemente, funcionava bem e as cartas dos primos chegavam sem problema por todo o continente. A correspondência da família relatava que a primavera e o verão de 1940 mais uma vez foram bonitos, com os jardins em Ashton repletos de lilases e chuvas-de-ouro, e as sebes eram animadas pelas libélulas e borboletas. Os primos da França usavam a casa como posto de concentração entre a Europa e os Estados Unidos. Rozsika escreveu para a irmã, que estava presa na Hungria:

> Se você pudesse subir num tapete mágico e vir para cá, veria belos dias de verão, milhões de rosas, morangos enormes e deliciosos e uma abundância de legumes, embora muitos de nossos jardineiros tenham se alistado. Não falta comida, temos toda a carne e peixe que queremos e também açúcar para fazer geleia com as frutas. Comprei uma Frigidaire, que faz oito quilos de gelo por dia e ainda tem bastante espaço para guardar comida.

Mesmo assim, Nica só pôde ficar em Ashton durante um breve período. Enquanto esteve lá, seus filhos, Patrick e Janka, brincaram com meu pai e minha tia, que foram deixados naquele lugar seguro com a avó. Rozsika escreveu: "As crianças [meu pai, Jacob, e sua irmã Sarah] têm uma carrocinha de pôneis. Ficam da cor de sujeira porque correm o dia inteiro, praticamente nus".

Jules recebeu a notícia de que o Exército alemão havia saqueado o Château d'Abondant e que só restaram os cães de Nica. "Infelizmente, na última terça", escreveu Rozsika, "Nica e os filhos foram embora para o Canadá. Era o desejo de Jules, que disse a ela que, pelo bem dele, para que ficasse tranquilo, ela deveria levar as crianças para outro continente. Ela preferiria tê-las deixado comigo e ficar perto de Jules, mas acho que a opinião dele deve ser ouvida, já que está lutando por seu país desde o primeiro dia da guerra. Nica estava muito bonita e viu todos os seus amigos de Londres, e Miriam a ajudou a embarcar."

Li e reli esta carta, tentando decifrar o que estava de fato acontecendo. Mais uma vez, os desejos de Jules eram supremos: Nica precisou deixar para trás seu país de nascença contra a sua vontade, "para o seu bem, para que ele ficasse despreocupado". Ela fez sua parte, que era obedecer e parecer bonita. A viagem pelo Atlântico era perigosa, com o barco escapando por pouco de bombardeio aéreo. A escritora norte-americana Virginia Cowles, que cruzou o Atlântico com os primos de Nica, reclamou que a dieta básica de caviar e *foie gras* não matava direito a fome.

Nica estava com 27 anos, mas ainda achava que devia seguir as ordens do marido. Ao chegar aos Estados Unidos, ela recebeu um telegrama informando que Rozsika morrera no dia 30 de junho de 1940, de um ataque do coração. Presa do outro lado do Atlântico, Nica não pôde comparecer ao funeral da mãe. Deixando os filhos com amigos da família no norte de Nova York, na residência La Falaise, Nica retornou à Inglaterra. Não era uma decisão incomum à época: minha mãe e sua irmã, com quatro e dois anos, respectivamente, foram enviadas sozinhas para os Estados Unidos em 1940 para viver com parentes e esperar o fim da guerra. O que hoje parece cruel era normal à época. Durante algum tempo, Nica trabalhou como voluntária, mas, sem a presença do marido ou da mãe, com Victor e Miriam longe de casa, desempenhando funções relativas à guerra, e com os filhos a milhares de quilômetros de distância, ela se sentia sem propósito, perdida.

Nica, que havia se casado com um francês de sobrenome alemão, o que já deixava as pessoas desconfiadas, tinha pouca chance de ser aceita no Exército britânico. Ela poderia, como muitos de seus parentes, ter ficado em Nova York ou encontrado algum tipo de trabalho na Inglaterra auxiliando nos esforços de guerra. No entanto, determinada a ter um papel ativo na linha de frente do conflito, decidiu juntar-se à Resistência Francesa, na esperança de lutar ao lado do marido.

12

Pistol-Packing Mama*

Nica não foi a única mulher da família Rothschild a juntar-se à Resistência. Respondendo ao chamado de De Gaulle, suas primas Monique e Nadine também foram para Londres ser voluntárias. "A atmosfera da capital me fascinava", escreveu Monique em suas memórias, que ela mesma publicou. "A cidade vivia cheia de soldados de todas as patentes e nacionalidades. À noite, o metrô se transformava num enorme dormitório; os ingleses tinham paciência, discrição e determinação infinitas."

A vida de uma nova recruta, de acordo com Monique de Rothschild, contrastava imensamente com a de castelã:

06h30	Levantar, lavar-se, [arrumar o] cabelo, fazer as camas, colocar o uniforme
07h30	Café da manhã
08h30	Treino (exercício)
09h30	Treino militar
12h30	Almoço e tempo livre
14h30	Treino militar
16h00	Treino

---

* Clássico do country composto em 1943 por Al Dexter. Em português, algo como "Mulher armada com uma pistola". (N. T.)

17h00 Aula de direção
18h30 Jantar
21h00 Luzes se apagam

As jovens da família Rothschild reportavam-se ao general Koenig em Grovesnor Square. O comandante foi direto ao ponto, informando-as de que, apesar de elas também desempenharem a tarefa de ser seu chofer, ele odiava ser conduzido por mulheres. Ao saber que Jules havia se juntado à ofensiva dos Aliados contra os alemães na África, Nica implorou para que pudesse se juntar ao marido e participar da ação mais interessante, mas foi informada de que isso era impossível. Todas as mulheres alistadas deveriam permanecer em Londres. Nica decidiu fugir mesmo assim. Não permitiu que as ordens do general para que ficasse na Inglaterra ou a falta de treinamento militar atrapalhassem sua aventura. Até então, só fora preparada para a vida com aulas de dança e para ter coragem no campo de caça. Sem saber se defender e sem ter a menor ideia de como sobreviver num clima hostil, tinha poucas chances de chegar viva à África.

Entre seus colegas recrutas na Resistência estavam Marcel Marceau, Antoine de Saint-Exupéry e um jovem soldado, Gaston Eve, que, entre 1941 e 1943, escreveu um evocativo diário da vida na África na companhia de sua unidade. Gaston descreveu as condições numa típica fortaleza francesa: "Nunca vi um acampamento tão imundo. Tive a má sorte de pegar disenteria 48 horas depois de chegar, por mais que tenha tomado o cuidado de fazer à noite o que me aconselharam. Diziam para amarrar uma comprida tira de tecido ao redor da barriga; [a disenteria] não era algo raro na África".

Gaston Eve nos conta sobre a vida dos novos voluntários em sua jornada pela África. Em Bangui, os leões andavam livremente pela estrada principal. Em Brazzaville, que tinha uma significativa população de europeus, a comida era boa, mas em outros lugares sobreviviam à base de carne em conserva. No Forte Archambault, nadavam no rio, tomando o cuidado de evitar os crocodilos. À noite, eram picados por mosquitos e atacados por ferozes formigas negras. Em Kano, o emir, que tinha dentes serrados com pontas finas e afiadas, recebeu os batalhões com uma exibição de seus soldados sobre cavalos dançantes.

Nica ignorou todas as advertências médicas. Poucas semanas depois de sua chegada à África, contraiu malária, ficou com insolação e quase morreu num acidente automobilístico, pelo qual foi totalmente responsável. Embora tenha tido de passar várias semanas se recuperando num hospital do campo, conseguiu enfim encontrar Jules. Assim que seu marido e o oficial comandante superaram o choque de sua chegada e de sua audácia, Nica começou a trabalhar como decodificadora e motorista. Dizem que ela pilotou bombardeiros Lancaster na África.

Havia poucos casais casados no Exército, então Nica e Jules geralmente ficavam alojados separados à noite, mas conseguiam, caso as batalhas permitissem, encontrar-se de dia. Como era mulher, Nica era desestimulada a participar diretamente da luta, mas, no caos da guerra, raramente era tolhida pelas regras.

É difícil traçar os movimentos de Nica durante esse período. De acordo com um artigo no *New York Times*, ela quase não conseguiu escapar de um ataque de torpedo na rota de Lagos para Nova York, em janeiro de 1942. Suspeito que tenha feito essa viagem aos Estados Unidos para ver os filhos, que ainda moravam no subúrbio de Nova York. Sua visita coincidiu com a estreia da sinfonia de jazz *Black, Brown and Beige*, de Duke Ellington, no Carnegie Hall, em 23 de janeiro de 1943. Ela dizia que essa obra musical um dia agiria como um chamado à sua vocação.

Embora Nova York fosse uma cidade empolgante, Nica sentia falta de Jules e estava disposta a segui-lo, mesmo no campo de batalha. Ela conseguiu chegar clandestinamente à África num avião de carga. Em suas memórias, que às vezes parecem memórias de viagem bastante animadas, Jules descreve a ocasião em que conseguiu pegar um velho avião e passar por entre as bases da Resistência, o que permitiu que o casal explorasse partes da África geralmente inacessíveis a turistas, decolando e aterrissando sobre o cerrado ou em clareiras. No caminho entre Brazzaville e Bangui, por exemplo, sobrevoaram baixo no meio da floresta. Lá, encontraram uma tribo de pigmeus que explicaram que, para ser considerado um verdadeiro caçador, o homem precisava matar um elefante ficando embaixo de sua barriga, cortando-a com um facão comprido e saindo rapidamente, antes que o animal esmagasse e matasse seu algoz. Outra incursão os levou até o Forte Lamy, no Chade, onde pegaram carona com um homem que estava a caminho de uma feira, com a intenção trocar sua mulher por alguns cães.

Em setembro de 1943, o casal chegou ao Cairo. Jules foi enviado imediatamente para a Tunísia; a Batalha da Tunísia durara de 17 de novembro de 1942 a 13 de maio de 1943. O Eixo havia sido derrotado, mas os Aliados precisavam consolidar sua posição na África. Jules desempenhara um papel importante na vitória, liderando sua divisão através da Linha Mareth e juntando-se aos Aliados em Triaga. A 90ª Divisão Alemã de Infantaria Ligeira escondeu-se no maciço de Zaghouan. Depois de uma difícil batalha, em 13 de maio, os Aliados conseguiram a vitória, mas metade das tropas de Jules foi morta. Com apenas trezentos homens sobreviventes, Jules ficou encarregado de milhares de prisioneiros alemães e italianos.

Nica fazia parte do grupo de apoio que ficou no Cairo para ajudar a organizar os suprimentos e o equipamento. Longe de ser um antiquado posto colonial, o Cairo era, nessa época, a resposta africana a Nova York: um lugar com atmosfera multicultural e parada obrigatória para todo soldado condecorado ou estrela de cinema famosa — os belos e os condenados. Em 1943, Vivien Leigh e Noël Coward apresentavam-se no teatro; Gavin Astor também estava lá, acompanhando Josephine Baker; o antigo amigo de Nica, Winston Churchill, também estava na cidade; o rei do Egito fazia festas todas as noites; havia dois clubes de jazz; e um novo filme, *Este mundo é um hospício*, estava em exibição no cinema.

O escritor e crítico Stanley Crouch foi um dos três entrevistados que me contaram a seguinte história. Um soldado negro alojado num hotel do Cairo ouviu uma música maravilhosa saindo de um gramofone no fim do corredor. O soldado, que também era músico, não resistiu e bateu na porta; ficou surpreso quando uma bela mulher com cabelos escuros e compridos abriu a porta e o convidou para entrar. Era Nica, e aparentemente ela o seduziu. O único detalhe que mudava em cada uma das três versões era o nome do músico. Com todas as partes envolvidas já falecidas, não há como provar ou desmentir o acontecido. A guerra criava novas regras, os comportamentos habituais ficavam distorcidos, as pessoas não agiam como de costume. Alguns consideram que isso seria algo "típico" de Nica, já supondo que era promíscua. Mas estou convencida de que foi mais levada pelo romantismo do que por uma mera paixão carnal.

E quanto ao relacionamento de Nica com o marido nessa época? Os mesmos traços de personalidade que irritaram tanto Nica em tempos de paz eram distintivos de honra em tempos de guerra. Ser decidido, corajoso e dominador eram qualidades essenciais de um líder militar. Quando seguiu o marido até a África, Nica viu o melhor de Jules, talvez em sua fase mais feliz e realizada.

Ao lermos as memórias de Jules, temos uma ideia mais sinistra de seu temperamento e modus operandi. Se um de seus homens cometesse uma falta grave, Jules mandava que fosse arrastado diante de toda a tropa e espancado por um colega que era boxeador profissional. Jules achava que esse era um método mais eficaz e instantâneo de manter o controle do que relatar o incidente ao conselho de guerra. Ele descrevia tais métodos como "paternais, mas severos".

Mal Nica chegara a Túnis e os soldados mais uma vez precisaram avançar, dessa vez rumo a Trípoli e depois para a Argélia. A água era racionada em 4,5 litros por pessoa por dia, o suficiente para evitar desidratação severa, mas não para o conforto. Por medidas de segurança, ela precisava ser fervida e servida como chá, mas a maioria dos homens sofria de disenteria e terríveis dores de barriga. Os cães ficaram tão acostumados a beber água de barbear que, depois da guerra, recusavam-se a tomar qualquer coisa que não tivesse cheiro de sabão.

Em abril de 1944, o regimento de Jules, acompanhado de Nica, começou a jornada de Bizerte a Nápoles, e de lá para Caserta, onde Nica trabalhou para a Comissão de Túmulos da Guerra, cargo que envolvia identificar os corpos dos soldados mortos deixados nos campos de guerra pela Europa. Era uma função macabra e perturbadora, seguindo o regimento do marido enquanto lutavam pela Europa e abriam caminho rumo à vitória. Em uma sangrenta batalha em Garigliano, os alemães, que ocupavam a posição mais alta do morro e a estrada principal, poderiam ter ganhado. Jules evitou por pouco a morte quando um morteiro explodiu a dez centímetros de sua cabeça, deixando-o inconsciente e temporariamente cego e surdo. Aos poucos, os Aliados foram avançando, com pequenas vitórias. Ao cruzar a Linha Gustav e depois o Pontecorvo, em 23 de maio, os alemães foram empurrados para o norte. O batalhão de Jules chegou até Brandisi para pegar o barco que os levaria até o sul da França, onde se juntariam à ofensiva que varria o país. Depois de participar da liberação de Lyon em setembro e de Ronchamps em outubro, marcharam para o norte, atravessando os Alpes sob uma forte nevasca, rumo a Turim, nos primeiros meses de 1945.

Depois da liberação de Paris, em agosto de 1944, Nica fez da capital a sua base, tanto na casa da família do marido como na mansão Rothschild, na avenue Marigny, onde seu irmão Victor vivia enquanto trabalhava para o MI5. Malcolm Muggeridge pintou um terrível retrato de Victor em suas memórias, *Chronicles of Wasted Time* [Crônicas de tempo perdido]. Essa descrição contém pistas que talvez expliquem por que Nica acabou decidindo abandonar a vida dos Rothschild:

> Para o próprio Rothschild, é claro, a casa da avenue Marigny era o seu lar longe de casa, mas, ao mesmo tempo, tive a sensação de que era uma prisão. Instalado ali, ele era de facto, se não de jure, o chefe da família. Outros Rothschild apareciam de tempos em tempos, oferecendo lealdade. Ele tanto gostava de sentir que eles o admiravam como também detestava sua presença: era uma curiosa e desagradável mistura de arrogância e timidez. Em algum momento, entre o White's Club e a Arca da Aliança, entre o Antigo e o Novo Testamentos, entre o Kremlin e a Câmara dos Lordes, ele se perdeu, e tenta achar seu lugar desde então. Bem lá no fundo havia algo tocante, vulnerável, um homem perceptivo; às vezes, até amável. Mas ele está tão envolvido pelas falsas certezas da ciência, e pelo igualmente falso respeito a ele concedido e por ele esperado por causa de sua riqueza e fama, que essas qualidades só apareciam raramente.

Numa entrevista com o crítico de jazz e historiador Nat Hentoff, Nica foi sucinta ao relatar a guerra: "Lutei de Brazzaville ao Cairo, de Túnis à Turquia, e até consegui chegar à Alemanha para ver os últimos dias do Reich". Outra pessoa que entrevistei — Frank Richardson, um norte-americano motorista de jipe que tocava boogie-woogie — ajudou a lançar um pouco mais de luz sobre esse período. Durante a guerra, sua companhia estava lotada em Paris, e ele foi um dos quatro soldados alojados na casa dos De Koenigswarter. Ali, ele conheceu Nica e sua cunhada, Odile, que era bem mais jovem que Jules.

"Havia quatro homens alojados em nosso quarto e um piano de armário", ele me disse. "Uma noite eu estava tocando e bateram na porta; Nica entrou, se apresentou e perguntou se eu gostaria de descer e tocar para ela. Ela tinha um piano de cauda, é claro." Nica não estava trabalhando na época e Jules estava fora, lutando na guerra. Embora os mantimentos fossem escassos, a casa dos Koenigswarter era aquecida, e as duas mulheres, auxiliadas pelas tropas, conseguiam obter a maior parte dos suprimentos. Richardson sem dúvida tinha uma queda por Odile, cuja idade era mais próxima à dele que Nica. Era uma moça bem bonita; Django Reinhardt tocou em sua festa de aniversário e ela usou luvas brancas até os cotovelos.

Richardson lembrou-se de outra ocasião, no fim de 1944, em que a baronesa bateu à sua porta e perguntou se ele poderia tocar para ela e um amigo. "O outro homem foi apresentado como um dos adidos do general De Gaulle. Então lá estávamos nós três. Eu estava tocando o piano e eles, estavam quase se beijando, e aí foram avançando um pouco mais e depois mais. Achei melhor voltar lá para cima." Perguntei a Frank se ele ficou chocado com o comportamento dos dois. "Bom, sim, fiquei! Venho de uma cidade pequena e, como só tinha 21 anos e não sabia nada do mundo, fiquei chocado." Mas aí ele fez uma pausa e acrescentou: "Mas acho que era algo típico da guerra".

Eram raros os momentos em que podiam relaxar. Cada batalha trazia notícias de amigos que morreram. Embora os Aliados tenham saído vitoriosos, a guerra também revelou o horror do regime nazista. Ter conexões com parentes privilegiados não era suficiente para todos.

Depois da guerra, um trágico relato veio à tona sobre o destino da tia materna de Nica, Aranka von Wertheimstein. Uma amiga húngara da família havia recebido uma carta de um conhecido, um certo sr. Racz, que estava num trem da morte, na companhia de Aranka. A velha senhora então estava com oitenta anos de idade, quase cega, e morrendo de medo. Ela nunca havia se casado e trabalhava numa fazenda perto da antiga casa da família de Rozsika.

No dia 1º de maio [1944], todos os judeus, incluindo a srta. Wertheimstein, foram recolhidos e colocados num gueto. Foram mantidos ali em terríveis condições até o dia 28 de maio de 1944, quando foram forçados a entrar em vagóes de trem (75 pessoas em um único vagão). A jornada, que foi um pesadelo, durou quatro dias, sem água e sem comida. Muitas mulheres perderam a consciência, algumas morreram, outras ficaram loucas. No quarto dia, consegui um pouco de água e dei para a srta. Wertheimstein, que estava em mau estado. Depois que ela bebeu e se recuperou, me disse que achava que logo morreria e que eu deveria tentar fazer esta carta chegar de alguma maneira à família Rothschild, em Londres. Quando o trem parou no campo de extermínio de Auschwitz-Birkenau, os guardas da ss esperavam com paus e cassetetes. Vi a srta. W. ser puxada do vagão por um guarda da ss que tinha um bastão com um gancho. Ela caiu sobre os trilhos e foi espancada até a morte ali mesmo.

Em 8 de maio de 1945, Winston Churchill anunciou o fim da guerra; embora os conflitos tivessem cessado, as repercussões estavam apenas começando. Países, famílias, vidas, sonhos e futuros arruinados. Os sobreviventes precisavam refazer a vida a partir dos escombros e da desolação. A vida que havia sido abalada pela Primeira Guerra Mundial foi destruída pela Segunda.

Nica e Jules receberam condecorações por seus serviços: Jules recebeu a rara distintiva da *Ordre de la Libération*: a segunda mais alta honra na França, concedida a heróis da Liberação da França durante a Segunda Guerra Mundial. Entre os poucos estrangeiros que a receberam estavam Winston Churchill e o general Dwight Eisenhower. Nica também foi condecorada por seus serviços na guerra e promovida a tenente.

O casal agora enfrentava um futuro incerto. Seus filhos ainda estavam nos Estados Unidos. Os alemães haviam destruído totalmente sua casa. Jules estava desempregado. A mãe de Nica havia morrido. O casamento de Victor passava por dificuldades. A saúde de Liberty era precária. Somente Miriam, recém-casada e morando em Ashton Wold, parecia ter algum propósito e estar feliz.

Para Nica, a guerra representou uma enorme mudança. Finalmente, aos 32 anos, ela estava livre e havia vislumbrado outra maneira de viver.

13

Take the "A" Train*

Dois retratos de Nica, tirados depois da guerra, revelam uma mulher triste, com olhar distante. O primeiro, feito na Noruega, mostra Nica atrás do volante de um enorme Rolls-Royce, olhando sem emoção para o fotógrafo. Está bonita, trajando roupas bem-passadas de linho, com cabelo e maquiagem perfeitos, mas, enquanto a criança e a criada dão um largo sorriso para a câmera, a expressão de minha tia-avó é congelada, vazia, resignada. Outra foto, tirada numa praia alguns anos depois, deveria, como as típicas fotos do tipo, mostrá-la radiante, com a alegria de um feriado ou um dia de folga no litoral. Ao fundo, vemos as cabanas de praia e, no primeiro plano, Nica está sentada, usando uma bela calça de alfaiataria, com dois de seus filhos, elegante e arrumada. Mais uma vez, estão ausentes a energia e a intensidade, a *joie de vivre* tão evidente nos retratos da jovem Nica.

Para Nica, assim como para muitos de seus contemporâneos, a guerra ofereceu às mulheres a libertação pessoal e também a chance de provar seu valor fora de casa. Algumas foram trabalhar pela primeira vez e, com os maridos longe, tiveram a oportunidade de administrar a casa, o orçamento

---

* Clássico do jazz composto em 1939 por Billy Strayhorn. Em português, "Pegue o trem 'A'." (N. T.)

e os negócios sozinhas. Nica havia se destacado sem a ajuda de criados, ajudantes e da família. Ser criada para acreditar que as mais simples tarefas domésticas deveriam ser feitas por outros tanto a mimou como estranhamente a incapacitou. Nica e os irmãos foram mimados a ponto de ficarem infantis. Como disse Miriam, "Não tínhamos a menor ideia de como fazer nada sozinhos".

Em tempos de paz, o casamento de Nica era, com efeito, uma cópia exata de sua infância. Como mulher casada, estava ali para entreter, informar e procriar. Houve uma suspensão temporária de tarefas durante o conflito, mas agora esperava-se que ela rapidamente voltasse às tarefas de esposa. Anos antes, uma prima Rothschild a alertou: "Imagino que você logo vá se casar — então precisa entender o mais rápido possível que você é um verme insignificante. Uma mulher, para ser uma boa esposa, precisa ser um verme".*

Nica não nasceu para ser um verme insignificante. Ademais, a guerra dera-lhe confiança, além de oportunidade de pensar, agir e ser ela mesma. Conseguira, sozinha, levar os filhos a salvo da França até os Estados Unidos; sobrevivera a torpedos e à malária; e saíra de um continente e entrara em outro. Exerceu trabalhos úteis como decodificadora, motorista e locutora e, no fim da guerra, foi condecorada por um Exército estrangeiro. Voltar para a vida doméstica, mesmo que cheia de privilégios e confortos, jamais seria fácil.

A paz também criou um vácuo no propósito de vida para Jules. A vida no Exército o apetecia; os tempos de paz significavam desemprego repentino. A casa deles, em Château d'Abondant, fora destruída pelas tropas nazistas e agora estava inabitável, e eles não tinham o dinheiro necessário para viver como viviam antes da guerra. Já que ninguém queria uma casa tão grande, ela continuou ali nos campos franceses, vazia, um enorme elefante branco. A família transferiu-se para Paris, onde Jules encontrou emprego como secretário-geral da Associação da França Livre e ficou responsável por gerenciar eventos que levantassem o moral. Em certa ocasião, persuadiu a soprano francesa Lily Pons a dar um recital. Em outra, cercando a Opéra com tanques, organizou uma parada com soldados da Resistência. Quando ficou sabendo que o marido seria responsável por um enorme festival de música na capital, Nica ficou animada, mas só até saber que somente as bandas militares participariam. Ela odiava bandas militares, considerando o estilo que tocavam muito restrito e controlado. "O motivo do fim do meu casamento", disse Nica à revista *Esquire*, "foi que meu marido gostava de música percussiva e quebrava os meus discos se eu me atrasasse para o jantar. E eu quase sempre me atrasava para o jantar". Em uma entrevista para um jornal filipino, seu filho Patrick confirmou a história: "Meu pai não se interessava pelos assuntos que a fascinavam, arte e música. Ele brincava dizendo que não eram assuntos sérios".

Nica era beneficiária de um fundo fiduciário com base na Inglaterra. A capital, quando estava em clima econômico estável, podia gerar uma boa renda, mas, depois da guerra, com os impostos chegando a 83%, Nica enfrentava relativas dificuldades financeiras pela primeira vez na vida. Nem mesmo os Rothschild conseguiram recriar seu padrão de vida pré-guerra. Não buscavam compaixão nem se entregavam à autocomiseração, pois sabiam que ainda estavam em boa situação se comparados à maioria. Mesmo assim, foi um choque, principalmente para uma mulher que não fora preparada, nem pela cultura familiar nem pela educação, para trabalhar fora de casa ou para tentar criar um papel útil dentro dela.

Os bens dos Rothschild franceses foram confiscados primeiro pelos nazistas e depois pelos franceses de Vichy, que diziam que qualquer francês que saísse de seu país nativo perdia o direito aos próprios bens. Um inventário* das obras de arte confiscadas das famílias judias mais importantes em 203 locais até 13 de julho de 1944 diz o seguinte:

1. Rothschild, 3978 entradas no inventário
2. Kahn, 1202 entradas no inventário
3. David Weill, 1121 entradas no inventário
4. Levy de Venzionn, 989 entradas no inventário
5. Irmãos Seligmann, 556 entradas no inventário

A família levou muitos anos para recuperar uma pequena fração de seus pertences. A essa altura, o mercado de arte estava diferente e tesouros antes muito valiosos agora tinham pouco valor. Nem todas as obras de arte so-

---

* Documentos deixados pelo marechal de campo Keitel, comandante das Forças Armadas Alemãs, e Alfred Rosenberg, guardião das Artes. (N. A.)

breviveram. Muitas ainda estavam desaparecidas, enquanto outras foram destruídas.

Um retrato sobreviveu graças a um ato extraordinário e imprudente de bravura. Quando os nazistas tomaram o Château Mouton Rothschild, em Bordeaux, estabeleceram-se nos porões, mas usaram os retratos da família para treinar tiro. No meio de um "treino", a cozinheira da família, uma mulher que trabalhava há muitos anos para Philippe de Rothschild, andou na frente dos oficiais enquanto estavam atirando, pegou o retrato de seu patrão da parede, pôs embaixo do braço e saiu do château. Ela retornou (com o retrato) somente quando Philippe voltou para casa, em 1946.

Na Inglaterra, a grande fortuna dos Rothschild havia se esvaído, vítima da guerra e do rompimento dos laços familiares. A Halton House foi vendida para a RAF, a Força Aérea Real; Aston Clinton foi transformada em um hotel; e Gunnersbury tornou-se um parque público. Tring Park virou uma escola para artes performáticas. A família recuperou Waddesdon e ficou com ela durante treze anos, antes de doá-la, assim como a Ascott House, para o Fundo Nacional. Somente a casa que pertencia a minha homônima Hannah Rothschild, a Mentmore Towers, foi o lar de seus descendentes, os Rosebery, até a década de 1970. Na época em que Nica nasceu, os Rothschild eram donos de mais de quarenta grandes residências na Inglaterra e na Europa. Hoje em dia, somente Waddesdon, de posse do Fundo Nacional, está com sua coleção original intacta.

A guerra também acabou com o estilo de vida dos Rothschild. Seu ponto de concentração, em Vale de Aylesbury, havia chegado ao fim, assim como os fins de semana que passavam na casa uns dos outros; o sistema de interdependência chegara ao fim. Victor era um novo tipo de líder da família, que se desfizera da herança, livrando-se dos bens que seus antepassados haviam adquirido tão penosamente. Para Victor, se algo não o interessasse ou se encaixasse em seu estilo de vida, não tinha valor.

Victor costumava dizer que, para cada Rothschild que ganhava dinheiro, havia dez que gastavam; ele, sem dúvida, estava neste grupo. Herdou uma fortuna da família no valor de 2,5 milhões de libras, bem como casas em Piccadilly e Tring, além de uma enorme coleção de arte. Deixou bens ativos no valor de 270 410 libras. A dissipação de sua herança foi extraordinária. Sem interesse ou aptidão para tentar reconstruir a fortuna do banco britânico, em 1949 Victor aceitou um cargo que ocupou durante dez anos no governo trabalhista: diretor do Conselho de Pesquisa Agrícola. Continuou sua pesquisa no departamento de zoologia em Cambridge, onde se dedicou à gametologia, o estudo de espermatozoides, óvulos e fertilização. Demonstrando pouco interesse pelo passado, derrubou casas de campo em Rushbrooke, Suffolk, para construir uma vila ecológica modelo, com casas idênticas para todos os trabalhadores da propriedade rural.

Cansado de organizar paradas da vitória, Jules tentou um cargo no Ministério das Relações Exteriores da França. Foi aceito e, a caminho de seu primeiro posto na Noruega, em 1947, ele e Nica se reuniram com os dois filhos mais velhos e o filho de Jules, Louis. Jules não os via havia cinco anos, e Nica, mais de três.

Apesar das parcas circunstâncias econômicas, o casal ainda entretinha noções de grandeza e buscou um lar que fosse magnífico na medida certa. No entanto, sua decisão de se estabelecer no Castelo Gimle, em Oslo, foi extraordinária; o castelo pertencera ao nazista julgado e condenado Vidkun Quisling, frequentemente chamado de Hitler da Noruega. Executado em outubro de 1945 por um pelotão de fuzilamento ao receber o veredito de alta traição por conspirar para um golpe de Estado em abril de 1940, Quisling também era culpado de outros crimes, inclusive encorajar os noruegueses a servir na divisão nórdica da ss e auxiliar na deportação de judeus para campos de concentração. Não está claro por que os De Koenigswarter desejariam viver num lugar cheio de memórias tão terríveis.* Jules, que se gabava de que a grande fachada dominava todo o fiorde, adorava o fato de a sala de estar poder acomodar cem convidados e a mesa de jantar ter sessenta lugares.

Para Jules, o posto de embaixador na Noruega era um jeito de sustentar a família e ao mesmo tempo continuar a representar seu país. Nica odiava.

Um amigo de infância do filho mais velho do casal, Patrick de Koenigswarter, lembra-se do menino cantando "Don't Fence Me In"; ele saía e entrava correndo no quarto de Nica, enquanto a mãe dele ficava quase

---

* Desde então, o Castelo Gimle foi rebatizado com o nome de Grand Villa e hoje é o Museu do Holocausto da Noruega. (N. A.)

o tempo todo na cama, glamorosa e emoldurada por seus longos cabelos negros.*

A vida diplomática dava a Jules a oportunidade de ter uma existência perfeitamente ordenada, com regras claras e protocolo estabelecido. Como embaixador, exercia poder e influência sobre a embaixada e podia afetar as decisões estrangeiras na região. Para o "comandante-chefe", como Nica o chamava, era perfeito. Seu primeiro posto na Noruega representava algo como um posto avançado diplomático em comparação com embaixadas maiores como Washington, Londres ou Berlim, mas, no pós-guerra, toda embaixada tinha um papel a desempenhar, e qualquer posto tinha o potencial de levar a um mais significativo depois de alguns anos.

O papel da esposa de um embaixador era algo totalmente à parte, como Marilyn Pifer, esposa de Steven Pifer, o embaixador norte-americano na Ucrânia, explicou numa entrevista alguns anos depois. "Eu esperava que o papel de 'esposa de alguém' envolvesse um equilíbrio entre duas percepções opostas: a Oficial do Ânimo da embaixada, que ajudava a estabelecer a atmosfera na comunidade, e a Pessoa Mais Detestada da embaixada, uma figura autoritária que precisa ser obedecida, mas que não tem nenhuma autoridade real, e cujos pedidos são, portanto, descabidos." A principal função da esposa de um embaixador era o protocolo, verificar se todos estavam sentados nos lugares certos ou que os cartões com os nomes estavam com os títulos honoríficos corretos. Era sua função ver se os dignitários visitantes estavam sendo alimentados corretamente e chamados pelos nomes corretos. Acima de tudo, precisavam ser uma magnífica tela em branco, refletindo o bom trabalho do marido e os ideais do país. Não quero, ao dizer isso, negar o extraordinário trabalho feito por muitas embaixatrizes, mas apenas ressaltar que Nica não era uma candidata ideal para o cargo de consorte subserviente.

Alguns elementos do casamento funcionavam: o casal teve mais três filhos depois da guerra — Berit em 1946, Shaun em 1948 e Kari em 1950. Continuaram a viajar e a explorar cidades estrangeiras. Ambos eram seres sociáveis que adoravam receber visitas. Os casamentos raramente acabam com apenas um incidente; o que acontece é mais uma acumulação cons-

---

* Sra. Mary Jean Onslow, filha do adido militar da Embaixada britânica na Noruega. (N. A.)

tante, camadas de situações e incompatibilidades específicas que criam uma linha falha, um acidente prestes a explodir.

Um incidente em particular nas memórias de Jules parece exemplificar a essência de sua personalidade e da incompatibilidade entre os dois. O casal sempre recebia convidados, dando jantares para até sessenta convidados na comprida mesa de jantar no salão de banquetes. De acordo com o protocolo da época, assim que a sobremesa terminava, esperava-se que as damas saíssem imediatamente da sala de jantar para que os maridos e parceiros pudessem conversar e fumar à vontade. Era função da anfitriã levar as convidadas para fora do salão. Nica, de acordo com Jules, muitas vezes se esquecia de sair da mesa, então, para lembrá-la, ele instalou uma lâmpada de frente para a cadeira dela, que ele controlava da dele. Assim que o último prato era retirado, Jules ficava ligando e desligando o interruptor. A lâmpada, visível para todos, ficava piscando insistentemente, até que ela finalmente se levantasse e saísse da sala.

O filho deles, Patrick, admitiu: "Meu pai era uma pessoa muito controladora. Para minha mãe, ele lembrava a própria mãe dela, muito dominadora. Ele era inflexível com horários, sendo que Nica era famosa por chegar atrasada. Ela se esquecia dos compromissos, às vezes ia se lembrar dias depois, e vivia perdendo seus voos".

Nica era obstinada e voluntariosa. Ouvir a palavra "não" era mais uma raridade do que a norma durante sua infância. Ela desobedecera à mãe para fugir com Jules antes de se casarem e ignorara completamente as ordens do general Koenig de permanecer na Inglaterra. Agora, pediam-lhe que vivesse uma vida que se tornara um anátema para ela. Isolada de seus amigos, da família estendida e da cena musical, Nica sentia-se perdida num mar de regras e protocolos. Deu à luz cinco filhos, mas nunca pareceu encontrar satisfação na maternidade. Talvez não tivesse tentado; talvez simplesmente aceitasse que criar crianças era algo que devia ser feito só por profissionais, sempre levando em conta a máxima "a babá sabe das coisas". Talvez, se a guerra não tivesse acontecido, se ela não tivesse tido aquele vislumbre de liberdade, tivesse ficado com o marido, mesmo ressentindo-se da situação.

Outro fator contribuiu para o colapso do casamento. Nica sabia que ficar engessada numa situação específica, continuar apenas porque era o que outros esperavam dela, levaria a terríveis consequências pessoais. Ela vira o pai tentar ser outra pessoa e viver em conflito com sua personalidade, indo contra as próprias paixões; também testemunhara o terrível resultado.

Nica havia se mudado com Jules de Londres para Paris, depois para a África, depois para a Noruega. Dois anos após assumir seu posto em Oslo, o emprego de Jules levou toda a família para o México. Nica esperava que ir para a América do Sul a deixasse mais próxima da civilização; ela encontrou mais desculpas para visitar Nova York. Cada vez mais infeliz e desesperada, ela buscava uma saída.

14

Black, Brown and Beige*

Em 2004, entrei em contato com o produtor Bruce Ricker para saber se ele por acaso ainda tinha as gravações das entrevistas de Nica para o documentário *Straight, No Chaser*, sobre Monk. Quase quarenta anos haviam se passado desde que os irmãos Blackwood gravaram as cenas originais com Nica e Monk, e vinte anos se passaram desde que Ricker, Clint Eastwood e Charlotte Zwerin atualizaram a história. Era pouco provável que o material ainda existisse. Ao retornar tarde da noite de um show para o meu hotel, em Nova York, entregaram-me na recepção um pacote, um DVD com o nome "Nica" escrito. Coloquei o disco no aparelho de DVD e de repente ouvi Nica. O som de sua voz forte foi tão imprevisto, tão imediato, que eu esperava que a qualquer momento seu fantasma fosse me cutucar no ombro. Ela soava exatamente como eu me lembrava: a voz rouca e áspera por causa do cigarro, as palavras pontuadas pelo inimitável riso gutural.

A entrevista foi gravada em 1988. Ricker tinha ido até a casa de Nica em Weehawken para registrar suas memórias de Monk. Na esperança de fazê-la falar mais, ele abriu uma garrafa de vinho e depois outra. Nica só bebeu chá; Ricker ficou tão bêbado que, ao fim da entrevista, ele mal con-

---

* Música composta por Duke Ellington. Em português, "Preto, Marrom e Bege". (N. T.)

seguia se fazer entender, uma história que ele adorava contar. Durante toda a entrevista, Nica é bem precisa ao recontar suas memórias. Soa frágil e triste quando resgata o passado, mas sempre usa as palavras de modo sucinto e repreende o entrevistador caso ele cometa erros factuais.

"Não, Bruce, não foi isso o que aconteceu", ela o corrige. "No que você está pensando agora?", ela caçoa. "Não é verdade", ela repreende.

Sem conseguir dormir, fiquei ali, avançando e retrocedendo o disco, anotando coisas, tentando delimitar linhas temporais e revendo antigas suposições. Sentada ali até o dia raiar, me sentia ainda mais animada com minha missão. Finalmente tinha respostas para algumas questões cruciais e, pouco a pouco, a imagem imprecisa ficava mais delineada.

"Será que devo contar que em certo momento da minha vida recebi um chamado?", ecoou a voz de Nica no meu quarto. E aí ela soltou uma gargalhada mais para ressaltar do que diminuir a importância do que estava prestes a dizer. O riso muitas vezes era usado pelas pessoas da geração dela como indicador de que o que estavam prestes a dizer era um pouco embaraçoso, mas muito importante. "Um chamado." Ela repete a palavra com cuidado. "Pois recebi. Recebi. Você consegue imaginar uma coisa dessas?"

Normalmente são as pessoas santas que recebem um chamado, um sinal ou um desejo avassalador de dedicarem o resto de suas vidas a Deus. Era difícil imaginar Nica, criada sem religião, de repente recebendo uma mensagem assim.

"Eu estava no México, no meio da vida diplomática e toda aquela baboseira, e tinha um amigo que era dos círculos musicais. Ele costumava conseguir uns discos para mim e eu ia até a casa dele para ouvir. Eu não podia ouvir na minha casa, naquela atmosfera."

E então ouvi Nica descrever como este amigo conseguira um disco de 78 rpm da sinfonia *Black, Brown and Beige*, de Duke Ellington, que estreou em Nova York em 1943. Ellington apresentou a peça como um "paralelo à história dos negros nos Estados Unidos".

Para alguns, essa música tornou-se um libelo político; para outros, era apenas uma maravilhosa sinfonia jazz; mas, para Nica, significava algo completamente diferente.

"Recebi a mensagem de que meu lugar era onde a música estivesse. Havia algo que eu deveria fazer. Eu precisava me envolver de alguma maneira. Era uma mensagem bem clara. Não muito tempo depois disso, eu me distanciei de tudo aquilo. Era mesmo uma vocação. Muito estranho."

Fiquei refletindo sobre essa declaração à luz do que eu sabia sobre minha família. As gerações anteriores dos Rothschild tiveram vocação para as finanças: uniram-se para criar um banco gigantesco. Alguns diziam que a família ajudou a criar a "devoção ao materialismo". Victor e Miriam, os irmãos de Nica, também tiveram as próprias vocações, embora a deles fosse a ciência. Será que a vida de Liberty seria diferente, pensei, se tivesse descoberto uma grande paixão? Será que a vida de Charles teria tido um fim mais feliz se ele tivesse tido liberdade para seguir a sua? Talvez o chamado de Nica fosse outro modo de descrever um traço obsessivo-compulsivo herdado: percebi que os Rothschild — até a geração atual — geralmente se concentram num assunto específico com grande determinação.

Nica não soube imediatamente como agir em relação a seu chamado. Continuou no México, onde Jules trabalhava na "baboseira" que era sua vida diplomática. À medida que a atmosfera em casa ia piorando, Nica inventava mais desculpas para ficar longe e mais motivos para visitar Nova York. Em uma viagem, uma música que ouviu por acaso mudaria sua vida para sempre.

"Eu estava voltando para o México, onde morava na época — acho que era 1948 ou 1949", disse Nica, "e parei para ver Teddy Wilson a caminho do aeroporto, para me despedir."

Teddy era uma das pessoas que mandava discos para ela e, naquela ocasião, perguntou se tinha ouvido falar de um jovem artista, Thelonious Monk, que havia lançado o primeiro disco. "Eu nunca tinha ouvido falar de Thelonious. Então Teddy saiu para achar o disco em algum lugar, voltou e pôs para tocar. Bom, mal consegui acreditar no que estava ouvindo. Nunca tinha ouvido nada remotamente parecido. Devo ter ouvido umas vinte vezes seguidas. Perdi meu voo. Na verdade, nunca mais voltei para casa."

Com o passar dos anos, essa história foi se refinando e virou uma lenda do jazz: "Você conhece a história da baronesa maluca que ficou encantada com uma música?". Essa foi, por exemplo, uma das primeiras coisas que o escritor Stanley Crouch me contou enquanto estávamos sentados em

128　Black, Brown and Beige

Nova York, numa tarde quente de maio, numa "conversa" que foi mais um monólogo com duração de quatro horas e meia. Crouch por vezes parava para secar a testa com um enorme lenço branco, fazendo uma pausa momentânea de suas aparentemente inexauríveis reservas de conhecimento.

"Ela me disse que o músico Teddy Wilson tinha um disco que queria mostrar para ela." Crouch balançou a cabeça, achando tudo muito incrível, lembrando-se dos detalhes. "Ele disse que queria que ela ouvisse algo único. Era ''Round Midnight', e ela disse que nunca havia ouvido algo parecido, aquele som e aquela sensação, e ela pedia para ele tocar de novo, e de novo, o que faz você imaginar que aquilo era a versão em vinil de um encantamento lançado sobre uma pessoa, só que não é um encantamento que acontece sozinho. É um encantamento que é facilitado por você. Você. Só você. Ela foi mergulhando cada vez mais na música enquanto ouvia. Música é algo que não dá para explicar, não dá para saber para onde Nica foi, para onde aquela música a levou, mas, a partir daquele momento, ela concluiu que precisava conhecer o cara que fez a música."

De repente, estava de dia lá fora. Os caminhões de lixo faziam barulho na rua, batendo as latas de lixo. Um solitário carro de polícia descia para o centro, a sirene irritante e insistente como o zunido de um mosquito. Ignorando o mundo exterior, revi esta parte do DVD várias vezes, tentando decidir o que era mais surpreendente: a simplicidade do relato de Nica, como se fosse perfeitamente normal perder um avião, quanto mais abandonar um casamento e toda uma vida apenas por ouvir uma música, ou o jeito totalmente despreocupado com que Nica contava essa história, como uma pessoa que dá informações sobre como chegar a um ponto turístico.

Coloquei "'Round Midnight" no meu iPod e fiquei ouvindo, com muita atenção, como se fosse a primeira vez. Não dá para descrever como uma composição típica de Monk, mas também não há nada típico no homem ou sua música. É uma balada pesarosa, preguiçosa, sexy, com um pouco de blues e até de stride. Um grandioso solo de trompete introduz a melodia e depois o piano entra suavemente, acompanhando o sopro durante um tempo, ritmando a melodia entre o sopro e a percussão, e depois abandonando o trompete ao fundo, onde ele permanece, de escanteio, durante todo o resto da música, juntamente com as cordas e a percussão. Enquanto o resto do quarteto fraqueja, repetindo a harmonia de fundo, o pianista decola, deixando os dedos dançarem pelas notas, às vezes tocando duas ou três ao mesmo tempo, às vezes subindo até o topo de uma escala, brincando com um *arpeggio* alto e depois aterrissando aleatoriamente nas teclas, em outro ponto da melodia, rompendo-a, confundindo e emocionando. A letra foi acrescentada depois a algumas versões, mas, quando Nica a ouviu, transferiu os próprios sentimentos para a melodia.

Monk nunca disse qual evento ou pessoa inspirou essa música. Estava com apenas dezenove anos quando a compôs, mas só pôde gravá-la em 1947. Desde então, "'Round Midnight" tornou-se um dos clássicos do jazz mais gravados de todos os tempos, aparecendo em nada menos que 1165 álbuns. Um crítico a chamou de "Hino Nacional do Jazz" e outros a veem como uma música de sorte. Quando Nica a ouviu, "'Round Midnight" nem mesmo havia chegado à parada de sucessos do jazz. A música era como ela: uma beleza prestes a ser descoberta.

Nica ouviu a melodia, mas também algo intangível. Seu amigo, o fotógrafo e escritor Val Wilmer, explicou: "Para o fã, a música torna-se algo profundamente pessoal, como se o músico estivesse se comunicando só com você. Os músicos estão tentando se comunicar e contar para você sua história de vida, suas experiências. Estão dando testemunho com seus instrumentos".

O jazz e Nica cresceram juntos. O jazz foi a trilha sonora de sua vida. Seu pai tocara as primeiras grandes gravações de Scott Joplin, George Gershwin e Louis Armstrong. Ela entrou bailando na alta sociedade ao som de Tommy Dorsey, Benny Goodman e Duke Ellington. Os que não se apresentaram nos mais sofisticados salões de dança de Londres comunicavam-se com ela pelo rádio.

Mesmo nos confins da África, nas ousadas missões da Resistência francesa, o rádio era a companhia constante de Nica, a Circe que a enfeitiçava, chamando-a para outro mundo, outra vida. Enquanto ela suportava um casamento insatisfatório, vivendo numa sociedade desorientada que depois da guerra tentava se recompor, o bebop estourou nas estações de rádio. Suas frases contraditórias, anárquicas e explosivas pareciam descrever exatamente o humor de Nica. Esses músicos estavam derrubando as regras, tocando notas no meio da melodia, de frente para trás, ignorando a estrutura com grande velocidade e destreza. O bebop era um som que não servia para dançar ou cantar. Era tão melodioso quanto cem gatos arranhando um quadro-negro, tão compreensível quanto um trem sobre trilhos tortos. Era um estilo musical que dizia "Não estou nem aí para as convenções ou para o que os outros pensam, serei apenas eu mesmo e não há nada que vocês possam fazer a respeito". Era exatamente o antídoto que Nica buscava. Para os que sucumbem, como Nica, o jazz é algo capaz de estender uma mão amiga e resgatar.

"Foi a música que me atraiu primeiro", disse ela. "Eu não conhecia nenhum músico naquela época. Com o tempo, passei a achar que se a música é bonita, os músicos também deviam ser bonitos de alguma maneira. Agora sei que não é possível tocar com Bird [Charlie Parker], Monk, Sir Charles Thompson e Teddy Wilson e não ser você mesmo interessante. Eles são bem parecidos com a música que fazem."

O músico e produtor Quincy Jones, amigo de Nica, disse-me: "O jazz tem um jeito de transformar a escuridão em luz através da comédia, ou de aliviar a dor de um relacionamento amoroso e torná-la engraçada, ou poder expressá-la para que você a descarregue... É por isso que ele é tão forte, é por isso que permeia todo o planeta e quase todos os países". Apesar de todos os prêmios e álbuns que venderam milhões, Quincy Jones ainda se lembra da emoção de chegar a Nova York no fim da década de 1940, sem nada além de seu trompete. "Foi como entrar no País das Maravilhas." Pude imaginar a cidade através de seus olhos.

Naquela época, Monk, Quincy Jones e outros músicos de jazz eram só um bando de desconhecidos: um coletivo de indivíduos diferentes atraídos pelo mesmo lugar. "Ela não tinha a menor ideia de que um dia eles seriam famosos. Ninguém poderia imaginar. Eram praticamente párias na sociedade", comentou seu filho Patrick numa entrevista para um jornal. Phoebe Jacobs, amiga de Nica, observou: "Moças comportadas como a baronesa não se associavam com músicos de jazz porque todo mundo sabe que o jazz veio dos prostíbulos, das bocas de crack, que os músicos de jazz são uns drogados. Viciados em heroína". Nica, contudo, nunca ligou muito para o que os outros pensavam.

Quanto mais eu pesquisava, mais eu me dava conta de que o jazz tem um valor simbólico e um significado cultural que está além de seus arranjos, um impacto emocional que vai além da melodia. Estava ligado à luta dos negros norte-americanos pela liberdade e pela igualdade. Deu voz a uma geração e esperança para milhares. Para os escravos que haviam sido arrancados de sua cultura, de seus pertences, de sua tradição — até mesmo sua língua —, a música foi uma das poucas coisas que puderam importar para o seu novo lar. Os mercadores de escravos podiam tirar-lhes os bens, mas não a voz.* O blues e o jazz surgiram nos campos de algodão, onde as músicas dos trabalhadores pairavam acima das plantações: o otimismo e o desespero musicados, unindo pessoas diferentes em locais ermos.

Primeiro o jazz deu esperança aos imigrantes negros; depois, foi seu modo de subsistência. Depois da abolição da escravatura, as opções para muitos negros norte-americanos eram limitadas, e o entretenimento de "classe baixa" era uma popular opção de trabalho. Ao fim da guerra civil, quando os exércitos jogaram fora seus instrumentos, as tubas e os clarins foram resgatados e adaptados por esses artistas. Muitos desses instrumentos apresentam grande semelhança com modelos encontrados na Costa Oeste da África. Em 1895, surgiu a primeira partitura de ragtime, seguida do sucesso internacional "Maple Leaf Rag", de 1899, escrito por um jovem pianista negro de formação clássica chamado Scott Joplin. Desde então, o jazz foi celebrado e rechaçado, adorado e odiado, estudado e ignorado, geração após geração. Desafiando as definições simples, o jazz abrange ritmos, escalas, síncopes e estilos que vão desde o dixie inicial de New Orleans até o fusion, passando pelas valsas de ragtime.

Embora seja exagerado equiparar as experiências de Nica com as desses negros norte-americanos, havia elementos em comum. Ela e a família há muito tinham deixado o gueto para trás, mas a experiência de seus passados como refugiados judeus, de nascer em meio a outra raça, inspirou-os a arriscar a própria vida durante a guerra.

Nica detectou a paixão e a dor subjacentes à música. Ela também se identificava com o fato de que muitas mulheres e músicos negros lutaram numa guerra terrível e sangrenta que defendia a liberdade, e que mesmo assim os dois grupos retornaram a uma sociedade que se recusava, de modo

---

* Há muitos fatores irrefutáveis ligando o jazz à África. Fundamental para a natureza da música é o padrão chamada e resposta comum na tradição africana, refletindo o padrão da fala africana e o uso africano de escalas pentatônicas. (N. A.)

geral, a considerar mudanças. Robert Kraft, músico e produtor que conheceu Nica, descreveu isso de modo bem sucinto: "Os Estados Unidos tinham acabado de lutar numa guerra pela liberdade, e os soldados, negros e brancos, foram libertar populações inteiras numa época fascista, neolítica, extremamente difícil, na Europa e na Ásia. E mesmo assim os soldados negros voltavam para os Estados Unidos e não tinham permissão para entrar pela porta da frente dos restaurantes onde tocavam. Não podiam dormir nos hotéis de brancos quando tocavam nos palanques desses hotéis. Precisavam se hospedar em outro lugar. Sem dúvida havia muito conflito, raiva e discrepância, e claro que o papel do artista era chamar atenção para isso".

Os artistas levavam essa função a sério, como me explicou Sonny Rollins, grande lenda do jazz e amigo de Nica. "As pessoas que tocavam bebop queriam ser aceitas como seres humanos, não só artistas de talento. Charlie Parker era uma pessoa muito digna e queria apresentar a música de maneira digna. Quando Charlie Parker tocava, ele não se mexia. Só ficava de pé, parado, tocando. Ele não ficava fazendo palhaçada, não queria entreter." Esse pensamento é confirmado por Quincy Jones: "Os músicos diziam: 'Eu não quero ter que entreter a plateia, quero ser um artista tipo Stravinski, fazer uma arte pura sem dançar, sem fazer caras e bocas, sem dançar ao som de um menestrel'".

"A música, como eu e você sabemos, transcende as normas sociais e o patriotismo", continuou Rollins. "Ela une pessoas de todas as etnias." Para Nica, que havia crescido numa sociedade cheia de regras e obcecada pela divisão de classes, essa rebeldia era embriagante e inspiradora. "Era algo rebelde, sexy, divertido. A baronesa gostava disso", explicou Harry Colomby, ex-empresário de Monk.

E o mais importante de tudo, talvez, é que o jazz ajudou Nica a se sentir menos solitária, mais ligada a outras pessoas. Como descobriu Proust, a música "me ajudou a mergulhar em mim mesmo, a descobrir coisas novas: a variedade que eu havia buscado em vão na vida, nas viagens, mas cujo desejo era renovado em mim por essa vaga sonora cujas ondas iluminadas pelo sol vinham expirar a meus pés". Para Proust, e talvez para Nica, a música fornece um "meio de comunicação entre as almas". A música era seu bálsamo. Ela mitigava, harmonizava. Era capaz de alterar incrivelmente o humor: animada num momento e triste no seguinte. A música era sua conexão com outras pessoas, transportava-a para longe da "atmosfera" de casa e da "baboseira".

Peguei o metrô até a Roosevelt Avenue no Queens, onde Teddy Wilson morava, e consegui uma mesinha de canto num café. Por mais tolo que isso pareça, pedi uma Coca, pus "'Round Midnight" para tocar no meu iPod e imaginei que eu era Nica, uns sessenta anos antes. Em poucas horas, ela teria de sair de Nova York, uma cidade que representava liberdade e fuga. De repente, ela sentia que não podia mais voltar para um casamento que durante quinze anos foi ficando cada vez mais parecido com uma prisão. Talvez naquele quarto que dava para a Roosevelt Avenue ela tenha ouvido em "'Round Midnight" algo que fazia sentido em sua vida. Nica nunca havia encontrado ou ouvido falar de Monk até aquele momento. Ele podia ter cem anos de idade ou ser um adolescente: naquela época, ela não tinha a menor ideia do quanto eles viriam a compartilhar e da importância extraordinária que ele teria em sua vida. Talvez eu precisasse mesmo suspender a descrença e aceitar que, naquela música, que dura apenas três minutos e onze segundos, a vida de Nica mudou.

Depois que tomou a decisão de não retornar para o México, Nica ficou determinada a conhecer o homem que tocava aquela música.

15

O maior barato

Nica saiu de casa com estilo. Ela não foi morar num apartamento discreto em Londres ou uma casa de campo em alguma das propriedades da família. Em vez disso, mudou-se para uma suíte no Stanhope Hotel, um estabelecimento luxuoso com vista para o Metropolitan Museum of Art, perto do Central Park de Nova York. Construído em 1927, o hotel era, como muitas casas dos Rothschild, uma versão falsificada de uma casa de campo europeia. Os convidados passavam por uma entrada neoitaliana para entrar num opulento saguão de estilo francês do século XVIII, com antiguidades, pisos de mármore e paredes talhadas à mão com detalhes folheados a ouro 24 quilates. Os convidados do sexo masculino deviam usar terno e gravata e as mulheres raramente saíam de seus aposentos sem chapéus e luvas. Como muitos hotéis, o Stanhope mantinha rigorosamente a regra segregacionista: os negros só eram admitidos pela entrada de serviço e certamente não tinham permissão para alugar um quarto ou frequentar as áreas públicas ou os quartos dos hóspedes.

O hotel não era alheio às controvérsias. Em 1946, a socialite Kiki Preston cometeu suicídio pulando de uma janela. A suposta mãe de um dos filhos ilegítimos de Sua Alteza Real, o príncipe George, uma mulher que circulava entre os membros do Happy Valley e era sobrinha de Gloria Vanderbilt, Kiki recebera a alcunha de "moça da seringa prateada" por causa de sua queda pelos narcóticos. O infeliz salto para a morte da srta. Preston levantou várias dúvidas quanto à vida que transcorria por trás das cortinas pesadas e plissadas do Stanhope Hotel. A última coisa que a gerência precisava era de mais um escândalo, entretanto mal a tinta da assinatura de Nica no formulário de registro havia secado e ela já estava causando problemas.

"Uma das histórias que me contavam", disse-me o meu pai, Jacob, "era que ela gostava de praticar tiro com sua pistola mirando nas lâmpadas. Ela queria manter uma mira boa depois da guerra. De tempos em tempos, meu pai [Victor, irmão de Nica] precisava ir até Nova York para persuadir a gerência a deixá-la ficar no hotel." Nica confirmou a veracidade dessa história para mim, mas acrescentou: "O gerente disse 'a senhora pode atirar sem problema nos funcionários, mas deixe nossos lustres em paz'".

A primeira grande compra de Nica foi um Rolls-Royce que ela deixava estacionado na frente do Stanhope com o motor ligado caso precisasse sair às pressas. Mais tarde, ela seria leal aos Bentleys, apesar de cuidar de seus carros com alegre desdém. "Ela sempre dirigia como se estivesse competindo em Le Mans e não atentava muito para as leis de trânsito", disse seu filho Patrick a um jornalista. "No acordo de divórcio há uma cláusula que está lá por insistência de meu pai: sob nenhuma condição os filhos poderiam andar de carro com Nica. Algo que foi totalmente ignorado por ela."

Certa vez, tarde da noite em Manhattan, quando o semáforo estava vermelho, um lustroso carro esportivo parou perto do Bentley Continental Convertible de Nica. O elegante cavalheiro no carro esportivo sinalizou para que ela abaixasse o vidro.

"Madame, a senhora deveria ter vergonha. A senhora tem um carro raro e bonito que trata de maneira terrível."

Ela olhou para o preocupado cavalheiro e respondeu, "Ah, vá se ferrar!" E saiu correndo.

Ele a alcançou no sinal vermelho seguinte e, mais uma vez, pediu-lhe que abaixasse o vidro. Apesar do encontro anterior, ela abaixou. E o cavalheiro disse: "Madame, com o devido respeito, o mesmo para a senhora!".

Ele era, segundo Nica, "um homem encantador".

136   O maior barato

Embora essas histórias me fizessem rir, elas também me deixavam desconfortável. O novo estilo de vida que Nica havia escolhido, em hotéis de luxo e carros velozes, era mais parecido com hedonismo puro do que um "chamado" espiritual. Vi uma analogia entre o modo como Nica dirigia o Bentley e a maneira com que havia se livrado de sua vida anterior; os dois eram, sob vários aspectos, raros e belos, e ela tratou ambos com desdém e negligência. Também fiquei pensando se não havia um paralelo entre o fato de Victor ter se desfeito tão rápido de sua herança para perseguir as próprias paixões e Nica abandonar suas responsabilidades.

O comportamento de Jules podia ser controlador e autoritário, mas eu só conseguia simpatizar com o seu desejo de proteger os filhos. Claro que ele não queria que entrassem num carro com uma mulher que bebia e se envolvia em acidentes. Querendo acreditar que Nica lutou muito pela custódia de todos os filhos, tentei descobrir detalhes sobre o acordo de divórcio do casal. Pesquisei os jornais da época, buscando alguma menção à briga pela custódia e as cartas da família em busca de referências. Não achei nada. O respeito que sentia por Nica vacilou. Talvez ela não fosse nada além de uma diletante milionária e irresponsável.

Travei uma guerra de opiniões na minha cabeça. Ela era boa ou má? Ingênua ou insensível? Gastei horas fazendo especulações inúteis até declarar uma trégua mental. Era hora de parar de julgar Nica e tentar entender suas ações através do prisma de suas próprias experiências e das convenções da época. E quanto à sua infância? Ela nunca recebera atenção dos pais; seu pai morrera de maneira abrupta e violenta. Rozsika era uma figura fantasmagórica que deixava o trabalho de criar os filhos para os criados. As crianças aprenderam a evitar a intimidade. Victor usava de crueldade para manter os outros afastados; atormentou e intimidou vários de seus cinco filhos e também as duas esposas. Liberty não conseguia lidar com nenhum tipo de relacionamento. Miriam trabalhava obsessivamente. Nica evitava ficar muito íntima de alguém ao dar o seu amor a todas as pessoas. Seus álbuns de fotografias mostram uma mulher sempre cercada — de gatos, crianças ou adultos.

O casamento de Nica e seu subsequente estilo de vida peripatético significavam que ela poderia, sempre que desejasse, romper facilmente o contato com as pessoas. Uma prima Rothschild descreveu o que sentia por Nica com tristeza e espanto. As duas mulheres foram contemporâneas e viveram próximas uma da outra. Brincaram juntas na infância, caçaram com os cães e os maridos. A amizade perdurou até mesmo quando Nica e Jules foram morar na França. Contudo, depois que Nica foi morar em Nova York, ela nunca mais entrou em contato com a prima nem retornava seus telefonemas ou cartas. Era como "se simplesmente não quisesse mais saber de mim".

Uma das expressões favoritas de Nica vinha dos campos da caça. "Se você joga o coração do outro lado da cerca, sua cabeça vai junto", ela me disse. Talvez devesse ter acrescentado: "E não olhe para trás". Ela se mudou para os Estados Unidos confiante de que tudo funcionaria; que outros cuidariam dela e que seus filhos seriam bem-cuidados por Jules. Patrick, seu filho mais velho, disse o seguinte a respeito de sua situação financeira: "Minha mãe estava em situação confortável, tinha um fundo fiduciário, mas sempre se preocupava com dinheiro". Nica gastava o dinheiro que não tinha, supondo, corretamente, que a família a tiraria das dificuldades. Nossa prima Evelyn de Rothschild lembra-se de que um funcionário antigo do banco, o sr. Hobbs, era frequentemente enviado para Nova York para contabilizar o que Nica gastava e encorajá-la a ter mais cuidado. Imaginei o sr. Hobbs como um camarada suburbano com chapéu-coco, sem preparação para viajar aos Estados Unidos, em busca de uma Rothschild excêntrica. "Não! Você não entendeu nada", outra prima me corrigiu. "Hobbs era um sucesso com as mulheres. Ele cuidava de todas as mulheres da família Rothschild e *adorava*."

Havia outra explicação prática para os termos da separação de Nica. Antes da lei aprovada pelo Parlamento em 1969, muitos anos depois do fim do casamento de Nica, as esposas raramente recebiam pensão ou ganhavam a custódia dos filhos. Quando Frances Shand Kydd, a mãe de Diana, a princesa de Gales, deixou o marido para ficar com outro homem em 1967, ela perdeu a custódia dos filhos e não recebeu nenhuma ajuda financeira. Até a princesa Margaret se divorciar, em 1969, somente dois grupos de pessoas haviam sido barrados dos recintos reais nos eventos de corridas: os criminosos condenados e os divorciados. Talvez Nica não tivesse lutado tanto pela custódia dos filhos mais novos porque sabia que não podia ganhar. Talvez fosse honesta o suficiente para admitir que os filhos mais novos teriam uma vida mais estável com o pai.

138 O maior barato

A filha mais velha de Nica, Janka, foi morar com a mãe em Nova York quando fez dezesseis anos. Em suas cartas, Nica a trata mais como uma irmã mais nova do que uma filha, orgulhando-se do conhecimento que Janka tem de jazz e do amor de ambas pela música e pelos músicos. Mais tarde, seu filho mais velho, Patrick, tentou morar com Nica, mas reclamava das jam sessions que duravam a noite toda e que tornavam impossível estudar. Os três filhos mais novos, Shaun, Berit e Kari, moraram com o pai em Nova York de 1953 a 1957, no período em que Jules teve o cargo de ministro plenipotenciário da França para os Estados Unidos e o Canadá. Mais tarde, mudaram-se com ele para o Peru, onde Jules foi embaixador.

Para os que buscavam uma nova vida, a Nova York pós-guerra era o cadinho da inovação e criatividade, um local que concentrava imensa energia. A economia estava em expansão. E também era um lugar onde ser estrangeiro era normal. Era possível ouvir uma cacofonia de línguas diferentes em qualquer bairro. A poucos quilômetros de distância uns dos outros, os bairros chineses conviviam com os italianos, coreanos, africanos, indianos, russos, poloneses, judeus, muçulmanos e hispânicos. A maioria convivia de modo feliz. Que melhor destino haveria então para Nica, de origem húngara, britânica, alemã e judia, casada com um francês de linhagem austríaca, uma mulher que havia morado na Europa, na África e na América do Sul?

Como o custo de vida era relativamente baixo, Nova York tornou-se um ímã para os maiores protagonistas do mundo da arte, literatura, dança, poesia, música, filosofia e psicanálise. Ideias, imagens e pensamentos tiveram sua origem nos cafés, bares e clubes de jazz de Nova York. Phoebe Jacobs, a amiga de Nica, resume a atração da cidade: "Ela veio para cá porque aqui ela tinha uma liberdade que não encontrava em lugar nenhum. Ninguém ligava para as boas maneiras ou o bom gosto. Era muito excitante, e ela queria fazer parte da multidão, ser um dos caras".

Assim como Nica, Sal Paradise, o herói da obra *Na estrada*, de Jack Kerouac, vai parar em Nova York na década de 1950.

De repente, lá estava eu na Times Square, bem no meio da hora do rush, vendo com meus olhos desacostumados a total loucura e o furor fantástico de Nova York com seus milhões e milhões de pessoas eternamente apressadas, negociando entre si o sonho insano — agarrando, tomando, doando, suspi-rando, morrendo, tudo isso só para serem enterradas naqueles terríveis cemi-térios depois de Long Island City. As altas torres dessa terra — o outro lado dessa terra, o lugar onde o sagrado dólar nasceu.

Os clubes de jazz na 52 Street eram diminutos e frequentados pela mesma clientela noite após noite. Nica sentava na companhia de Kerouac, William Burroughs e pintores do expressionismo abstrato como Jackson Pollock, Willem de Kooning, Franz Kline e Frank Stella, ouvindo Charlie Parker, Dizzy Gillespie, John Coltrane e Miles Davis. Eram acompanhados por uma nova geração de escritores norte-americanos que incluía Saul Bellow e Norman Mailer, que também ficaram fascinados pela cena jazz. A música vazou para outras formas artísticas, inspirando os poetas de Black Mountain a rejeitar o controle e a estrutura. Pintores como Robert Rauschenberg usa-vam a técnica de recorte em tela enquanto William Burroughs cortava frases de jornais para criar uma colagem de palavras e significado.

Sir John Dankworth, saxofonista e amigo de Nica, estava em Nova York na época, ouvindo a mesma música. "Era um mundo de fantasia, prin-cipalmente para quem havia acabado de chegar de uma Europa destruída pela guerra, onde tudo ainda era racionado, e sofríamos com o pior clima dos últimos cinquenta anos. Nova York era a coisa mais próxima do paraíso que consigo imaginar. Posso entender muito bem Nica querer fazer parte dela."

Desde que o Cotton Club abriu as portas na década de 1920, muitas pessoas brancas passaram a frequentar os clubes de jazz. Porém, o que dife-renciava Nica era que ela não queria voltar para casa quando os estabeleci-mentos fechavam. O diretor Clint Eastwood, que chegou a conhecer Nica quando estava filmando *Bird*, um filme sobre Charlie Parker, disse-me: "As pessoas da alta sociedade desciam para ouvir as bandas de jazz e swing. Nica abraçou a cultura do jazz e do bebop e adorava aquela rebeldia".

Robin Kelley, biógrafo de Monk, adicionou outra nuance ao com-portamento de Nica. "Pelo que fiquei sabendo, ela teve uma vida muito protegida quando era criança. Quase morreu quando pegou sarampo já adulta. Acho que esse tipo de reclusão ou proteção já é suficiente para te deixar rebelde na vida adulta."

Nos trinta anos seguintes, o estilo de vida de Nica não mudou quase nada. Ela não só ouvia jazz; ela vivia o jazz. Acordava quando a escuridão caía. Desperdiçava a luz do dia, tratando-a com completo desdém.

Meses depois de se estabelecer nos Estados Unidos, Nica substituiu a mortífera rede de primos por uma rede igualmente intrincada de músicos. A aristocracia que ela conhecia tão bem na Inglaterra agora era substituída por uma "jazzocracia". Ela aprendeu quem influenciou, traiu, amou, apoiou e copiou de quem. Adotando seu dialeto, horários e hábitos, Nica andava com desenvoltura pelo mundo do jazz.

Quando Nica surgiu em cena com seu reluzente Rolls-Royce, um talão de cheques e um incansável entusiasmo pelas músicas, os músicos mal conseguiram acreditar na própria sorte. Ela os levava a sério e ficava feliz em pagar a conta quando saíam, trazendo tanto dinheiro quanto classe. "Lembro-me de uma noite em que jantamos na casa dela", escreveu Horace Silver em sua autobiografia. "Decidimos ir para o Birdland.* Entramos no Rolls-Royce dela, com ela ao volante, e começamos a descer pela Broadway. Lembro que todos os brancos ficavam olhando para a gente, como se pensassem: "O que esses pretos estão fazendo num Rolls-Royce com uma moça branca?".

Nica não se preocupava quando gastava dinheiro; era para isso que ele existia. O que ela queria era um bilhete de entrada para uma vida diferente, e isso os músicos lhe davam. Steven, seu neto, disse-me: "Para ela, aquela música era a expressão definitiva da liberdade, e isso era algo que ela nunca havia experimentado até ir para Nova York; era essa a questão. Os músicos negros norte-americanos expressavam sua paixão pela liberdade. E não fazia diferença se fosse expressa por chineses. Ela via neles [os músicos] a encarnação da vida e da liberdade".

Nica confirma a impressão do neto em uma entrevista a Nat Hentoff para a *Esquire*. "A música é o que me emociona. Existe algo nela que também ouço na música dos ciganos húngaros, algo muito triste e bonito. É tudo que realmente importa, tudo que vale a pena entender. É um desejo de ter liberdade. E em toda a minha vida, nunca conheci alguém que me fosse tão querido pela amizade quanto os músicos de jazz que vim a conhecer."

---

* Birdland, o famoso clube de jazz da Broadway, fundado em 1949, cujo nome é uma homenagem a Charlie Parker, que tinha o apelido de "Bird". (N. A.)

Nica havia encontrado sua vocação, sua versão do paraíso na Terra. Ninguém dizia a ela quando deveria ir dormir, como deveria se vestir, o que deveria comer, com quem deveria conversar, o que não deveria beber. Não havia cozinheiros, criadas ou babás, nem maridos que a desaprovavam. Se quisesse comer, chamava o serviço de quarto; se quisesse sair, entrava no carro. Poderia ter voltado a usar o sobrenome de solteira ou o do marido, mas preferia ser conhecida como a Baronesa.

Muitos supunham que o relacionamento de Nica com os músicos era físico. "Homem negro, mulher branca, só podia ser algo sexual, certo? É o velho preconceito ofensivo dando as caras", comentou, em tom triste, o trombonista Curtis Fuller, amigo dela. Curtis passou muito tempo com Nica a partir do fim da década de 1940. "Nunca presenciei nada mais íntimo. Além disso, se você já tivesse cinco filhos, você não ia querer descansar um pouco dessa vida?"

O baterista e sedutor Art Blakey foi o primeiro músico com quem Nica se envolveu romanticamente. Ela comprou para ele um Cadillac e ternos para os músicos de sua banda. Muitos achavam que Blakey usava Nica, mas, para ela, ele era um guia talentoso e divertido para o mundo do jazz que a apresentava a músicos e a clubes, ensinando-lhe sobre música. Outro músico com quem ela supostamente teve um caso foi Al Timothy, um saxofonista de Trinidad que chegara à Inglaterra em 1948 e conheceu Nica através de um amigo em comum, Teddy Wilson. Aparentemente, Nica adorava Timothy, ou sua música, ou ambos, e quando retornou para morar em Londres durante um breve período em 1954, ela reabriu o clube Studio 51 e colocou Al Timothy como líder de banda residente. Mais tarde, Timothy foi visitar Nica em Nova York, onde ela o fotografou com Monk e Sonny Rollins.

As fofocas e as especulações atormentavam Nica, mas não há prova de que esses relacionamentos foram consumados. Um de seus amigos mais íntimos era Teddy Wilson, o antigo professor de piano de seu irmão. Quando ele fez uma turnê pela Escócia em 1953, Nica o levou de carro de Londres até Edimburgo. Novamente os jornais ficaram em polvorosa. "Músico de blues ganha Rolls-Royce" foi uma das manchetes. Para Wilson, ver o Reino Unido "num sedã de quatro portas, com o teto solar aberto, em alta velocidade" foi ver o que o país tinha de melhor para oferecer. Para Nica, com tempo e um carro à sua disposição, foi "o maior barato".

A ironia é que ela ainda não tinha conseguido achar o homem que escreveu "'Round Midnight". Nica varreu os clubes em busca do sacerdote do jazz. Mas Thelonious Monk havia perdido sua licença de músico por ter sido pego com drogas, numa batida policial. Quando saiu da prisão, não conseguiu achar emprego e ficou sem dinheiro, vivendo praticamente como um prisioneiro no próprio apartamento.

16

O Monk solitário

A meros vinte quarteirões do Stanhope Hotel na direção sudoeste, num pequeno apartamento de dois quartos de um prédio sem elevador no bairro San Juan, do outro lado do Central Park, Thelonious Sphere Monk passava por dificuldades. Detido por posse de heroína em 1951, ficou sete anos sem seu *cabaret card*, perdendo o direito de tocar na maioria dos clubes de Manhattan. Enquanto seus contemporâneos estavam saindo da obscuridade e tornando-se populares, Monk ficava para trás. De vez em quando, ele tocava no Brooklyn ou em algum outro lugar fora da cidade, mas na maior parte do tempo tocava sozinho, num piano de armário, em sua cozinha. Sua única plateia era composta pela esposa, Nellie, e os dois filhos, Toot e Barbara. À noite, se conseguisse suportar, Monk ouvia seus contemporâneos no rádio. Com frequência, durante essa fase que ele chamava de "não anos" (seu apelido para essa época improdutiva), Monk ficava deitado em silêncio, olhando para uma foto de Billie Holiday grudada no teto, acima de sua cama.

A família sobrevivia com o parco salário de Nellie. Ao longo dos anos, ela trabalhou como ascensorista, numa sorveteria e como costureira, mas problemas de saúde faziam com que ficasse em casa, forçando o casal a depender da boa vontade de parentes de ambos. O medo da pobreza constantemente pairava. Mesmo em épocas melhores, nas turnês mundiais,

144   O Monk solitário

Nellie pegava as garrafas vazias de Coca-Cola para conseguir o reembolso pelo vasilhame. Monk também vivia com medo de ser preso; sempre levava consigo mil dólares em dinheiro, caso precisasse de fiança. Enquanto muitos em seu lugar tentariam conseguir um emprego normal, Monk não conseguia trabalhar em coisas habituais, e os empregadores não suportavam sua falta de respeito pela autoridade ou pelos horários. Uma pessoa com menos autoconfiança poderia ter cedido.

À primeira vista, as diferenças entre Monk e Nica — suas histórias, experiências e personalidades — pareciam inconciliáveis; a única coisa que pareciam compartilhar era o amor pela música. Mesmo que Nica o encontrasse, era pouco provável que os dois viessem a ter algo em comum. Um amigo mútuo, o escritor Stanley Crouch, era igualmente cético. "Monk era um negro do interior, ele nem mesmo cresceu em Nova York, veio da Carolina do Norte. Monk e a Baronesa vinham de situações sociais e econômicas muito, muito diferentes."

Percebi que uma das questões no âmago de minha busca era: o que faz duas pessoas se sentirem atraídas? Por que nos apaixonamos por uma pessoa e não por outra? Monk era negro, ela era branca; ele era pobre, ela era rica; ele era cristão, ela, judia: a lista é infinita e francamente dispensável. Será que havia uma conexão mais profunda, invisível de imediato para um observador casual? Seria possível, pensei, eliminar os elementos supérfluos e encontrar outras conexões entre os dois? Será que as pessoas estavam erradas quando diziam que a amizade de ambos se baseava na atração dos opostos?

Thelonious nasceu em Rocky Mount, Carolina do Norte, em 1917, quatro anos depois de Nica. Seu bisavô veio do oeste da África, num navio negreiro, no meio do século XIX, e recebeu o nome do dono da fazenda onde foi trabalhar, Archibald Monk. Thelonious e seu pai, também chamado Thelonious, foram batizados em homenagem a um santo missionário beneditino do século VII. O pianista depois acrescentou o sobrenome "Sphere", como uma variação do nome de família de sua mãe, Speer.

Assim como Charles Rothschild, o pai de Monk tinha problemas de saúde, tanto físicos quanto mentais. Os dois homens foram vítimas de ataques de comportamento errático e depressão. A mãe de Monk, Barbara, teve de lidar com o terrível temperamento do marido, seu alcoolismo, oscilações de humor e, por fim, seu afastamento da família e da sociedade. Talvez para escapar do casamento, ou em busca de uma vida melhor, em 1921 Barbara pegou os três filhos, Thelonious, com quatro anos de idade, seu irmão Thomas e sua irmã Marion, e foi morar em Nova York. Na época, era um ato corajoso e muito raro para uma mulher abandonar o marido e a família estendida. Barbara estava determinada: havia poucas oportunidades para negros no sul. As leis Jim Crow ainda resistiam na prática, senão legalmente.

Quando o Monk pai chegou até a família, uns três ou quatro anos depois, Barbara estava morando com os filhos em San Juan Hill, um bairro que havia se tornado o lar para milhares de imigrantes do sul e do Caribe. Durante um breve período, os Monk viveram juntos como uma família, mas o pequeno prédio de apartamentos era um local úmido e mal-iluminado que piorava os ataques de asma do pai de Monk e também seus problemas mentais.

Eu me perguntei se os problemas de seus respectivos pais não eram uma conexão em potencial entre Nica e Thelonious. Ambos cresceram com um pai que sofria com algum tipo de doença mental que era exacerbada por condições aleatórias. A depressão de Charles ficou ainda pior depois que contraiu a gripe espanhola; a do pai de Monk piorava quando tinha problemas pulmonares. Apesar das circunstâncias financeiras extremamente diferentes, havia uma atmosfera nas casas de Monk e de Nica que deu forma à infância de ambos e alterou o modo como viam o mundo. Quando eram crianças, nenhum dos dois podia prever que humor ou persona seus pais adotariam. O pai de Monk desaparecia e ia para bares; Charles Rothschild trancava-se em seu quarto.

Depois de alguns anos, o Monk pai voltou para o sul para morar com o irmão. Sobrecarregada com sua doença, a família o colocou num sanatório, onde permaneceu pelo resto da vida. Havia uma grande diferença entre o confortável sanatório suíço de Charles Rothschild, para onde ele podia levar uma companhia e trabalhar, e o State Hospital for the Colored Insane [Hospital Estadual para Pessoas de Cor Insanas], em Goldsboro, Carolina do Norte, onde o Thelonious pai ficou encarcerado. Este último era um lugar miserável, com poucas comodidades e quase nenhuma esperança de dispensa.

A jovem Nica e o jovem Thelonious tinham mães muito fortes que mantinham a família unida. Enquanto Rozsika Rothschild gostava de administrar os mais de quarenta funcionários da casa, Barbara Monk trabalhava como faxineira no Children's Court, que ficava em 137 East 22nd Street. O jovem Thelonious foi matriculado na prestigiosa Peter Stuyvesant School, onde teve acesso a uma educação mais ampla do que Nica. Depois de demonstrar certa esperança acadêmica, tornou-se um aluno de ensino médio sem grande talento. Embora não participasse da orquestra da escola, a música teve um papel importante na vida do jovem. Assim como Nica, ele cresceu ouvindo uma mistura de música clássica e jazz. Nica pôde ouvir as melhores orquestras clássicas nos salões de festa da família e depois dançar ao som das mais importantes bandas nas festas da alta sociedade. Barbara levava os filhos para o Central Park para ouvir a série Goldman de concertos clássicos, onde as melhores orquestras tocavam obras de Schubert, Tchaikóvski, Wagner, Chopin e Strauss. Toot, o filho de Monk, disse-me: "Se você visitasse a casa do meu pai, veria pilhas de discos de Chopin, Liszt, Haydn, Handel, Beethoven, Wagner. A música dele não saiu do nada".

Ninguém esperava que Nica conseguisse um emprego, mas as perspectivas para Monk eram igualmente ruins. As oportunidades de emprego para jovens negros eram extremamente limitadas. Perguntei ao contemporâneo de Monk, o lendário baterista Chico Hamilton, sobre suas perspectivas de carreira na década de 1930.

"Eu tinha a opção de ser músico ou cafetão", respondeu Hamilton.

Imaginando que fosse uma brincadeira, eu ri, e fui imediatamente censurada.

"Você pode rir", ele disse, inclinando-se para perto de mim, os olhos me fuzilando de raiva, apontando uma baqueta na minha direção, "mas quando eu tinha oito, nove, dez e onze anos, eu engraxava sapatos: foi assim que consegui comprar minha primeira bateria, engraxando sapatos em troca de um níquel. Você lembra o quanto valia um níquel. Eu matava aula às quartas e aos sábados e trabalhava o sábado inteiro até conseguir um dólar, e aí voltava para casa. Consegui juntar dinheiro o suficiente, como eu disse, para comprar minha primeira bateria. E ganho a vida assim desde então. Tive sorte."

Em 1932, enquanto Nica estava em busca de um marido, fazendo mesuras no baile Queen Charlotte e anotando em seu cartão de danças os nomes dos pretendentes, Monk montou a primeira banda informal, parou de estudar e arranjou uma namorada. Ele também veio a conhecer, embora mal tenha dado atenção, Nellie, a irmã mais nova de seu amigo Sonny Smith, uma menina pequenina e magricela de dez anos de idade, que depois viria a se tornar sua esposa e mãe de seus filhos.

No ano em que Nica se casou, 1935, Monk saiu em turnê como apoio para uma pastora. Ele contou a Nat Hentoff: "Quando eu ainda era adolescente, caí na estrada com um grupo que tocava música gospel para uma pastora. Rock'n'roll ou rhythm and blues. Era isso que a gente fazia. Só que agora colocam letras diferentes. Ela pregava e abençoava e a gente tocava. Viajamos uns dois anos". Foi um dos períodos mais longos na vida do pianista em que ele manteve um emprego estável.

Ao retornar para Nova York, Monk participou brevemente de algumas big bands, trabalhando com Lucky Millinder, Skippy Williams e Dizzy Gillespie. "As bandas nunca me impressionavam muito. Eu queria tocar meus próprios acordes", confidenciou a George Simon. Seu filho Toot gostava de salientar que, embora Monk não fosse uma estrela na banda, "era a estrela do bairro antes de ser reconhecido internacionalmente. Naquela época, nem todo mundo tinha uma vitrola, então a festa acontecia onde havia música ao vivo".

O clube que deu início a mil sonhos e mudou a história do jazz foi o Minton's Playhouse, no Harlem. Pequeno e genérico, ficou conhecido por suas jam sessions inovadoras nas noites de segunda-feira, onde os músicos podiam deixar as sessões com arranjos certinhos para trás e tocar seu jazz desregulado com abandono. Foi ali que Monk conheceu os grandes do jazz, como Coleman Hawkins, Ben Webster e Lester Young.

No Minton's, quatro jovens — Thelonious Monk, Charlie Parker, Max Roach e Dizzy Gillespie — inventaram uma nova forma de jazz chamada bebop. "Todos chamavam o bebop de revolução, mas era uma evolução", disse-me o crítico e escritor Ira Gitler. "O bebop ecoava o meio de transporte mais rápido, a incerteza da guerra, a esperança quanto ao futuro. Ele representava todos os jovens músicos de um jeito muito, muito poderoso."

148   O Monk solitário

Visitei Gitler no apartamento de subsolo no Upper East Side que ele divide com a esposa Mary Joy, o qual Nica também visitava. Assim como ela, Ira Gitler era conhecido na cena nova-iorquina e dedicava a vida a escrever sobre o jazz. Cada superfície, cada cantinho do apartamento estava cheio de lembranças do jazz: instrumentos musicais, fotografias e discos colecionados ao longo de setenta anos. Gitler era uma das pessoas de um pequeno grupo que realmente conseguiu fazer com que eu entendesse Nica e a cena jazz.

"Fiquei sabendo de Nica assim que ela chegou aqui, porque as pessoas do mundo do jazz começaram a falar dessa baronesa que andava por aí de Rolls-Royce. Eu a vi pela primeira vez no Open Door, em Greenwhich Village, onde as jam sessions aconteciam no fim das tardes de domingo e iam até de noite. Charlie Parker começou a tocar lá e claro que isso atraiu a atenção das pessoas."

Certamente, perguntei, devia ter sido difícil para Monk ficar em casa com tudo isso acontecendo, não? Gitler fez que sim, mas explicou que a carreira de Monk nunca foi fácil.

Nica estava na África e depois na França quando o bebop nasceu. Se o estilo musical conseguiu chegar a ela, foi pelo rádio, e não através de discos. Houve um hiato nas gravações durante os primeiros anos da década de 1940 enquanto as gravadoras negociavam uma nova forma de contrato, então o bebop inicial não foi gravado. Foi apenas em 1945, quando as gravadoras menores surgiram, que essa nova música foi capturada em discos de goma-laca e sua influência se espalhou. O escritor Gary Giddins explica: "Jazz era uma música que unia as pessoas e isso era como um oásis em meio ao pântano".

As composições de Monk não são formas clássicas de nenhum estilo. São permeadas por gospel, stride e blues, uma miscelânea das influências que ele absorveu originalmente na igreja, nas turnês gospel e no rádio. Seu som é único. Basta ouvir três acordes e, quer você ame ou odeie, já conseguirá identificar o jeito único de Monk tocar. Mas eu queria entender: o que Monk fez pela música e pelos músicos?

"Thelonious foi o pai do jazz moderno porque são as possibilidades harmônicas que ele trouxe que libertaram os Charlie Parkers, John Coltranes e Dizzy Gillespies dos grilhões da música popular norte-americana", explicou seu filho, Toot. Até então, a maior parte da música era tocada de acordo com estruturas simples de acordes. Os músicos de bebop jogaram pela janela o livro das regras. Mas, para muitos, o som era como se alguém tivesse jogado uma marreta contra uma bela vidraça: o bebop era um som fraturado em milhares de estilhaços.

Monk levou a anarquia musical ainda mais longe que seus contemporâneos. Eles tocavam notas em estranhas sequências, ignorando melodias e subvertendo as estruturas dos acordes. A isso, Monk acrescentou a própria variação. Minha explicação de por que a música de Monk foi inovadora veio de Chico Hamilton: "Cara, já toquei com pianistas que tocam com todas as teclas brancas, já toquei com pianistas que tocam com todas as teclas pretas, mas nunca toquei com nenhum filho da puta capaz de tocar entre elas".

Monk pode ter sido um herói para outros músicos, mas, na época em que Nica o ouviu pela primeira vez, os críticos odiavam sua música e suas composições. O influente promotor George Wein confessou para mim: "A primeira vez em que eu o ouvi tocar foi no fim da década de 1940, e só achei que ele fosse um pianista ruim". A mais importante revista de música da época, *Downbeat*, descreveu Monk como "o pianista que NÃO inventou o bop, e no geral toca piano de um jeito ruim, embora interessante."

Não fosse por uma jovem promotora, Nica talvez nunca tivesse ouvido Monk tocar. Lorraine Lion Gordon* apaixonou-se por seu som e estava determinada a levar o pianista a um público maior. Ela foi visitar Monk em casa. "Ele tinha um piano de armário em seu quartinho, que me parecia o quarto de Van Gogh em Arles, com a cama e a cômoda." Ela precisou sentar na cama enquanto Monk tocava. "Thelonious tocou de costas para nós várias músicas que nunca tínhamos ouvido. Pensei: ele é um ótimo pianista de blues! Foi por isso que gostei tanto dele."

Lorraine viajou por todo o país com uma mala cheia de discos de Monk. "Fui para Filadélfia, Baltimore, um festival inteiro, Cleveland, Chicago. Eu era uma menina e fazia tudo isso para ele e outros artistas da Blue Note. Fui até o Harlem para tentar vender o Monk lá. Os caras nas lojas de discos diziam: 'Ele não sabe tocar. Ele tem duas mãos esquerdas'. Precisei

---

* O primeiro casamento de Lorraine foi com o cofundador da gravadora Blue Note, Alfred Lion; o segundo foi com Max Gordon, com quem administrou o lendário clube Village Vanguard. (N. A.)

insistir até que comprassem um disco do Monk e ouvissem." Lorraine admitiu que era a menina de recados de Monk. "Ele me ligava. 'Será que você pode me levar ali? Será que você pode me levar acolá?" Então eu meio que o mimava porque já naquela época achava que ele era especial. Eu era a ajudante que fazia as coisas para ele."

Monk tinha certo talento para encontrar mulheres que cuidavam dele: sua mãe, sua esposa Nellie, e depois Nica. Embora ele tivesse um breve emprego no fim da década de 1930, ficava muito mais feliz quando compunha e tocava, e decidiu que um emprego normal não era para ele. Viveu numa época em que se esperava que gênios fossem excêntricos, pessoas com licença para se comportarem mal, como se sua recusa a assumir responsabilidade por qualquer coisa e seu estilo de vida autocomplacente se justificassem em nome da arte. Lorraine Lion Gordon já tinha dado início a esse processo ao comparar o apartamento de Monk ao quarto de Van Gogh. Subsequentemente, escritores e empresários promoveram o mito ao mencionar seu jeito de dançar, seus chapéus e seu comportamento errático.

No fim de março de 1943, quando Nica estava na África lutando com a Resistência francesa, Monk foi convocado para se alistar. De acordo com as histórias da família, Monk disse ao oficial de recrutamento que se recusava a lutar por um país que manteve sua família na escravidão e que havia feito tão pouco para eliminar o racismo. Foi devidamente classificado como um 4F, "rejeitado por motivos psiquiátricos". Era raro para Monk defender uma posição política. Ao contrário de muitos de seus contemporâneos, ele não se juntou à Nação do Islã ou marchou pela igualdade: seu dever era tocar música. "Você acha que eu sou o quê, um assistente social?", ele disse a um entrevistador. "Não ligo para o que acontece com essa ou aquela pessoa. Só me ocupo compondo música e pensando na minha família."

Monk nunca teve dúvidas quanto a sua própria genialidade. "Acho que contribuí mais para o jazz moderno do que todos os outros músicos juntos", disse a uma revista francesa de jazz. "Não gosto de ouvir 'Gillespie e Parker revolucionaram o jazz', sendo que sei que a maior parte das ideias foi minha. Dizzy e Bird não fizeram nada por mim em termos musicais, não me ensinaram nada. Na verdade, eles é que vinham até mim com suas dúvidas, mas foram eles que ficaram com todo o crédito."

Sua reputação persistiu e entre os entendidos ele passou a ser conhecido como o Sacerdote do Jazz. Ensinou os músicos mais jovens, como o saxofonista Theodore "Sonny" Rollins ou o trompetista Miles Davis. "Monk me ensinou mais do que qualquer pessoa na rua quando eu estava na rua. Foi ele que na verdade me ensinou tudo", disse Davis.

A admiração não significava fama ou dinheiro. Monk foi ficando cada vez mais ressentido ao ver que Dizzy Gillespie e Charlie Parker conseguiam mais trabalho e reconhecimento ainda maior. Com mais de quarenta anos de idade, Dizzy ganhava milhares de dólares por semana; Monk ainda não tinha um trabalho ou renda constante. No fim de 1946, Monk tinha tão pouco trabalho que deixou de pagar a associação do sindicato. "Acredito que, ao tocar comigo, copiar minhas harmonias, pedir meus conselhos, perguntar como conseguir o melhor som, como escrever bons arranjos e ao depender de mim para corrigir sua música, eles compuseram temas que vieram diretamente de mim... enquanto isso, eu não conseguia nem arranjar um trabalho temporário. Às vezes, eu não podia nem entrar no Birdland. Você tem ideia do que é um músico ouvir suas próprias composições e nem mesmo conseguir entrar [no clube]?"

Monk gravou o primeiro disco em 1948. "Thelonious" estava no lado A e "Suburban Eyes" no lado B. Logo depois, ele foi preso por posse de maconha e passou trinta dias na cadeia. Trancado numa celinha pequena no ápice do verão, Monk sabia que logo que saísse dali seu *cabaret card* seria revogado por pelo menos um ano. Seu futuro ficou ainda pior com a publicação de *Inside Bebop*, de Leonard Feather, que descartou Monk em um parágrafo: "Ele escreveu algumas melodias bonitas, mas sua falta de técnica e continuidade o impediu de realizar mais como pianista." Ao encontrar o autor por acaso, no inverno de 1949, Monk agarrou Feather pela gola e gritou: "Você está tirando a comida da minha boca!".

Monk e Nellie casaram-se em 1948. Sem dinheiro para comprar uma casa, os recém-casados moravam com a irmã dela e os filhos, ou com a mãe dele, Barbara. Embora Nellie tenha tido problemas estomacais por grande parte da vida, Monk não procurava um emprego regular para que ela tivesse uma vida mais fácil, nem assumia a responsabilidade de cuidar da família: ele era um músico e tinha uma missão.

152   O Monk solitário

* * *

O consumo de drogas era endêmico no mundo do jazz. Monk consumia habitualmente um coquetel de álcool e benzedrina, maconha, heroína, ácido e remédios. Ele era forte fisicamente, mas poucas pessoas conseguiam lidar com esse massacre de substâncias. Algumas pessoas tentavam desculpar seu uso abusivo de substâncias, dizendo que era apenas recreativo. Na noite em que seu filho nasceu, Monk estava num beco, se picando. Nellie teve de ir sozinha ao hospital público na "Ilha do Bem-Estar Social", às vezes descrito como o "inferno no meio do canal" devido à sua proximidade com sanatórios e prisões. As novas roupas do bebê vieram da assistência social. Assim que se recuperou do parto, Nellie voltou ao trabalho, dessa vez costurando na Marvel Cleaners em troca de 45 dólares por semana.

Embora a música sempre viesse em primeiro lugar, Monk colocava a amizade acima da liberdade pessoal. Em 9 de agosto de 1951, ele estava levando de carro o seu protegido Bud Powell, em Nova York, quando a polícia os parou. Powell, um notório viciado, estava com um pacote de heroína no bolso e, em pânico, jogou a droga para fora do carro, e ela caiu bem aos pés do policial. Os dois músicos foram arrancados do carro, jogados de cara no capô, chutados e depois algemados. Monk sabia, mesmo que o policial ou Powell não soubessem, que seu amigo Bud jamais sobreviveria a outra temporada na prisão. Muitos atribuem os problemas mentais e frequentes acessos de nervos do jovem saxofonista às surras severas que recebera dos policiais enquanto esteve preso em 1945. Na época, Powell ficara no Creedmoor Psychiatric Center por mais de um ano, onde, de acordo com amigos, o tratamento intensivo de terapia por eletrochoque só conseguiu fazer com que ele tivesse problemas de memória e exacerbar suas oscilações de humor.

Monk disse que a droga era dele. Talvez fosse, mas ele insistiu para que Bud fosse liberado. Monk foi mandado para a prisão em Rikers Island, onde ficou noventa dias. Não foi a primeira, nem seria a última pessoa a ficar profundamente traumatizado com a experiência. Em 1998, mais de quarenta anos depois, apesar dos avanços no tratamento de prisioneiros e também nos direitos humanos, o *New York Times* relatou que "os detentos no complexo presidiário Rikers Island há anos são sujeitos a surras surpresa e ataques planejados dos guardas, de acordo com documentos judiciais. Na última década, os detentos em Rikers foram brutalmente espancados, sendo que alguns sofreram fraturas, tímpanos perfurados ou ferimentos graves na cabeça." Toot fala de modo otimista sobre esse período: "A vida ia ser dura para Thelonious de qualquer maneira. Thelonious não era um desses caras comportadinhos que seguiam as regras". Mas surgiu um grande subproduto da prisão de Monk: ele compôs alguns dos maiores clássicos do jazz.

Enxerguei paralelos entre Monk e Nica. Ambos eram capazes de ser irresponsáveis e de deixar os outros cuidarem das tarefas domésticas mais básicas. Os horários, uma rotina regrada, a responsabilidade financeira e outros atributos burgueses eram anátemas para ambos. Contudo, em questões de princípios, em momentos em que seu sentido altamente desenvolvido de justiça era questionado, Monk e Nica não hesitavam. Nica lutou numa guerra que defendia a liberdade; Monk foi para a prisão para poupar a vida de um amigo.

Sem conseguir encontrar Monk, Nica voltou para a Inglaterra em 1954 para pensar em seu futuro. Passou um tempo visitando parentes e tentando resolver detalhes de sua separação de Jules. Seus irmãos estavam espalhados pelo Reino Unido: Victor ficava indo de trem de Cambridge até uma ecovila modelo que construíra em Rushbrooke, em Suffolk; Miriam tinha a própria família e dedicava a vida à ciência; Liberty ainda se encontrava num hospital privado, recebendo tratamento para a esquizofrenia.

Nica estava de fato sem ter onde morar, sem emprego, sem chances de arranjar emprego, em uma situação ruim. Com 41 anos, um passado incrível deixado para trás e cinco filhos, ela não era exatamente um grande partido. Não apenas tinha poucas opções, como a sociedade inglesa havia mudado. "Já não era sem tempo", disse Miriam. Os fios diáfanos que davam base àquele mundo cosmopolita se desintegraram depois da Segunda Guerra Mundial. Nica era uma pessoa capaz e determinada, mas não tinha um escape óbvio para suas habilidades e nenhuma maneira de canalizar sua energia. Quando estava lutando com a Resistência francesa, aprendendo a pilotar um avião ou tentando saltar de cavalo o obstáculo mais alto, Nica conseguia lidar bem com a própria personalidade. Mas em 1954, ela enfrentava um vazio. A animação inicial de se mudar para Nova York e mergulhar no mundo do jazz havia se dissipado. Mais tarde ela admitiu que, naquele vácuo, passou a beber cada vez mais. Os que a conheciam em Londres na época lembram-se de Nica no Stork Club, sempre um pouco tensa, esperando a mais recente estrela de sucesso chegar. Acredito que Monk apareceu exatamente nesse momento.

Ao ouvir que seu herói musical ia tocar em Paris, Nica entrou no primeiro avião disponível. Duas vidas muito diferentes estavam prestes a entrar em colisão.

17

Uma preta e uma branca

Paris era o local perfeito para o primeiro encontro de Monk e Nica. A cidade perdera um pouco do brilho de antes da guerra, mas ainda era a capital da sofisticação. Chanel reabriu seu estúdio de moda em 1954, introduzindo os elegantes paletós e saias de corte reto. Os filmes franceses inspiravam as mulheres a usar os cabelos curtos, usar calças cigarette e brincos de argolas. Havia uma aura de multiculturalismo e tolerância. O amigo de Nica, Kenny Clarke, o baterista de bebop, chegou em 1947: "Há uma mentalidade diferente aqui. As pessoas não têm medo de andar pela vizinhança, de fazer amizade; socialmente, você se sente mais ajustado. Como negro, como músico, como pessoa, tive sorte de poder morar aqui". Ser parte de um casal mestiço não apresentava nenhum problema. Ao observar o apaixonado caso entre Juliette Gréco e Miles Davis, Jean-Paul Sartre perguntou ao trompetista por que ele não se casou com ela e a levou consigo para Nova York. Miles respondeu: "Porque eu a amo demais para deixá-la infeliz". Era, explicou ele, uma questão racial.

Nica foi para Paris com a nova amiga, a pianista Mary Lou Williams, que ela havia conhecido recentemente com Teddy Wilson. Nascida Mary Elfrieda Scruggs em Atlanta, Georgia, Mary Lou era autodidata e aos seis anos já ajudava a sustentar seus dez meio-irmãos e irmãs ao tocar em festas. Em 1925, com apenas quinze anos, participou da big band de Duke

Ellington. Apelidada de "a pequena pianista de East Liberty", Mary Lou escreveu arranjos e composições para vários grandes músicos do jazz e gravou mais de uma centena de álbuns. Uma das poucas mulheres do jazz a ter sucesso num mundo dominado pelos homens, ela virou amiga de Nica para toda a vida. Seu arquivo, que agora se encontra na Rutgers University, em Nova Jersey, contém muitas cartas, pinturas e textos de diário de Nica. Uma católica devota, Mary Lou nunca se esquivou de ser um compasso moral e uma confidente de sua amiga europeia. Ela não viu nenhum mal em apresentar Nica a seu amigo, Thelonious Monk.

Quando Monk conseguiu subir no palco em Paris, ele havia fumado muita maconha e bebido muito conhaque. A plateia fora ouvir o jazz Dixieland de Claude Luter e música do tipo. Não estavam esperando um pianista que grunhia e cuja parte percussiva mal-ensaiada não estava no mesmo ritmo que o jeito maluco de Monk tocar. Na metade do show, Monk saiu do palco para beber mais e voltou para tocar outra música em seu estilo inimitável, contraditório, dissonante. Os críticos, tanto franceses quanto ingleses, odiaram, dizendo que era "assustador e banal" e descrevendo Monk como um "tipo de bobo da corte do jazz moderno".

Nica lembrava-se daquela noite de maneira bem diferente. Ela ficou encantada; Monk superou suas expectativas. Em sua opinião, a plateia estava impressionada. "Ele tocou duas músicas — só isso — e saiu do palco, e a plateia ficou muito absorta", disse ela, em entrevista gravada. "Na verdade, todo mundo gritava 'Monk, Monk', e ele não voltou, mas Gerry Mulligan estava esperando para tocar, então foi só isso."

A partir daquele momento, a vida de Nica mudou. O estopim foi quando ela ouviu a gravação "'Round Midnight" incendiar-se ao conhecer quem a compôs. Ela havia recebido seu chamado com uma música de Duke Ellington e agora havia encontrado sua missão com uma de Monk. Durante os 28 anos seguintes, ela dedicaria a vida a Thelonious Monk, deitando seu amor e seu tempo aos pés do músico como um manto de devoção.

Depois de seu primeiro encontro, Nica admitiu: "No começo, eu precisava de um intérprete para entender o que ele dizia. Ele não era fácil. Eu não entendia o inglês de Thelonious. Nós nos demos bem logo de cara e saímos juntos durante todo o tempo em que ele esteve em Paris. Foi muito divertido". Ninguém sabe que tipo de festa Monk e Nica apreciavam; talvez tenham consumado seu relacionamento, talvez não. Para ela, Monk era "o homem mais bonito que eu havia visto na vida. Era um homem grande, mas sua presença era ainda maior. Toda vez que ele entrava, dominava o lugar. Na verdade, podia estar sentado numa cadeira ou deitado numa cama, falando ou em silêncio, e ainda assim dominava o lugar onde estava".

Toot, o filho de Thelonious, estava convencido de que Nica estava apaixonada, dizendo-me: "Eu sei que a sua tia se apaixonou pelo meu pai, não tenho a menor dúvida disso. Basicamente, ele supriu a necessidade dela de vir para os Estados Unidos. Ela não sabia nada sobre ele, mas ficou profundamente comovida com sua música e sua personalidade". Será que foi simples assim? Toot sorriu e acrescentou: "Ele era um cara bonito, ela também".

Stanley Crouch achava que a atração era musical. "Há certa aristocracia na música de Monk, e os Estados Unidos estão a quase 5 mil quilômetros de distância [de Paris], então na verdade é possível que alguém que veio de um mundo quase tão diferente quanto o de Monk ficasse fascinada por sua música. Há sempre um tipo de magia humana capaz de transcender o que sabemos sobre a sociedade, os relacionamentos, essas coisas todas. E eles tinham isso um com o outro."

Uma semana depois do encontro, Monk voltou para Nova York com uma mala pesando quarenta quilos com inúmeras boinas francesas e uma garrafa de conhaque em cada bolso. Voltou para casa, a família e sua vida normal, enquanto Nica viajou para Londres. Determinada a apresentar Monk para uma plateia maior, contratou a Royal Albert Hall, a casa de shows principal da capital e, à época, a maior de todas. Com capacidade para mais de 5 mil pessoas, ela havia sido construída pela príncipe Albert especificamente para a disseminação da cultura para o público. Depois de conseguir reservar a casa inteira por seis domingos seguidos, Nica planejava que Monk e o grupo de sua escolha viessem de avião, de Nova York para Londres. "O nome dos shows ia ser Jazz Promenade [Alameda do Jazz]", explicou Nica, quase vinte anos depois. "O plano era que as pessoas pudessem caminhar, deitar, sentar, o que quisessem."

158 Uma preta e uma branca

Infelizmente, o entusiasmo de Nica foi precipitado. Monk podia não precisar de um *cabaret card* para tocar em Londres, mas ele e os colegas ainda precisavam ter uma licença. Nica implorou às autoridades da imigração para ignorarem as restrições de praxe, ligando para todas as pessoas que conhecia em altos cargos do governo, mas não fizeram uma exceção. Sem os documentos corretos, Monk não podia trabalhar na Grã-Bretanha. As autoridades estavam preparadas para considerar seu caso, mas no momento certo, de acordo com o regulamento. "Precisei pagar por todos os serviços e foi tudo em vão! Thelonious ficou muito decepcionado também", disse Nica, impassível.

Nica deixou Londres e voltou para Nova York: ela jamais voltaria a viver na Inglaterra. Não se sabe se Monk fez menção à nova amiga para sua esposa. Mas logo depois os residentes do bairro San Juan ficaram impressionados ao olhar pela janela e ver um enorme Rolls-Royce andando pela rua, conduzido por uma mulher branca usando casaco de pele. Toot, que na época tinha cinco anos de idade, nunca se esqueceu daquele dia.

> Não era um bairro sofisticado; então, quando ela vinha descendo pelo quarteirão, ela era sem dúvida uma visão de outro mundo — o bairro inteiro sabia que ela havia chegado. Ela agia como se o carro fosse normal. Mas aquilo não era normal nos Estados Unidos. O carro de todo mundo tinha um monte de peças plásticas. Aquele carro era cheio de madeira e couro, dava para sentir o cheiro. Ela usava um casaco maluco de pele de leopardo. Acho que devia ser pele de jaguatirica, porque ela não ia usar de leopardo, precisava ser algo especial, algo sofisticado.

E o que Nellie Monk pensava daquela verdadeira visão dentro de um Rolls-Royce? Ela se sentiu ameaçada, ou pelo menos achou graça? Ao ser indagada, Nellie disse: "Ela era uma boa amiga para a gente. A gente precisava de amigos". Toot Monk ampliou a explicação da mãe: "Em algum momento, Nellie e Nica se entenderam. Não sei se elas conversaram ou não sobre o assunto, mas as duas decidiram que iam tomar conta dele. As duas dividiam igualmente o fardo. Desde que eu tinha uns oito, nove anos, a minha família passou a ser eu, minha mãe, meu pai, minha irmã e Nica".

Lorraine Lion Gordon, que era gerente do Village Vanguard, recorda-se: "A Nellie ficava à sua esquerda e à direita ficava sentada a baronesa Pannonica de Koenigswarter, com sua cigarreira, soprando fumaça no rosto dele. Era um verdadeiro ménage à trois. Eu sempre ficava maravilhada com aquilo".

Hampton Hawes, músico e amigo íntimo de Monk, descreve como era sair de carro com Monk, Nica e Nellie no Bentley pela 7th Avenue: "Monk se sentia uma maravilha, virava para mim e dizia: 'Olha só para mim, cara, eu tenho uma preta e uma branca", e aí o Miles chegava com sua Mercedes do lado e gritava naquela vozinha baixinha e rouca, depois de uma operação na garganta: "Quer apostar corrida?". Nica fazia que sim e dizia, em seu sotaque britânico todo formal: "Dessa vez eu vou ganhar do filho da puta".

Nica colocou um piano em sua suíte e Monk passava vários dias ali, praticando e refinando suas melodias. Ela adorava observá-lo compor: "A concentração dele era incrível. O que era estranho era que as melodias pareciam surgir do nada, mas ele passava hora após hora nas pontes, às vezes dias a fio. O Thelonious lá dentro, o verdadeiro Thelonious, de onde aquela música incrível vinha, estava num plano totalmente diferente do restante de nós".

Enquanto Monk compunha, Nica pintava e fazia colagens, em sua maioria abstratas, usando canetas ou tinta misturada com o que tivesse à mão. Monk disse a ela para entrar numa competição: o concurso de arte anual que acontecia na ACA Gallery, em Nova York. "Eu só entrei... porque o Thelonious me instigou. E levaram minhas obras muito a sério. Quando me perguntaram como eu havia obtido aquelas cores tão únicas, eu disse que era uma fórmula secreta, mas a verdade é que eu uso uns ingredientes meio estranhos, como uísque, perfume e leite. Tudo o que for líquido e eu tiver à mão", disse ela. Suas telas venderam rápido, mas, de acordo com seu filho Patrick, ela passou os anos seguintes tentando comprar de volta suas obras.

Assim que a noite caía, Nica e Monk entravam no Rolls-Royce e iam para a cidade, muitas vezes entrando em vários clubes numa única noite. Monk era sua companhia e seu professor, apresentando Nica a seus amigos, ajudando-a a entender a música. Eram um casal estranho: Thelonious e Pannonica, o Sacerdote e a Baronesa. O músico bonitão e a gatinha.

A cena do jazz era íntima, com a maioria dos clubes na 52nd Street. Em qualquer noite da semana, era possível ver Sarah Vaughan, Charlie Parker, Billie Holiday, Art Tatum, Monk, Dizzy e Duke tocando a poucos metros uns dos outros. O trombonista Curtis Fuller recorda-se de olhar do palco para Nica:

> Havia muitas limusines e grandes estrelas — Ava Gardner, Frank Sinatra e outros. Eles mandavam bilhetes, tentavam chamar as pessoas para suas mesas. Mas quando a Baronesa vinha e sentava na mesa dela, o mundo parava. Ela estava bem acima deles. Quando Nica entrava num lugar, é como se alguém tocasse um grande gongo, bum, e todo mundo ficava falando que a Baronesa estava ali. Toquem direito porque a Baronesa está ali na frente. Ela sentava com aquela cigarreira compridíssima e seu casaco de pele com tamanha elegância que a gente via que em algum momento da vida ela deve ter sido bonita feito uma estrela de cinema.

Tarde da noite, depois que os shows terminavam, Nica convidava os músicos a irem com ela para o Stanhope, para jantar. "A gente ia para lá quando os clubes fechavam", recorda-se um músico. "Pedíamos tudo o que queríamos: era sempre filé e champanhe, o tempo todo." Para Nica, o clube era só o aperitivo; o prato principal acontecia depois. De acordo com Curtis Fuller, Nica era um "espírito livre" que ficava nua na banheira, fumando e ouvindo a música. Monk podia estar proibido de tocar nos clubes, mas no lar de Nica, ele era o centro de um supergrupo de talentos que sempre mudava. "Todos os caras apareciam", lembrava-se Nica, citando uma lista de lendas como Sonny Rollins, Oscar Pettiford, Art Blakey, Bud Powell e Charlie Parker.

O músico Hampton Hawes lembra-se de um dia aparecer no quarto de Nica e perceber que sua suíte tinha "muitas pinturas perto de cortinas curiosas, um lustre que parecia de um palácio de filme e um piano de cauda Steinway num canto. Pensei: é num lugar desses que você mora se é dono do Memorial do presidente Grant ou do Chase Manhattan Bank". Hawes ouviu um som horrível saindo do quarto. Esticando o pescoço para espiar pela porta, teve uma visão extraordinária: "um corpo envolto por uma colcha dourada, só com as botas sujas de lama saindo para fora de um casaco de visom de 10 mil dólares". Foi só quando Nica, com o dedo nos lábios, implorou que ele fizesse silêncio, que ele percebeu que era Thelonious, tirando sua soneca da tarde.

Monk estava acostumado a ter a atenção das mulheres. O fato de Nica ser rica e branca tinha suas vantagens, mas o que mais importava para Monk era que ela adorava sua música. Como disse seu filho Toot: "Nica ficou ao seu lado quando os críticos não entenderam nada e metade dos músicos não entendeu nada, mas ela entendia, e isso era muito importante para ela e para ele. Ele a adorava por causa disso". Monk, comentando sobre a nova amiga, disse: "Ela não gosta de julgar, ela está sempre ao seu lado, e ela tem dinheiro, que às vezes é necessário. Nisso ela pode ajudar, mas não é o mais importante. Ela tem um lugar legal onde posso ficar. Ela pode me levar de carro para os lugares naquele Bentley dela, que eu gosto de dirigir, e ela é uma garota divertida, legal". Depois, ele acrescentou: "Ela é uma Rothschild, o que me deixa todo orgulhoso".

Nica expressou sua admiração por Monk em termos igualmente simples. Ela disse a Bruce Ricker:

> Ele não era único só como músico: também era um homem único. Uma estranha palavra me vem à mente quando penso nele. Pureza. É uma palavra que parece se encaixar nele feito uma luva. Ele era honesto o tempo todo. Odiava mentirosos e nunca mentia para si mesmo. Se com a resposta para uma pergunta ele pudesse ferir os sentimentos da outra pessoa, ele ficava em silêncio, e essa capacidade para o silêncio era tanta que muita gente achava que ele nunca falava. Mas quando ele estava no clima, falava sem parar, dias a fio. Tinha uma mente sagaz e se interessava por tudo, desde o voo de uma borboleta à política e à matemática avançada. Era um homem muito divertido. Conseguia te fazer chorar de rir.

Sob vários aspectos, Nica seguia a tradição das mulheres Rothschild, que desempenhavam um papel coadjuvante para homens poderosos. Como suas antepassadas, ela podia fazer grande diferença na vida de Monk e ter direito a banhar-se na glória de seu sucesso. "Thelonious era um artista, e era preciso dedicação, sacrifício e às vezes certa genialidade para fazê-lo ficar de pé", explicou Harry Colomby. "Toda luta tem combate nos

162 Uma preta e uma branca

cantos do ringue, e nós éramos as pessoas dos cantos. Eu era o empresário oficial, Nellie era a esposa e Nica era a amiga."

O trombonista Curtis Fuller, que passou um bom tempo na companhia de Nica na década de 1950 e 1960, disse-me: "Não havia nenhum sinal de afeição além de, sei lá, um beijo no rosto". Quando outro músico perguntou a Monk se ele estava dormindo com a Baronesa, ele respondeu, incrédulo: "Cara, por que eu faria isso com a minha melhor amiga?". O saxofonista Sonny Rollins me disse que, embora Nica e Monk raramente fossem vistos separados, também quase não ficavam sozinhos. "A gente costumava sair; Monk e Nica vinham para minha casa e a gente ia para algum lugar juntos, e ficava dirigindo tarde da noite, até amanhecer."

No documentário filmado por Michael e Christian Blackwood, os papéis das duas mulheres de Monk foram capturados em celuloide. Nellie, magrinha e pequena feito um passarinho, fica inquieta, fazendo coisas ao redor de Monk, enquanto ele, embora não pareça totalmente desligado, sem dúvida não está inteiramente no presente. Em uma cena, ele está deitado na cama, usando chapéu, enquanto Nellie fica pairando por ali, ajeitando suas roupas. Um garçom entra e pergunta o que ele quer comer, e Monk, deitado nu, de chapéu, mal reage. Quando Monk finalmente levanta, ele se movimenta lentamente pelo quarto, enquanto a esposa tenta ajudá-lo a colocar o paletó. Nellie é tão pequena que precisa saltar para colocar o paletó direito. Monk não tenta facilitar para ajudá-la. Em outra cena, Nellie está tentando organizar as passagens no aeroporto enquanto Monk fica fazendo gracejos atrás dela, debruçado sobre seu ombro, fazendo caretas para a multidão. Mais tarde, ele fica no meio do corredor, gira em círculos. Nellie aguenta suas brincadeiras, mas sua irritação é palpável. Talvez o momento mais revelador é quando Monk está dançando numa sala e sem nenhum motivo aparente derruba de repente um cinzeiro que estava numa mesinha lateral. Quase que imediatamente o rosto ansioso de Nellie aparece na porta e olha em volta. O que foi?, a expressão em seu rosto parece dizer. O que foi dessa vez?

As filmagens de Nica com Monk revelam um relacionamento mais tranquilo. Ela tinha a vantagem de não ser nem sua esposa nem sua funcionária. Há cenas com os dois batendo papo no porão de um clube, conversando sobre história, sobre o que ele havia tocado naquela noite. O tempo todo Nica olha para ele com enorme ternura, nunca tirando os olhos dele. "Ele era original em seu estilo de vida", Nica dizia sobre os hábitos de Monk. "Ele às vezes ficava dias sem dormir, e era bem difícil tentar acompanhar esse jeito, e fazia as coisas do jeito que gostava de fazer. Às vezes, começava a falar ao contrário, ou parava sem motivo e rodopiava na rua." Nica, no entanto, respeitava o casamento dos Monk e dizia que ele e Nellie "se adoravam".

Nellie ficou aliviada porque Monk agora tinha um lugar para onde ir. Durante três anos, a família ficou enfurnada naquele pequeno apartamento. Monk também havia começado a exibir traços de comportamento cada vez mais preocupantes: como descrevia Nica, ficava dias sem dormir e depois adormecia de repente, ou então se fixava numa ideia. Um coquetel de várias drogas exacerbava esses altos e baixos, algumas delas prescritas por médicos, outras ilegais. Nellie — quase sempre doente, cansada, preocupada com a falta de dinheiro e com os filhos — ficou aliviada ao saber que o marido havia encontrado uma nova amiga que estava disposta a levá-lo para os lugares e encorajá-lo a trabalhar. Nica recordou-se de várias ocasiões em que Nellie ligou para ela, pedindo ajuda: "Venha para cá agora, o Thelonious está bebendo demais, eu chamei a polícia". Quando Nica chegava à 63rd Street, Thelonious já estava calmo. Mas, assim que ela chegava em casa, Nellie ligava de novo: "Thelonious está quebrando uma árvore perto das Lincoln Towers. Está de pijama".

Longe de ficar chateada ou irritada ao recontar essas histórias, Nica, na entrevista gravada, ria com as memórias. "Já estive em mais hospícios do que você imagina. [Risos] Quando você chega lá, ele sempre era o centro da calmaria. E aí ele dizia: "Eu sou doido, mas, toda vez que eles me dão alta, têm que me deixar ir embora, então não posso ser doido, posso?". Nica acreditava que os médicos faziam mais mal do que bem. "Sabe o que eles estavam fazendo? Enchendo-o de drogas até ele ficar chapado, e você pode imaginar o quanto isso ajudou." Naquela época, ninguém imaginava que houvesse algo de muito errado com Monk: era só um excêntrico que abusava de substâncias recreativas.

De vez em quando, quando Monk arranjava trabalho tocando fora da cidade, Nica e Nellie o acompanhavam, às vezes até fazendo graça de algum comportamento mais bizarro dele.

Certa vez, num voo para San Francisco, ele ficou andando de uma extremidade à outra do avião, durante toda a viagem. E quando começaram a exibir um filme, ele projetava uma sombra enorme sobre a tela, então precisava se abaixar para passar. Nellie e eu tentávamos fingir que não o conhecíamos! Mas aí, uma hora antes de chegarmos, ele veio até a gente e disse: 'Vamos, vamos sair daqui.'"

E Nellie, horrorizada, disse: "Mas Thelonious, nós nem aterrissamos ainda!"

"Certo, vou ficar quieto!", respondeu Thelonious e continuou a caminhar.

O promotor de shows George Wein, que saiu em turnê com os Monk e Nica, e conhecia bem os três, não tem nenhuma dúvida sobre como o relacionamento funcionava e onde estavam as prioridades de Monk.

Thelonious amava Nellie. Um dia, estávamos sentados numa sala de chá, saindo de Londres e a caminho de Bristol. Eram umas três da tarde. O sol estava entrando pela janela e bateu no rosto de Nellie. Thelonious virou, olhou para ela e disse: "Você parece um anjo". Foi uma das coisas mais bonitas que já vi na vida. Nellie não era uma mulher bonita, mas fazia de tudo por ele. Ela suportava absolutamente tudo, e ele reconhecia isso.

E como, perguntei a Wein, Nica encaixava-se nesse ménage?

Thelonious apreciava coisas de qualidade. Ele gostava do Rolls-Royce. Tinha os melhores ternos que podia comprar. Ele sabia ter presença. Afinal, aquela mulher era uma Rothschild. Uma baronesa, e isso era uma honra para Thelonious, principalmente porque ela o adorava e respeitava Nellie. Nellie adorava a Baronesa; Nellie deixava que a Baronesa fizesse o que quisesse com Thelonious e eles ficavam maravilhados com o status dela. Ligavam muito para isso de status.

O empresário de Monk, Harry Colomby, acreditava que a vida de Nica foi fortemente enriquecida por essa nova amizade. "Thelonious validava sua existência. Thelonious realmente respeitava quem ela era, o que ela havia feito, suas origens, seu entendimento da arte. Quando Thelonious dizia 'Ela entende das coisas', os músicos a abordavam de maneira diferente. Não a tratavam como uma mera *groupie*, sabe? Acho que a associação com o jazz era um alimento emocional para ela."

Sem conseguir organizar os shows na Royal Albert Hall, Nica concentrou os esforços em tentar reaver o *cabaret card* que permitia que Monk voltasse a frequentar os clubes nova-iorquinos. Introduzido por LaGuardia, prefeito de Nova York, o cartão foi obrigatório desde a Proibição até 1967 como uma maneira de punir os usuários de drogas. "Era um embuste total, usado pela polícia como um jeito de ganhar propina", disse o baterista Chico Hamilton. Perder o cartão foi um desastre para muitas carreiras. Billie Holiday, como Monk, não teve acesso ao cartão durante grande parte da carreira, então para ela havia poucas oportunidades de ganhar dinheiro ou fãs. Às vezes, com a ajuda de um bom advogado e uma propina decente, era possível reaver o *cabaret card* mais cedo do que o estipulado pela proibição. Nica tentou em 1954, 1955 e 1956, mas mesmo assim não conseguiu.

"Não saí querendo ser uma ativista da liberdade", ela me disse, "mas, quando cheguei lá [Nova York], vi que podia ajudar." Sua visita ao diminuto apartamento de Monk fora uma revelação: Nellie Monk não tinha como ser boa anfitriã para Nica, já que mal conseguia pôr comida na mesa para a própria família. Nica podia não ter sido treinada como advogada ou administradora, podia não ter vocação para o casamento ou a maternidade, mas finalmente havia encontrado seu propósito e um lugar onde podia ser útil.

18

Bird

Durante alguns meses, do fim de 1954 até o começo de 1955, os elementos díspares da vida de Nica uniram-se em relativa harmonia: Jules fora nomeado plenipotenciário da França nos Estados Unidos e mudou-se do México para Nova York com os filhos. Embora Berit, Shaun e Kari morassem com o pai, toda a família estava pelo menos na mesma cidade.

Contanto que Nica fosse discreta, o Stanhope Hotel tolerava seu estilo de vida. Mas Nica, de acordo com o lendário produtor Orrin Keepnews, "era uma mulher bastante exuberante que não dava a mínima para o que os outros pensavam. Ela fazia o que queria e obviamente tinha total consciência do poder e da influência que sua posição financeira lhe dava, e se comportava de acordo".

O Stanhope era um hotel segregacionista: pessoas negras podiam entrar como empregadas, mas não como hóspedes. Nica não tinha a menor intenção de levar seus amigos até sua suíte pelo elevador de serviço. Insistiu que os músicos deveriam acompanhá-la abertamente e que poderiam pedir tudo o que quisessem do bar ou do serviço de quarto. "O hotel tentou me tirar de lá, dobrando e triplicando o aluguel do apartamento, e depois me passando para apartamentos menores", disse Nica. Ela se recusou a ir.

Outro problema para a gerência do hotel era que muitos desses músicos também eram viciados em drogas. O uso de narcóticos havia se tornado endêmico no estilo de vida do jazz. Alguns historiadores culpam os donos das fazendas de algodão, que distribuíam cocaína de graça para os escravos para que comessem menos e trabalhassem mais. Outros mencionam o envolvimento da máfia no tráfico de drogas. Desde o fim da década de 1940, a máfia começou a fornecer substâncias ilegais para as comunidades negras. "Se você cresceu no Harlem na década de 1950 e saía da escola secundária às três da tarde, não conseguia andar nem dois quarteirões sem que alguém te oferecesse drogas", contou-me o historiador do jazz, Gary Giddins. Em entrevistas com músicos, de Monk até gerações mais velhas, o lamento era sempre o mesmo: na época, ninguém sabia que aquilo matava.

O usuário de drogas mais notório era Charlie "Bird" Parker. Ele e Nica eram mais conhecidos do que amigos próximos, mas, devido a uma série de infelizes coincidências, sua morte ficaria intimamente ligada à vida de Nica.

Parker nasceu em 1920 e foi criado em Kansas City, no Missouri. Seu pai ausente fora um pianista e dançarino promissor até que o alcoolismo pôs fim à sua carreira. O pai de Parker acabou trabalhando como garçom na linha de trem enquanto sua mãe trabalhava no período noturno do escritório da Western Union. O jovem Charlie aprendeu a tocar saxofone num instrumento alugado da escola, mas foi expulso da banda escolar devido à sua evidente falta de talento. Incentivado por essa rejeição, Parker passou três ou quatro anos praticando quinze horas por dia para que nunca mais fosse expulso de uma banda. Bonito, carismático, enigmático e extremamente talentoso, Parker inspirou toda uma geração de músicos de jazz. O saxofonista britânico John Dankworth explicou seu gênio: "O que Charlie Parker fez foi pegar músicas populares, analisar cada acorde e criar um novo conjunto de acordes a partir deles. Era quase matemático, mas ele tocava o coração e a mente ao mesmo tempo".

Aos dezoito anos, Parker ficou gravemente ferido em um acidente de carro e tomou morfina para aliviar a dor. A partir de então, sua vida ficou marcada pelo vício que arruinou sua saúde, seus relacionamentos e sua música. Tragicamente, muitos músicos jovens imaginavam que o consumo de heroína de Parker era o segredo de seu grande talento. Sonny Rollins admitiu: "Charlie Parker foi nosso ídolo e uma das razões por que começamos a usar drogas do jeito que usávamos".

168 Bird

Quincy Jones era adolescente quando conheceu seu herói Charlie Parker. "Bird disse 'vamos comprar maconha'. Eu disse 'claro, maravilha'. Tudo para ficar com o Bird. Tudo *mesmo*. Ele era o cara", disse-me Jones, balançando a cabeça, admirado com a própria inocência. "A gente foi até o Harlem de táxi e ele me perguntou quanto dinheiro eu tinha. Entreguei tudo a ele. Ele disse: 'Me espera aqui nesta esquina, já volto'. E lá estou eu, esperando na chuva meia hora, 45 minutos, duas horas, até eu perceber o que havia acontecido. Foi uma coisa dolorosa de acontecer naquela idade com o seu ídolo. Precisei andar desde a 138th Street até a 44th Street." Há várias histórias parecidas — Nica sabia que Parker era um gênio, mas também sabia que podia tirar dinheiro dos outros com seu charme, tirar sorrateiramente anéis dos dedos e relógios dos pulsos.

Ao contrário de muitos de seus amigos e colegas, Nica, sempre compassiva, viu a solidão e o desespero que tomavam conta de Charlie Parker. Muitos anos depois, ela escreveu um texto para o livro de Ross Russell, *Bird Lives!*, uma coleção de ensaios e memórias escritas por amigos e colegas de Parker. "Apesar de toda a adulação dos fãs e músicos, Bird era solitário", ela escreveu. "Eu o vi parado em frente ao Birdland, debaixo da chuva intensa, fiquei horrorizada e perguntei: por quê? E ele disse que não tinha para onde ir. Quando isso acontecia, ele ficava andando de metrô a noite inteira. Pegava um trem até o fim da linha e, quando o mandavam sair, ele entrava em outro e voltava."

Quando Parker bateu à sua porta, na noite do dia 12 de março de 1955, Nica deixou-o entrar. Foi uma decisão que daria origem a uma centena de teorias conspiratórias e transformaria Nica numa figura de escrutínio do público. Naquela noite, Parker deveria ir para Boston tocar em um show, mas seu estado era chocante. Ele recentemente havia tentado se matar ao beber iodo, depois da morte de sua filha Pree e de ser abandonado por sua mulher, Chan.

O amigo de Nica, Ira Gitler, já o tinha visto mais cedo naquela mesma noite, no Birdland. "Cheguei lá muito cedo e vi que ele estava tomando umas pílulas brancas pequenas, que imaginei ser codeína. Ele estava usando chinelos porque estava com os pés inchados." Parker parou no Stanhope em seu caminho para a estação, sabendo que Nica lhe daria comida, bebida e talvez dinheiro. Excepcionalmente, naquela noite Nica estava em seu quarto no Stanhope, na companhia de sua filha Janka.*

Alguns acreditam que Parker finalmente havia parado com o vício. Contudo, o baterista Freddie Gruber, seu amigo, que consegui localizar num subúrbio de Los Angeles, refuta de modo veemente essa afirmação. "Três ou quatro dias antes da morte do Bird, eu o encontrei na Sheridan Square. Eu estava lá perto daquela loja de charutos, esperando um 'amigo' de George Wallington que nós dois conhecíamos. Eu estava ali pelo mesmo motivo que ele aparentemente estava." Desejando saber com total clareza o que Gruber queria dizer com aquilo, perguntei se isso era um eufemismo para encontrar um fornecedor de drogas e se os dois conseguiram heroína. Gruber confirmou.

No filme *Bird*, de Clint Eastwood, baseado na versão de Nica, Parker aparece na porta da suíte de Nica, dócil e encharcado de chuva. Ele deita em seu sofá, fica assistindo televisão e é bastante gentil e cooperativo com o médico que o visitava. O bom senso sugere que na realidade foi bem diferente. Se Parker era um usuário viciado, ele teria, nas três horas seguintes, passado pelos desagradáveis ciclos da abstinência, inclusive suores e calafrios. Com cirrose avançada no fígado e úlceras no estômago, Parker também devia estar sentindo bastante dor.

Nica estava numa situação difícil. O hotel já queria expulsá-la. Ela estava no meio da negociação dos termos de sua separação de Jules e do acesso aos filhos. A família tolerava seu estilo de vida, mas insistia para que ela fosse discreta. Um jornalista investigativo particularmente intrometido, Walter Winchell, começou a colocar "A Baronesa" em suas colunas; ficava de prontidão, esperando um escândalo acontecer. Nica sabia dos perigos de abrigar um músico doente e viciado em drogas. Tentando manter a presença de Parker em segredo, Nica decidiu não usar a equipe médica do hotel e combinou que o médico que a atendia, dr. Freymann, examinaria seu amigo. O médico deduziu que Parker devia ter uns sessenta anos de idade (ele, na verdade, estava com 34) e perguntou se ele gostava de beber. "Um licor de vez em quando, antes do jantar", respondeu Parker, provando que, mes-

---

* Janka nunca fez uma declaração pública sobre aquela noite e foi eliminada da história. Ela, por exemplo, não aparece em *Straight, No Chaser*. (N. A.)

170 Bird

mo que sua saúde o houvesse abandonado, ele ainda tinha senso de humor. Não se sabe que tratamento ou que drogas o médico prescreveu.

Naquela noite de sábado, Nica e Janka colocaram Parker sentado em frente à televisão. Mãe e filha davam-lhe bastante água para tentar saciar a sede dele. *The Dorsey Brothers Stage Show* apareceu na tela e, durante o show de malabarismo, Parker começou a rir, engasgou e morreu de repente. "Era uma da manhã quando a ambulância apareceu para levar o corpo. Dá para imaginar todo tipo de coisa quando estamos a sós com a morte; é um acontecimento dramático o suficiente já sem o auxílio de efeitos especiais", disse Nica depois. "Mesmo assim, acho que ouvi uma trovoada quando Bird faleceu. Eu me convenci de que tinha ouvido errado até que conversei sobre isso com minha filha, e ela ouviu também." Essa trovoada entrou para a história do jazz.

Nica virou celebridade da noite para o dia, e seu nome ficou ligado para sempre à morte de um brilhante saxofonista problemático que não era nem mesmo um amigo próximo. Refletindo sobre o evento, o filho de Thelonious Monk disse: "Charlie Parker teve sorte por Nica ser bondosa a ponto de abrir a porta para que ele tivesse um lugar para morrer. Senão ele teria morrido na rua porque não havia ninguém mais disposto a abrir a porta para Charlie Parker".

A morte de Charlie Parker só foi noticiada 48 horas depois. Nica disse que resolveu manter segredo até tentar achar e avisar a esposa ausente de Parker, Chan. Outros dizem que esses dois dias foram necessários por motivos mais obscuros e sinistros. Será que ela estava escondendo provas? Tirando drogas do apartamento? Dando a outros tempo de arranjar um álibi? Os céticos perguntam, por exemplo, por que o legista foi, estranhamente, até o quarto de hotel; por que o corpo foi despachado para o necrotério onde ficou, sem identificação, sobre a laje; por que disseram que Parker tinha 53 anos. "Foi o que o Charlie me disse", explicou Nica. "Não havia nenhuma indicação de que ele estivesse brincando... Ele parecia bem sério."

Outra teoria dizia que a demora era para proteger seu "amante", Art Blakey, que havia brigado com Parker por causa de Nica e havia atirado ou socado seu rival na barriga. Até mesmo hoje em dia, os moinhos dos boatos continuam a girar. Recentemente, recebi um e-mail de um distinto professor acadêmico norte-americano cuja amiga dizia estar presente logo após a morte de Bird e, de acordo com ela, Nica atirou em Parker. Por que, perguntei, essa testemunha-chave levou tanto tempo para contar isso, e qual seria o motivo de Nica? A resposta para a primeira parte da pergunta nunca recebi. A resposta para a segunda foi que "Nica não gostava de viciados". Mais de meio século depois do incidente, a morte de Charlie Parker e o envolvimento da Baronesa ainda geram teorias absurdas.

Ira Gitler viu Nica e Art Blakey num clube na noite depois da morte de Parker, mas antes que isso virasse notícia. "A Baronesa e Art Blakey entraram e lembro vividamente que ela tinha uma espécie de bolsinha de couro com uma alça por cima do ombro e que dentro havia duas garrafas de plástico. Acho que dentro de uma tinha gim e na outra, uísque." Nica e Blakey não ficaram muito tempo. Na manhã seguinte, Gitler acordou e viu as manchetes, "Charlie Parker morre no apartamento da Baronesa no Hotel Stanhope". "Pensei: uau, ela se comportou com bastante calma para alguém que havia acabado de passar por aquilo."

Um repórter que regularmente percorria os necrotérios da cidade deu a notícia da morte de Parker. Assim que o corpo foi corretamente identificado e as peças do quebra-cabeça foram montadas, os tabloides fizeram a festa. "Bird no Boudoir da Baronesa", exclamava uma manchete, ou "Rei do Bop morre em Apartamento de Herdeira". A manchete do *New York Times* dizia: "Criador do Bebop e Saxofonista Famoso Tem Ataque na Suíte da Baronesa". A maioria dos relatos pintava Nica como uma mulher sedutora e malévola: "Cego e enfeitiçado por essa Circe da alta sociedade, voluptuosa, maliciosa, de cabelos pretos e olhos escuros, o Yardbird virou um mero passarinho".

Walter Winchell finalmente tinha Nica em sua mira: "Semanas atrás, escrevemos aqui na coluna sobre aquela baronesa ainda casada e seu antiquado Rolls-Royce — estacionado em frente a lugares onde se apresentam estrelas negras. Um músico famoso do jazz, que era casado, morreu em seu quarto de hotel". A partir daí, Nica tornou-se a obsessão de Winchell. Harry Colomby, empresário de Monk, me disse: "Walter Winchell na verdade a perseguia. Ele a perseguia dizendo em sua coluna que ela era traficante de drogas. Nossa, a fez parecer uma vagabunda. E ele era o cara que fazia a fama ou destruía a vida de uma pessoa".

172   Bird

Toot Monk explicou: "Sua vida se tornou um total inferno. Os policiais negros a paravam, dizendo: 'essa é a moça branca que matou Charlie Parker'. Os policiais brancos a acusavam de ser a mulher que andava com homens negros. Sob qualquer ângulo, ela era condenada. Nova York era uma comunidade muito pequena cinquenta anos atrás. Não havia muita chance de a Baronesa ir e vir num Rolls-Royce sem ser notada e sem que as pessoas soubessem quem ela era. Nica pagou um preço muito alto por sua gentileza".

Um dos personagens mais intrigantes no incidente com Parker era o obscuro dr. Robert Freymann. Talvez a melhor descrição em primeira mão tenha vindo de outra tia-avó, dessa vez do meu lado materno: a pintora Ann Dunn. Ela passou um bom tempo em Nova York na década de 1950 e muitas vezes visitava o consultório cirúrgico do dr. Freymann, no Upper East Side.

"Todas as senhoras sofisticadas de Park Avenue ficavam sentadas de um lado na sala de espera e os músicos do outro, todo mundo à espera daquela injeção. Chamávamos de 'injeções da felicidade'."

O que havia na injeção?

"Oficialmente, eram injeções de vitamina B, mas custavam uma fortuna e faziam você se sentir incrível, então use a imaginação!"

As injeções continham heroína?

"Heroína e outras drogas."

Ela via Nica e Monk na sala de espera do médico?

"Frequentemente."

Lorraine Lion Gordon também viu Nica e Monk entrando no consultório de Freymann.

Na correspondência de Nica com Mary Lou Williams, ela disse que havia contraído hepatite de uma das seringas contaminadas do dr. Freymann.

Depois que ele foi preso em 1958, a polícia perguntou a Monk por que havia marcas de agulha em suas veias. Nica explicou que eram resultado de um tratamento com vitaminas administrado pelo dr. Freymann.

O dr. Freymann acabou sendo preso por vender heroína para viciados.

Será que minha tia-avó Nica era viciada em drogas? Será que fornecia drogas aos amigos?

Ao chegar a Nova York, no início da década de 1950, Nica a princípio desconhecia as consequências do vício. A morte de Parker foi uma terrível advertência e, depois disso, ela tentou ajudar os amigos viciados. "Eu achava que poderia ajudar", disse ela mais tarde. "Mas ninguém pode. Eles precisavam enfrentar isso sozinhos."

Os meses depois da morte de Parker foram difíceis. "Os batalhões de Homicídio e de Narcóticos fizeram uma investigação completa sobre mim", disse Nica, do seu jeito tipicamente despreocupado. "Aquele foi um breve período bem conturbado."

Jules, horrorizado e furioso, deu início ao processo de divórcio, ganhando a custódia dos filhos. Victor Rothschild pegou um avião para Nova York para tentar persuadir o Stanhope a deixar sua irmã ficar, mas não conseguiu. "Depois que o Bird morreu lá, eles me expulsaram", disse ela. Para Thelonious, a morte de Parker era uma inconveniência que significava que as jam sessions haviam chegado abruptamente ao fim. Para Nica, no entanto, um momento de generosidade impulsiva significava que ela agora era perseguida, sem ter onde morar e sem marido.

19

Pannonica

Depois que Nica se mudou para o Bolivar Hotel, ela e Monk escolheram um magnífico piano Steinway para sua nova suíte. "Foi nele que ele compôs 'Brilliant Corners', 'Bolivar Blues' e 'Pannonica'. E ele ficava lá o dia inteiro", recordou-se Nica.

O álbum *Brilliant Corners* era uma homenagem musical de Monk à sua nova amiga e continha a música "Pannonica". Pouquíssimas mulheres tiveram a honra de receber uma música de Monk dedicada a elas: "Ruby My Dear" era dedicada a seu primeiro amor, Ruby Richardson; "Crepuscule with Nellie" era uma música de amor composta para a esposa; "Booboo" foi escrita para sua filha, Barbara.

Foi a primeira vez que Nica se envolveu na criação de um álbum, testemunhando cada estágio, desde a composição até a gravação final. Uma documentarista obsessiva, ela tirava fotos de Monk trabalhando e gravava as sessões de prática em seu gravador portátil. Uma de suas fotos mostra Monk, Sonny Rollins e Al Timothy* ensaiando "Brilliant Corners". Dá para sentir no ar a animação. Monk, com um cigarro pendurado na boca, está no meio, olhando concentrado para as teclas, com os amigos ao lado.

---

* Al Timothy, o suposto amante de Nica, veio de Londres para Nova York em busca de trabalho. Nica o ajudou, mas não há provas de que nessa época os dois fossem um casal. (N. A.)

Todos os três estão unidos em busca de uma música, por sua tentativa de capturar um sonho musical. O compositor David Amram também estava lá, mas não aparece. "Aquilo foi uma das coisas mais incríveis que já ouvi na vida. Eles avançavam e recuavam, paravam e recomeçavam, até finalmente chegarem ao fim da música. Claro que o Monk já sabia, mas ele estava ensinando o Sonny."

Monk insistiu para que os músicos aprendessem as notas de cor. A música era composta numa estrutura de trinta compassos, em vez de 32, mas, quando finalmente chegaram ao estúdio, Monk mais uma vez mudou o tempo e o ritmo. O produtor Orrin Keepnews disse que a gravação ter sido realizada foi um pequeno milagre. Sonny Rollins continuou no ritmo de Monk, mas Oscar Pettiford e Max Roach viviam ameaçando que iriam embora.

Nica desempenhou um papel vital ao financiar algumas das sessões de ensaio e até mesmo reunindo os músicos. "Foi Nica que me chamou", disse Sonny Rollins, "Nica que veio e me levou para lá". Na época, Nica tinha registro de empresária e era licenciada pela Federação Americana de Músicos. Entre seus clientes estavam Horace Silver, Hank Mobley, Sir Charles Thompson e os Jazz Messengers. "Para mim", disse Nica, "o empresário devia ser o garoto de recados dos músicos. Ele que devia fazer o trabalho sujo. Um músico nunca deveria ficar sentado esperando no escritório de um agente, tentando se vender."

Enquanto isso, a um oceano de distância, Miriam, a irmã de Nica, espiava pelo microscópio ou tomava notas sobre as atividades de pulgas e borboletas. As duas irmãs haviam encontrado uma obsessão que as deixava absortas e realizadas, um mundo no qual poderiam fazer diferença. Suspeito que Miriam acharia ridículo fazer um paralelo entre ela e Nica. Para Miriam, nada se aproximava do milagre da exploração científica, a emoção de entender e ver conexões no mundo natural. Ela lutou muito para conseguir o treinamento acadêmico exigido para ser uma pioneira na área. Também precisou superar preconceitos: algumas pessoas supunham que, como ela era uma Rothschild, não levava a sério o trabalho, que não precisava do dinheiro, então por que ela se dava ao trabalho? Outros supunham que ela não seria capaz de se dedicar à pesquisa e à maternidade. Somente o tempo, a dedicação e o trabalho árduo foram capazes de silenciar seus críticos.

Ao contrário da irmã, Nica abordava seu assunto predileto sem disciplina ou análise, mas com paixão e entusiasmo semelhantes. Para Nica, compreender a árvore genealógica do jazz — a miríade de relações e influências passadas de geração a geração de músicos, atravessando oceanos e raças — era tão fascinante quanto o ciclo de vida de uma pulga. As duas irmãs encaravam como a obra de suas vidas preservar e publicar suas descobertas. Ambas buscavam o mesmo resultado, mas em meios diferentes.

A estada de Nica no Bolivar foi curta, já que os outros hóspedes odiavam as jam sessions que varavam a noite. Nica não conseguia entender essa antipatia. "As pessoas reclamavam do barulho sem perceber que estavam ouvindo uma música fantástica que jamais ouviriam de novo em suas vidas, e eu fui expulsa de lá", disse ela, rindo na gravação ao se recordar.

Seu lar seguinte foi um pequeno hotel famoso pelo seu salão literário, a Mesa-Redonda, iniciada por Dorothy Parker e suas amigas. "Fui para o Algonquin porque lá eles supostamente tinham uma mente mais aberta e gostavam de receber gênios", recordou-se Nica. "Mas Thelonious acabou sendo gênio demais para eles." Na época, Nica conseguiu que Nellie fizesse um tratamento em uma clínica particular em Westchester. Os filhos de Monk, Toot e Barbara, ficaram com parentes, enquanto Monk circulava entre o apartamento da família e a suíte de Nica no Algonquin.

> Thelonious começou a andar pelos corredores de outros andares do hotel, usando uma camisa vermelha e óculos escuros, carregando uma bengala branca, e aí ele empurrava a porta [do quarto de alguém] e enfiava a cabeça lá dentro... e dizia: "Nellie?". Todas aquelas velhas senhoras que viviam no Algonquin há mais ou menos cinquenta anos ficaram assustadas... e aí começaram a pedir de volta os seus baús guardados no sótão. Dizendo que iam sair do hotel.

Nica ria ao descrever as aventuras do amigo.

Recebi uma ligação muito educada do gerente, dizendo: desculpe, Baronesa, mas o sr. Monk não é mais bem-vindo no Algonquin. Bom, na verdade, conseguimos nos esquivar da situação durante algum tempo; entrávamos de fininho quando o gerente do turno da noite não estava olhando e subíamos um lance de escadas para chamar o elevador. Mas numa noite o gerente estava no elevador e subiu [conosco], por isso tivemos que parar, então eu obviamente não ia ficar lá se Thelonious não podia ficar também.

Estava cada vez mais claro que Monk não poderia ser deixado sozinho. Traços comportamentais que antes eram justificados como "excentricidades" foram se tornando mais pronunciados. Quando sua mãe, Barbara, jazia arruinada pelo câncer no St. Clare's Hospital, Thelonious recusou-se durante muito tempo a ir visitá-la, argumentando que a visita mais o perturbaria do que a confortaria. Quando ela morreu, em 14 de dezembro de 1955, Monk mais uma vez ficou escondido num beco de drogados com alguns amigos viciados e perdeu toda a cerimônia do funeral. Só conseguiu chegar no fim do velório.

Seu equilíbrio ficou ainda mais abalado quando o apartamento da família pegou fogo. Embora ninguém tenha ficado ferido, as posses da família — incluindo roupas, livros, móveis e os manuscritos das músicas de Monk, além de seu piano de armário — foram todas destruídas. A perda de sua música foi-lhe tão traumática que Monk nunca mais foi a lugar nenhum sem levar suas partituras.

Para que ele se locomovesse mais facilmente, Nica comprou um Buick preto e branco para Monk. Com esse seu primeiro (e último) carro, ele passava horas dirigindo sem rumo pela cidade. Nica trocou de carro também, indo de um Rolls-Royce para um Bentley si Continental conversível que ficou conhecido como o "Bentley Bebop".

No início de 1956, Monk fez um show muito bem-recebido na Câmara Municipal, um dos poucos locais onde ele podia se apresentar sem seu *cabaret card*. Seu álbum *Brilliant Corners* foi lançado e bem-recebido pela crítica. Ele contratou um empresário com boa vontade, mas inexperiente, Harry Colomby, um professor sem nenhuma experiência no mundo da música, mas que era um defensor apaixonado de Monk, e também um homem honrado. Sem estar motivado pelas recompensas financeiras, Colomby sabiamente não pediu demissão de seu trabalho, e o que ele fazia por seu cliente excêntrico às vezes beirava o heroico.

Apesar dos esforços de Nica e Colomby, Monk não conseguiu recuperar sua licença, então ele passava os dias compondo. Finalmente, quando o apartamento da família foi reformado, os Monk puderam voltar a morar lá. Para celebrar, Nica alugou para o amigo um piano Steinway, um instrumento que devia tomar quase todo o espaço do pequeno apartamento.

Logo depois do Natal de 1956, Monk teve seu primeiro colapso nervoso sério. Dirigindo em Manhattan no seu Buick, ele derrapou no gelo e bateu em outro carro. Saiu do carro e ficou parado em silêncio no meio da estrada. O outro motorista chamou a polícia, que deixou um bilhete no carro: "Motorista maluco levado para Bellevue".

O Hospital Psiquiátrico Bellevue era cheio de seguranças e cercado por uma grade alta. Muitas vezes havia mais pacientes do que leitos, mas para eles era mais fácil entrar do que receber alta. Foi necessário o esforço conjunto de Nellie, Nica, dr. Freymann e Harry Colomby, além de declarações juramentadas de produtores de renome, para que Bellevue lhe desse alta.

Logo depois que Monk teve alta (sem diagnóstico), Nellie mais uma vez entrou em colapso. Dessa vez, ela precisou de uma operação para remover a tiroide. Monk lidou com sua ausência trabalhando incansavelmente numa música, "Crepuscule with Nellie", título sugerido por Nica.

Victor Rothschild, agoniado com os telefonemas da irmã e as pendências legais com os gerentes de hotel, instruiu seus agentes a encontrar uma casa para Nica. Em 1958, acharam a casa perfeita. Pertencia a Josef von Sternberg, diretor de Marlene Dietrich, que estava de mudança para a Califórnia.

A Kingswood Road é uma rua nos subúrbios de Weehawken, Nova Jersey, mas o número 63 tem uma das vistas urbanas mais lindas dos Estados Unidos. Empoleirada num morro, a casa dá para o rio Hudson e para o horizonte do West Side de Manhattan, e também para a ponte George Washington ao sul. É uma vista incrível a qualquer hora do dia. De manhã cedo, o sol surge atrás da Wall Street, a luz bate na fumaça das chaminés e cintila sobre as torres de água prateadas que coroam cada quarteirão do centro. No início do crepúsculo — a hora mágica, como dizem os pintores — os raios do sol que se põe iluminam as janelas num tom dourado e deixam o rio da cor de sangue. Depois que o sol se põe, a vista muda para um tom azul gélido e, quando a escuridão cai de repente, todo o céu adquire diferentes luminosidades. Os enormes prédios ficam com um leve brilho opalescente e as janelas dos escritórios piscam como estrelas. As luzes dos carros, como fios brancos e vermelhos, correm pela Westside Highway, enquanto os anúncios de neon competem uns com os outros para seduzir e capturar os clientes que passam.

Em comparação com as residências dos Rothschild que ela conhecera desde o nascimento, a nova casa de Nica era modesta: três aposentos quadrados empilhados um em cima do outro. Um deles, quase o maior, era a garagem; uma cozinha comprida e estreita saía diretamente da garagem e atrás dela havia uma grande sala de estar, com uma enorme vidraça com vista para Manhattan. No andar de cima havia outro aposento grande, o quarto de Nica, e na parte de trás uma sala menor. Quando seus filhos vinham visitá-la, o Bentley ficava estacionado na rua e a garagem transformava-se num quarto com beliches.

Lembro-me de Nica me levando de carro para sua casa, em 1986; poucos se esqueceriam. Nica gostava de manter contato visual com os passageiros o tempo todo, segurando o volante com uma das mãos e o cigarro na outra. Era obrigação dos outros motoristas abrir caminho, qualquer que fosse o lado da estrada em que Nica estivesse. Orrin Keepnews contou-me uma experiência semelhante: "Ela era da opinião de que era muito rude falar com uma pessoa sem olhar para ela, só que ela estava dirigindo o carro e eu estava no banco de trás. Então foi uma conversa em que eu fiquei morrendo de medo, e acho que nunca mais andei de carro com ela".

A memória mais forte que tenho da casa em si eram os gatos. Estavam praticamente em todo lugar; o cheiro era quase insuportável.

Sob certos aspectos, a casa de Nica era como uma versão animada do museu privado que seu tio Walter Rothschild havia criado em Tring. Seu parque infantil fora o lugar mágico e secreto em que Walter havia instalado sua coleção. Do chão ao teto, as paredes eram revestidas de caixas de vidro que continham animais empalhados de todo o mundo. Tigres, leões, leopardos, gorilas, ursos-polares, martas, baleias, elefantes, beija-flores, avestruzes, antílopes, pulgas, borboletas: todos estavam expostos. Todo o andar de cima de uma das alas era dedicado a todo tipo de cão domesticado, desde os terriers até os dinamarqueses.

A casa de Nica vivia cheia de gatos. Os que eu vi eram os descendentes de dois valiosos siameses com pedigree que cruzavam à vontade com qualquer gato de rua de Nova Jersey. Os animais deixaram uma grande impressão no filho de Thelonious, Toot. "A casa tornou-se este santuário para gatos e tinha um gato em cada armário. Tinha gato no porão. Tinha gato na garagem; tinha gato no telhado. Nós tínhamos um trato: se eu contasse todos os gatos, ela me daria cinquenta centavos. Lembro que contei uma vez e eram 306. Foi o máximo que já contei."

Nica tratava seus gatos como qualquer outra pessoa, sendo tolerante e amável com todos, mas tinha favoritos tanto em forma humana quanto felina. Só os gatos especiais, uns quarenta ao todo, podiam entrar em seu quarto, e ela construiu barreiras de vidro para deixar a ralé de fora.

"Ela sabia o nome de cada gato", disse-me o saxofonista de Monk, Paul Jeffrey. "Todos os gatos foram batizados com nomes de músicos e ela era muito atenciosa com eles. Um de seus favoritos era o Cootie, em homenagem a Cootie Williams, o músico de jazz. Mas o resto, bom, eles se multiplicavam e dominavam o lugar." Thelonious batizou a nova casa de Nica de "Catville". O biógrafo de Monk, Robin Kelley, disse-me que Monk não gostava de gatos. "Ele os odiava, odiava totalmente aqueles gatos. Mas adorava Nica."

Perguntei ao produtor Ira Gitler, visitante frequente de Weehawken, se o amor de Nica por gatos tinha alguma relação com o amor pelos músicos de jazz. Na gíria do jazz, um músico podia ser chamado de *cat* [gato]. Gitler riu, mas não levou minha pergunta muito a sério. "O termo *cats* no jazz vem das *cat houses* de Nova Orleans, onde os músicos tocavam no início. Foi assim que eles começaram a ser chamados de *cats*." Gitler lembrou que o único lugar onde os amigos felinos de Nica não podiam entrar era no Bentley. Nica tinha uma cerca em torno do carro na garagem para que os gatos não pudessem arranhar a pintura nem os assentos de couro.

O amor de Nica pelos gatos não se restringia à sua casa. Na noite em que levei meu pai e alguns amigos para conhecê-la, quando saímos do clube, ela abriu o porta-malas do Bentley, mostrando um carregamento de ração para gato. "Paro em alguns lugares no caminho para casa e dou comida para os gatos vira-latas", explicou.

Muitos colocam Nica numa grande linhagem de ingleses excêntricos que amam os animais e preferem sua companhia à dos humanos. Às vezes, fico pensando se o amor obsessivo de Nica pelos gatos não seria uma forma de impulso maternal deslocado. Embora ela não vivesse com os filhos mais novos, suas cartas são cheias de menções a eles e da alegria que sentia com suas visitas. Num Natal, ela escreveu que pintou a garagem de amarelo e branco e que mandou fazer beliches para as crianças dormirem. "Foi bem maluco", escreveu ela à amiga, Mary Lou Williams. Toot descreveu as maravilhas do enorme Natal em família em que a família de Monk se uniu à de Nica e eles ficavam ao redor da árvore, repleta de presentes.

Na primavera de 1957, Monk finalmente recuperou seu *cabaret card* e o direito de tocar nos clubes de Nova York que serviam álcool. Quase que imediatamente, ele conseguiu trabalho no Five Spot Café. Joyce Johnson, namorada de Kerouac, escreveu à época:

> O melhor lugar para ir era o Five Spot, que durante o verão se materializou feito um milagre, da noite para o dia, num bar na Second Street com a Bowery, área anteriormente ocupada por vagabundos. Os novos proprietários limparam um pouco o lugar, colocaram um piano e penduraram cartazes nas paredes anunciando empregos na Tenth Street. A ligação com a "cena" da época estava clara desde o início. Ali, pagando o preço de uma cerveja, você podia ouvir Coltrane ou Thelonious Monk.

Nica decidiu que o piano não era bom o suficiente para Monk e comprou um novo para o clube. O Five Spot pagava a Monk a soma bastante alta de seiscentos dólares por semana, sendo que 225 eram dele e o restante ele dividia com seus três músicos; entre eles, o baterista Roy Haynes.

182 Pannonica

Embora o senhor de oitenta anos fosse baterista profissional desde 1945, Roy Haynes ainda era alegre e jovial quando nos conhecemos em 2004. "Quando eu comecei a tocar com Monk no Five Spot, foi a Nica quem me ligou. Ela foi a pessoa que fechou o negócio", disse Haynes. "O dinheiro era muito pouco, mas era ótimo tocar com Monk. Certa vez, ficamos tocando lá dezoito semanas direto."

Roy Haynes tem lembranças vívidas de Nica e Monk entrando no clube todas as noites. Sua chegada era precedida momentaneamente pelo aroma de seu perfume favorito, Joy, de Jean Patou, poderoso o suficiente para penetrar qualquer fumaça de cigarro.

> Thelonious geralmente chegava muito atrasado. Deveríamos começar às nove. Às vezes, ele chegava às onze ou mesmo mais tarde com a Baronesa. Entravam juntos e iam direto para a cozinha, que era o ponto de encontro, e começavam a fazer hambúrgueres. Às vezes Monk ia direto para lá, deitava na mesa e dormia. Ele não falava nada. Nica era responsável por fazê-lo chegar ao clube, mas fazê-lo subir no palco não era fácil. Quando estava pronto para levantar e tocar, ele vinha e tocava com a alma.

Agasalhada contra o frio do inverno em seu casaco de pele enorme, Nica frequentemente ficava cercada de admiradores. Ela ficava sentada em seu lugar favorito, mais próximo do palco, com uma Bíblia em cima da mesa: o livro sagrado na verdade era um frasco de uísque disfarçado. Apesar do casaco e do colar triplo das mais caras pérolas, Nica se vestia de modo simples, já que há muito havia deixado de se preocupar com roupas de alta-costura ou cabeleireiros. Não era a sua aparência e sim o seu porte que mais impressionava Roy Haynes. "Ela estava sempre sorrindo. Eu nunca vou esquecer aquele sorriso dela."

Nica capturou uma noite típica no clube em seu gravador. Apresentando os músicos da noite com sua voz rouca inimitável, ela diz, acima da algazarra e das vozes da multidão: "Boa noite, pessoal. Sou a Nica e vou fazer as apresentações, e viemos hoje direto do Five Spot Café. E essa bela música que vocês estão ouvindo é o quarteto do Thelonious Monk, com Charlie Rouse no saxofone, Roy Haynes na bateria e Ahmed Abdul-Malik no baixo". Ela faz uma pausa e os primeiros acordes de sua música, "Pannonica", começam a pairar acima do ruído ambiente.

Então Monk começa a falar. "Olá, pessoal, eu sou Thelonious Monk. Quero tocar uma música que compus não faz muito tempo, dedicada a esta bela senhora aqui. Acho que seu pai lhe deu esse nome em homenagem a uma borboleta que ele tentou pegar. Acho que ele não conseguiu pegar a borboleta, mas esta é a música que compus para ela, 'Pannonica'."

A estrela de Monk estava em ascensão: ele estava gravando e, finalmente, recebendo críticas decentes. Mas seu empresário Harry Colomby sabia que havia muito terreno a explorar. "Um álbum do Thelonious Monk vendia 10 mil exemplares. Pode esquecer vender um milhão ou ter disco de platina. O jazz era um mundo limitado com um público pequeno. Thelonious Monk estava listado no catálogo telefônico como: 'Monk, Thelonious'. Alguém do nível dele hoje em dia nunca teria o telefone no catálogo. Mas, como eles eram pobres, queriam publicar o telefone para conseguir trabalho."

Colomby reservou uma noite para que Monk tocasse em Baltimore, Maryland. À medida que a data se aproximava, porém, o círculo de pessoas mais íntimas de Monk ficou nervoso porque ele estava tendo um de seus "acessos mentais". Colomby me explicou que periodicamente Monk se recusava a dormir e ficava acordado até cinco dias seguidos. Durante esse tempo, vagava pelas ruas ou ficava olhando sem parar pela janela, catatônico, passando o peso do corpo de um pé para o outro, murmurando baixinho. E aí, finalmente caía num sono profundo que durava 24 horas. De vez em quando, durante um desses episódios, destruía coisas, objetos, mas não pessoas. Certa vez, ele tentou fazer o teto de um quarto de hotel desabar. Em outra ocasião, derrubou os cinzeiros que estavam em cima dos pianos e revirou os móveis.

Paul Jeffrey, último saxofonista de Monk, era frequentemente convidado a cuidar de Monk durante esses seus acessos. Perguntei-lhe se ele alguma vez ficou assustado. Jeffrey sacudiu a cabeça. "A Baronesa me disse: 'Ele nunca vai te agredir'. Ela tinha certeza disso, então eu nunca ficava preocupado."

A única vez que Monk machucou Nica foi ao cair do palco no Village Vanguard bem em cima de sua colaboradora. "Ele tombou do palco, em cima de mim, porque eu estava sentada na mesa logo abaixo", disse ela, morrendo de rir.

Monk estava há três dias sem dormir antes do trabalho em Baltimore. "Não estávamos em posição de recusar trabalho", comentou Colomby. "É fácil dizer agora: por que a gente deixou que ele fosse? Mas a gente simplesmente não podia se dar o luxo de cancelar o trabalho. Trabalhar era necessário."

20

Strange Fruit*

À s onze horas da manhã de uma quarta-feira, dia 15 de outubro de
1958, Nica saiu de carro de Nova York para entrar em apuros. Ela
sempre fora, de acordo com seus contemporâneos, um ímã de travessuras,
o tipo de criança que subia alto demais nas árvores, o tipo de moça que
dava o fora no acompanhante, o tipo de esposa e mãe que achava a rotina
regular mais uma morte do que uma conquista. Nesta ocasião, a combinação fortuita de sorte, criação e charme que normalmente tirava Nica das
dificuldades não a auxiliou, e pela primeira vez na vida, ser branca, rica,
bonita, inglesa, com boas conexões, mulher, com título de nobreza e talvez
até inocente não adiantou em nada. Embora a Baronesa tivesse saído de
Nova York uma mulher livre, ela logo se veria presa numa cadeia de acontecimentos que levariam a um espectro não só de desastres na vida pessoal,
como também ao fim da vida que ela havia escolhido, uma vida pela qual
havia sacrificado tanto.

Após uma série de atrasos naquela manhã, Nica pegou seu Bentley
conversível no centro e deixou Manhattan através do Lincoln Tunnel, com

---

* "Strange Fruit" [Frutos estranhos], originalmente um poema composto por Abel Meeropol.
Foi posteriormente transformada em música, que ficou famosa na voz de Billie Holiday.
(N. T.)

186 Strange Fruit

destino a um clube de jazz a mais ou menos quinhentos quilômetros a su-
deste de Delaware, Maryland. Na parte de trás do carro foi o jovem tenor
saxofonista Charlie Rouse e no banco da frente estava Monk. Nos arquivos
de Clint Eastwood, encontrei transcrições de entrevistas com Rouse e Colomby relativas a este incidente. Nos arquivos de Baltimore, as transcrições
do tribunal ainda existem e, ao utilizar essas fontes, fui capaz de montar as
peças do que aconteceu em seguida.

A atmosfera no carro estava tensa. O trio havia saído atrasado e era
pouco provável que chegassem a Baltimore a tempo para a passagem de
som, muito menos para um ensaio. Nem a Baronesa nem Monk estavam
acostumados a acordar antes de meio-dia e sua partida foi adiada porque
Monk insistiu em experimentar inúmeros ternos e uma variedade de chapéus. Nellie, que normalmente escolhia sua roupa e o ajudava a se vestir,
estava doente. Naquele dia, Monk estava particularmente taciturno, já que
não dormia havia 52 horas. Seu empresário Harry Colomby ficou indeciso
sobre cancelar o show, mas finalmente decidiu assumir o risco, contanto
que Nica o levasse e nunca saísse de perto dele.

Nica entendia o quanto o show em Baltimore era importante para
Monk. Desde que recuperou seu *cabaret card*, em 1957, cada show a
partir daquele dia, por menor que fosse, representava um precioso estí-
mulo financeiro e emocional. Ele estava fora de cena havia mais de sete
anos, e era vital que continuasse a tocar e recapturasse a atenção de seu
público perdido. Determinada a deixar Monk animado durante a viagem, Nica segurou o volante com o joelho direito e, inclinando-se para
o banco de trás do carro, apertou o botão de reprodução no seu gravador portátil. Ela muitas vezes colocava para tocar algumas de suas gravações para que Monk ficasse mais animado. Ela escolheu a faixa "Pannonica", escrita para ela e que ele tocava quase todas as noites no Five Spot
Café.

"Boa noite, pessoal", reverberou a voz inconfundível de Nica por
todo o carro.

Vinte anos mais tarde, em uma entrevista para o documentário
Straight, No Chaser, Charlie Rouse recordou-se claramente daquelas horas.

"Não é lindo?", disse Nica, virando-se para Rouse, que estava sentado
sozinho no banco de trás.

Percebendo que ele era a única pessoa a ver os carros que vinham na outra direção, Rouse sussurrou, em tom de urgência: "Baronesa!".

"O quê?", ela respondeu, ainda inclinando-se sobre o assento, tentando ajustar o volume.

Rouse fez um gesto na direção de um caminhão que se aproximava. Nica fez um movimento brusco com o volante e o Bentley voltou para o lado certo da estrada, evitando por pouco uma grande colisão. Para se acalmar, ela tomou um gole de uísque de um frasco de bolso.

Depois de meia hora, já haviam saído da Nova Jersey Turnpike rumo à Interestadual 295, e o carro seguia na velocidade confortável de 150 quilômetros por hora. Nica ligou o rádio no noticiário do meio-dia. Naquele dia, a rádio CBC informou que no Japão o número de mortos pelo furacão Ida havia subido para 1200. O presidente Eisenhower ia falar no Senado a respeito da informação oriunda da União Soviética de que testes nucleares estavam sendo realizados em Nova Zembla, enquanto a nova oferta de voos que atravessavam o Atlântico da British Overseas Airways Corporation fazia muito sucesso. John Hamilton, o adorado ator de *Superman*, havia morrido naquela manhã, aos 61 anos de idade. Pela quarta semana consecutiva, o número um nas paradas de sucesso era "Volare", cantada por Domenico Modugno.

Estavam dirigindo havia pouco mais de duas horas quando Monk falou pela primeira vez naquele dia.

"Eu preciso parar."

O problema na próstata de Monk teria um impacto cada vez maior em sua vida e carreira, fazendo com que fosse desconfortável viajar qualquer distância e, depois, até sentar-se ao piano.

"Estamos a apenas dez quilômetros de Wilmington. Conheço um lugar lá", sugeriu Rouse, no banco de trás.

"Pare", insistiu Monk.

Nica e Rouse trocaram olhares pelo espelho retrovisor. Todos os três sabiam que encontrar um lugar adequado para que Monk usasse o banheiro não ia ser fácil. Estavam no lado oeste da divisa Mason-Dixon, tecnicamente no lado norte emancipado, mas o estado havia construído sua fortuna com agricultura e escravidão, então tradicionalmente apoiava os sulistas. O preconceito racial era mais a norma do que a exceção.

188 Strange Fruit

Para um observador casual, New Castle era uma pitoresca e modesta cidade, de casas feitas de ripa e tijolos vermelhos, com um festival anual do frango e uma fábrica que fazia as melhores meias de nylon. No entanto, as chicotadas em público e as escolas segregacionistas tinham sido recentemente abolidas e obstáculos ainda existiam. Enquanto dirigia pela rua principal, Nica procurou em vão um estabelecimento que permitisse a entrada de Monk. Os moradores de New Castle paravam e ficavam encarando. Ver um Bentley conversível por si só já era uma surpresa. A visão daquele sofisticado carro europeu, conduzido por uma mulher usando um casaco de pele, era um acontecimento. Mas a visão de um Bentley sendo conduzido por uma mulher usando casaco de pele na companhia de dois homens negros era um espetáculo.

Bastou olhar a lanchonete Cherry Corner, na esquina da 2nd com a Cherry Street, para ver que Monk não teria permissão para entrar. Rostos brancos e hostis olhavam fixamente para o carro, indignados. A Comegy's Oyster House, na 12th Street, parecia igualmente hostil, e só se viam pessoas brancas na Deerhead Hotdog Store, na Eddie Soda Fountain e na Peterson's House of Fudge. As únicas pessoas de cor que eles viram na Baker Ben, na Gino's e na Charcoal Pit na Maryland Avenue eram as que limpavam o lugar.

Dirigindo-se para a Rota 40, Nica avistou o Plaza Motel e saiu da estrada. Os cartões-postais da época revelam um edifício baixo, com telhado laranja, disposto em formato de ferradura ao redor da recepção. Uma placa proclamava: "Todos são bem-vindos". Nica ignorou as vagas perfeitamente pintadas no estacionamento e rumou direto para a entrada. Subiu na calçada com o Bentley e, puxando o freio de mão com ambas as mãos, parou abruptamente bem na frente do estabelecimento. "Ela estacionava em cruzamentos, na frente de hidrantes, na frente de qualquer coisa. Ela ignorava as regras", confirmou um intrépido passageiro que frequentemente pegava carona com ela. Monk estava bem-vestido, como de costume, com chapéu de feltro, terno bege, camisa preta e gravata preta e estreita, mas, com quase 1,90 metro de altura e pesando mais de 110 quilos, era uma figura imponente. Ele saiu do carro, entrou no hotel, passou pela funcionária da recepção e foi direto para a chapelaria.

"Tudo o que ele queria era usar o banheiro", relatou Rouse posteriormente. "Ele não estava ameaçando ninguém. Delaware é meio preconceituosa, um pouco atrasada, então no meu entendimento o que aconteceu em seguida foi algo racista."

"O policial típico da rua, se visse um negro e uma mulher branca, provavelmente ficaria furioso", acrescentou Colomby. "Naquela época, mesmo em Greenwich Village, quando as pessoas mais velhas viam casais inter-raciais, ficavam loucas de raiva."

Nica e Rouse ficaram esperando no carro. Cada minuto que se passava era sinal de problema.

Rouse foi o primeiro a ver o carro da polícia estadual. Ele passou pelo hotel algumas vezes, indo e voltando pela rua, feito um grande tubarão branco rondando sua presa, e aí estacionou a uns vinte metros dali. Nica viu um homem de meia-idade através do espelho retrovisor. Eram esses os tipos com que você tinha que tomar cuidado, contaram-me os músicos mais tarde, os policiais que não foram promovidos, que no fim foram forçados a aceitar que suas carreiras rumavam rápido para lugar nenhum e que haviam decidido que o progresso da sociedade era o grande culpado.

Monk já havia usado o banheiro, mas agora queria tomar água. Estava suando por causa do sol da tarde, mas perfeitamente calmo.

"Água", disse ele para a mulher na recepção. Ela não conseguiu entender o que ele dizia; poucos conseguiam.

"Água", repetiu Monk, em voz alta.

A mulher começou a ficar com medo.

"Água." Ela chamou a polícia.

Meio século depois, li o relato da minha própria tia-avó sobre os acontecimentos daquele dia na transcrição do julgamento final:

P: Quando a senhora viu, se é que viu, o policial Littel aproximar-se com o carro da polícia pela primeira vez, no dia 15 de outubro de 1958?

Nica: Acho que era uma e quinze da tarde. Vi o policial Littel chegar ao carro da polícia e estacionar na frente do meu carro, um pouco mais longe.

P: O que a senhora viu o policial Littel fazer depois que chegou ao carro da polícia e o ouviu dizer? Ele fez ou disse algo?

Nica: Ele saiu do carro, veio até o meu carro do lado em que Monk estava sentado e pediu que ele saísse.

P: O que Monk fez, se é que fez, quando o policial pediu que ele saísse do carro?

Nica: Ele não fez nada. Só ficou olhando para o policial sem se mover.

P: O que a senhora disse ao policial Littel nesse momento, caso tenha dito algo?

Nica: Depois que o policial Littel pediu-lhe uma segunda vez para que saísse e ele não se moveu, saí do carro, dei a volta por trás e fui até o policial para perguntar qual era o problema. Porque eu não tinha visto nada acontecer, e também disse a ele que Thelonious Monk era um músico muito famoso e que eu era sua empresária, licenciada pela Federação Americana [de] Músicos, que estávamos indo para Baltimore por causa de um compromisso de trabalho.

P: O que o policial Littel respondeu, caso tenha respondido?

Nica: Ele disse "Tudo bem" e voltou para o carro dele.

Depois de colocar o Bentley em primeira marcha, Nica ligou a seta e lentamente voltou para a estrada. A placa de sinalização mostrava a distância até Nova York; estavam na estrada certa, mas indo na direção contrária. Nica fez meia-volta. Quando passaram novamente pelo carro da polícia, todos os três perceberam que o policial ainda estava falando no rádio. Momentos depois, ouviram a sirene. Pelo espelho retrovisor Nica viu o carro da polícia também fazer meia-volta e vir correndo na direção deles. Emparelhando o carro ao lado do Bentley, Littel apontou com o dedo para o meio-fio e no alto-falante instruiu a Baronesa a encostar o carro. Ninguém no Bentley disse nada. Desta vez, o policial parou o carro bem em frente ao Bentley. Ele saiu do carro com um par de algemas e escancarou de repente a porta do passageiro. Tentou algemar Monk, mas o músico sentou em cima das mãos e esquivou o corpo enorme, afastando-se do policial.

P: Em algum momento o músico praguejou ou usou palavras profanas na presença do policial Littel?

Nica: Talvez ele tenha dito "Mas que diabos" ou algo assim.

P: Que palavras a senhora trocou com Littel neste momento, caso tenha dito algo?

Nica: Eu disse: "Por que você está fazendo isso?" E ele disse "Porque ele vai preso."

Littel pôs-se de pé e contornou o carro lentamente. "Carteira de motorista e documentos do carro", disse ele, mais ordenando do que pedindo, e aí tirou a chave da ignição antes de retornar ao seu carro. Rouse, Nica e Monk ficaram observando em silêncio enquanto Littel pegava o rádio e pedia reforços.

P: E o que a senhora fez?

Nica: Saí do carro, fui até o carro dele e implorei para que não fizesse mais nada. Assegurei-lhe que, se era isso que ele queria, eu pediria a Monk para sair do carro.

Q: Qual foi a resposta do policial?

Nica: Ele disse "Ah, ele vai sair, sem dúvida".

P: E o que a senhora fez depois dessa conversa?

Nica: Voltei para o carro, mas a essa altura já havia outros carros de polícia chegando e muitos policiais apareceram.

P: Descreva, por favor, para Sua Excelência o que aconteceu depois que os outros policiais chegaram, tanto em relação a eles quanto a Monk dentro do carro.

Nica: Três ou quatro policiais começaram a tentar arrastar Monk para fora do carro e ele resistiu, e aí começaram a bater nele com porretes e cassetetes. E pedi que eles não fizessem isso, para que tomassem cuidado para não bater nas mãos dele, porque ele era pianista.

Rouse depois disse que no começo Nica de fato pediu aos policiais para tomarem cuidado com as mãos de Monk, mas quando eles a ignoraram e bateram com o porrete recoberto de couro nos dedos dele, ela implorou que parassem. "Ela logo estava gritando e implorando, 'por favor, proteja as mãos dele, proteja as mãos dele, por favor'."

192   Strange Fruit

Nica: Eles me ignoraram por completo e finalmente conseguiram arrastá-lo para fora do carro, e aí ficaram em cima dele no chão, batendo nele, e depois o algemaram com as mãos para trás e o arrastaram para o carro do policial Littel e tentaram colocá-lo no banco de trás... Fui até o detetive e disse: 'Por favor, não quero que vocês batam mais nele.' Então fui para o meu carro, mas Littel se aproximou de mim e disse: "Você também vai presa."

Monk perdeu a consciência, provavelmente depois que um policial usou um cassetete mais achatado. Assim que seu corpo ficou mole, os policiais seguraram as pernas de Monk e o jogaram dentro do carro. O detetive Eckrich concordou em deixar Nica conduzir o Bentley até o tribunal local; Rouse também foi preso e transferido para o carro de outro policial.

Pouco depois da chegada da Baronesa e dos músicos ao tribunal local, a notícia da prisão se espalhou. Os policiais convidaram suas famílias para ver a presa do dia. Crianças de nariz sujo pressionavam o rosto contra a vidraça para melhor ver Monk, que agora estava consciente, mas com muita dor. Não havia nada que Nica pudesse fazer além de pedir sem parar um telefone para ligar para seu advogado. Rouse, também algemado só para garantir, estava detido em outra sala.

"Qual a acusação?", Nica perguntava sem parar.

"Podemos revistar os seus bolsos?"

"Se você quer dizer minha bolsa, então aqui está ela. Mas será que, por favor, vocês podem chamar um médico para o sr. Monk? Ele está doente. Vocês estão vendo que ele está doente, não estão? Nós podemos confessar a culpa. Deixe que paguemos a fiança para que possamos ir embora."

"Precisamos revistar o seu carro."

"Pode revistar."

As coisas estavam prestes a piorar muito.

Nica seguiu o policial até o lado de fora e sentou no banco, observando. Ela pegou seu caderno de desenhos e começou a rabiscar.

P: Por que a senhora tinha um bloco de notas?

Nica: Sempre carrego um bloco de notas comigo, e quando fico nervosa, começo a rabiscar. E era isso que eu estava fazendo.

P: Quando os policiais tiraram sua bagagem do carro, a senhora sabia que havia maconha na mala, não?

Nica: Sim.

P: (continuando): Por que então, Baronesa, a senhora não se recusou, se tinha escolha, a deixá-los revistar o carro?

Nica: Eu estava cercada de policiais, patrulhas e detetives, e estava bastante assustada. Eu tinha pedido para entrar em contato com meu advogado e eles me disseram que eu não poderia ligar. E fiquei realmente muito assustada e confusa na hora e achava que não tinha alternativa a não ser deixar que revistassem o carro.

P: A senhora sabia que tinha a opção de deixá-los ou não revistar?

Nica: Não.

P: Não tinha opção?

Nica: Não.

P: (continuando): Depois de chegar ao tribunal do juiz Hatton, quando a senhora pediu para usar o telefone para outra pessoa que não o seu advogado, se é que pediu?

Nica: Eu pedi várias vezes. Quando viram as marcas de agulha no Monk, quis ligar para o médico porque sabia que o médico explicaria que eram das injeções da vitamina que o Monk tomava.

Monk não apenas suava como tinha marcas de agulha nos braços. Não era preciso muito mais do que isso para convencer a polícia de que tinham um viciado nas mãos.

Então acharam maconha no carro. Era classificada como narcótico; quem quer que fosse encontrado na posse de maconha ia preso. Plenamente consciente do que estava fazendo, Nica alegou que a droga era dela.

Harry Colomby estava dando aula quando foi chamado ao telefone. "Eu geralmente não atenderia, mas naquela ocasião..." Ele ainda se lembra do telefonema, o desespero absoluto que sentiu e sua total incredulidade com a injustiça do sistema. "Eles apreenderam até o carro; o carro virou testemunha."

Colomby descreveu que precisou voltar à sala de aula e ficar ouvindo os alunos discutirem literatura, mas que só conseguia pensar que Monk mais uma vez perderia seu *cabaret card* e seu sustento. Desde que recebeu de volta a licença para fazer shows, Monk levou cerca de quinze meses para voltar a ter conexão com o público. "A receptividade do público foi impressionante, foi ótima", lembra-se Colomby. "A notícia da volta se espalhou; foi como uma conversão religiosa; sim, é essa a palavra. Porque durante todos aqueles anos ele tinha sido um artista que nunca teve seu devido reconhecimento, e isso estava mudando. A justiça tinha sido feita. E aí isso aconteceu."

"Mas Nica disse que as drogas eram dela. Então Monk sem dúvida não foi culpado, certo?", perguntei.

"Sim, ela assumiu a culpa, mas isso não significou nada."

Aquilo significava tudo para Nica. As consequências para ela seriam terríveis. Ela enfrentava uma longa sentença na prisão que podia chegar a até dez anos, o pagamento de uma grande fiança e, ao ser liberada, seria imediatamente deportada. Sua família havia tolerado a morte de um músico famoso, casado e viciado em drogas em sua suíte, mas como a tratariam caso fosse presa por posse de drogas? Será que finalmente a deserdariam e a deixariam no ostracismo? Jules tinha a custódia dos filhos, mas, até o momento, permitia que Nica tivesse acesso limitado a eles. Se sua ex-mulher fosse considerada culpada, será que Jules permitiria que ela sequer visse os filhos? Quantos amigos e parentes fariam a viagem até uma prisão no sul dos Estados Unidos só para vê-la? Se Nica perdesse o caso, sua vida com Monk chegaria ao fim. Ela estava suspensa entre dois mundos, o que havia rejeitado e o que havia aprendido a amar. Seu futuro estava nas mãos de advogados e juízes, e desta vez não havia nada que sua influente família pudesse fazer para ajudar.

Fiquei me perguntando por que Nica arriscou tanto. Será que a explicação era que ela simplesmente amava Monk e estava preparada para arriscar tudo para que ele não precisasse ir para a cadeia? Um de seus amigos mais antigos, o historiador Dan Morgenstern, disse-me: "Ela estava preparada para se sacrificar por ele. Ela nem pensou duas vezes. Era assim que ela era, o jeito como ela via as coisas. Ela era assim".

21

Sangue, suor e lágrimas

Nica foi considerada culpada das acusações em 21 de abril de 1959. Foi sentenciada a três anos de prisão, com uma multa de 3 mil dólares. No dia em que fosse libertada, dois policiais a acompanhariam até o aeroporto e a colocariam num avião para a Inglaterra. Ela ficaria proibida de voltar para os Estados Unidos.

Embora a família Rothschild não pudesse proteger Nica da prisão ou da vergonha, eles colocaram um dos melhores advogados criminais para representar seu recurso. Momentos depois de a sentença ter sido aprovada, seu advogado de defesa, Arthur J. Clark, fez uma defesa apaixonada, pedindo um adiamento e novo julgamento. O juiz concordou, relutante, a mandar o caso de Nica para o Supremo Tribunal, e ela foi liberada, mas aguardando julgamento. Victor Rothschild entrou com uma fiança de 10 mil dólares; Nica ficou temporariamente livre, mas, durante os dois anos seguintes, pairava sobre ela a perspectiva de ir para a prisão.

"Ah, que chatice, não gosto de falar disso", foi a reação de Nica, vinte anos mais tarde, a uma pergunta sobre o incidente em Baltimore. Não acreditei nem por um segundo nisso. "Que chatice" era exatamente a frase que sua irmã Miriam usava quando a idade roubou-lhe a visão. "Que chatice" era o que a minha avó dizia para descrever seu diagnóstico de câncer. "Que chatice" é apenas um modo de falar usado por uma geração que nunca teve a linguagem necessária nem permissão para expressar seus sentimentos de forma adequada. Eu já tinha ouvido "que chatice" o suficiente para saber que era uma metáfora para o medo.

Em vez de rejeitar Nica, os Rothschild tentaram novamente entendê-la. "Todo mundo entendeu a mensagem... todos perceberam o que estava acontecendo e [que] Thelonious era algo importante na minha vida", disse Nica. Uma das primeiras pessoas a visitá-la foi sua irmã Miriam, que veio para Nova York com o filho Charlie, alegando que estavam "morrendo de vontade de conhecer" Thelonious. Nica admitiu que a visita não correu muito bem. "Fui pegar Thelonious na 63rd Street e ele estava completamente drogado. Ele se drogou porque ficou nervoso com a perspectiva de encontrar Miriam, e nada no mundo era capaz de fazê-lo ficar sentado, quieto. Ele ficou em outro mundo o tempo todo."

Miriam, Nica disse, ficou bastante tranquila com aquilo e falou: "Não se preocupe, eu entendo, ele é um gênio", essas coisas. Miriam raramente voltava para "Catville", embora as irmãs estivessem sempre em contato. Nica e os filhos visitariam Ashton várias vezes nos vinte anos seguintes.

Victor tentou impressionar a irmã ao criar uma conexão musical com Thelonious, gravando sua própria tentativa de tocar uma composição de Monk. Victor ficou encantado com o próprio esforço; Monk achou horrível e amador, e respondeu enviando uma paródia da homenagem de Victor. Nica mais tarde disse que seu irmão "nunca se recuperou da imitação de Thelonious; ele quase desistiu das aspirações musicais. Era cômica a imitação. Acho que tenho gravada em algum lugar".

Nos dois anos seguintes, enquanto aguardava o processo, a família e os amigos de Nica imploravam que ela fugisse do país para evitar o julgamento. Para ter a certeza de que não iria para a cadeia, bastava que ela retornasse à Inglaterra e recomeçasse a vida. Mas Nica não havia lutado pela liberdade na Segunda Guerra Mundial para fugir agora. Para ela, o caso na verdade não tinha a ver com uma quantidade de maconha que valia alguns poucos dólares; e sim com o que acontecia quando negros e brancos tornam-se amigos.

Encontrei uma das pinturas de Nica no arquivo de Mary Lou Williams na Rutgers University. Embora abstrata, ela retrata duas figuras penduradas em árvores em um mar de escuridão vermelho-sangue. A composição se baseava numa famosa fotografia do linchamento de dois jovens negros, Thomas Shipp e Abram Smith. A mesma imagem levou o professor judeu Abel Meeropol a escrever a canção "Strange Fruit". A pintura de Nica era seu protesto contra o racismo e contra sua prisão em Delaware. No canto, ela rabiscou as palavras "Strange Fruit" e a data, outubro de 1958.

Eu me perguntava se havia paralelos entre a experiência judaica e dos afrodescendentes quanto ao preconceito. Seria possível que Nica compreendesse, através da família e até mesmo de sua experiência pessoal, um pouco do que seus novos amigos tinham de suportar? Fiz esta pergunta a Miriam.

"É tudo a mesma coisa, na verdade. É assim que o ser humano funciona. O menino de recados precisa dar um chute no gato. Todo mundo tem que ter algo abaixo deles para intimidar, atormentar, chutar. É má sorte ser judeu, porque aí você vira uma das coisas mais fáceis de jogar escada abaixo. Depois serão os negros e depois vai ser outra coisa. O ser humano sempre precisa de algo em que possa descontar a raiva que tem da vida."

Perguntei ao amigo de Nica, o músico de jazz Quincy Jones, se ele poderia explicar as raízes do racismo e se havia paralelos entre as experiências desses dois grupos. Ele repetiu as palavras de Miriam: "Sim. É tudo parte da mesma doença psicológica. As pessoas passam a se sentir gigantes ao transformar as outras em anões". E ele achava que Nica entendia as dificuldades por que ele e seus amigos passavam? "É claro que ela entendia."

Após sua prisão, em 1958, Nica passou a ajudar ainda mais a comunidade de jazz. Dirigindo seu Bentley pelos bairros mais problemáticos, ela estacionava e, deixando o motor ligado, saía em busca de um "gato [cat] em apuros". Vestida com seu casaco de pele e pérolas, era uma figura excêntrica caminhando pelos cortiços e pontos de venda de drogas. Certa vez, ela passou vários dias procurando o pianista Bud Powell, que havia bebido todo o seu vinho Rothschild antes de ir para a cidade em busca de heroína. Nica encontrou-o desamparado numa esquina, mas Powell estava além de qualquer ajuda, apesar de grandes esforços de seus amigos. Ela deu-lhe cama e comida, mas o músico morreu de uma combinação letal de tuberculose e insuficiência hepática devido ao alcoolismo e à desnutrição. Nica pagou seu funeral no Harlem, onde milhares de pessoas em luto seguiram uma banda que tocava "I'll Be Seeing You" e "'Round Midnight". Graças à sua herança, Nica foi capaz de trazer dignidade às mortes de outros amigos músicos, como o pianista Sonny Clark e o tenor Coleman Hawkins, arranjando funerais adequados e um lugar onde pudessem ser enterrados. Às vezes, a sua caridade era mais prática: Lionel Hampton foi um dos músicos a quem ela ensinou a ler.

Ela nunca hesitava quando precisava usar o prestígio de seu nome e título para defender os amigos. Seu papel timbrado tinha uma insígnia e o título "Baronesa de Koenigswarter" em negrito azul. Se escrevesse para um amigo próximo, às vezes colocava marcas de patas de gato no papel; para outros amantes do jazz, desenhava teclas de piano. Quando um crítico de jazz disse que Coleman Hawkins demonstrava o desejo de morrer de tanto beber, ela ligou para o amigo Dan Morgenstern, que trabalhava na revista *Downbeat*, e insistiu que ele publicasse sua defesa. A carta de Nica apareceu na edição seguinte: "Pelo contrário... sua música é o tipo de som capaz de levantar os mortos e fazê-los dançar! Faz com que você perceba que você mesmo estava menos vivo antes de ouvi--la pela primeira vez".

Talvez querendo atenção, ou reconhecimento, ou apenas um pouco de atenção positiva por parte da imprensa, ela cooperou plenamente com Nat Hentoff para um artigo publicado em 1960 na *Esquire*. "Ela costumava colocar bilhetinhos na minha caixa de correio, perguntando se eu já havia considerado a publicação disto ou daquilo", disse Hentoff. Publicado no período entre sua prisão em 1958 e antes que o caso fosse para a Suprema Corte em 1962, o artigo de Hentoff é repleto de vislumbres mais pessoais da vida de Nica, o fim de seu casamento e seu relacionamento com Monk e os músicos. Embora tivesse uma ou outra alfinetada, o artigo fez bem a Nica, mostrando outro lado dela, retratando-a como ingênua e "estúpida", mas bem-intencionada.

No entanto, muitos insultavam o comportamento de Nica e o estilo de vida que escolhera: "Gritavam para ela: 'sua amante de negros'", relembrou o trombonista Curtis Fuller, seu amigo. "A Baronesa teve de enfrentar um bocado e todos nós sabíamos como era. Teríamos lutado até a morte por ela caso alguém a insultasse ou a machucasse. Ela era nosso orgulho e nossa luz; ela nos iluminava porque tinha status."

Embora as relações raciais tenham ficado mais fáceis durante a década de 1960, quando o amor era supostamente "livre", eram incomuns os relacionamentos inter-raciais e crianças mestiças. Até a Lei dos Direitos Civis, de 1968, as leis que criminalizavam o casamento inter-racial e a segregação racial eram aplicadas em alguns estados norte-americanos do sul. A filha de Nica, Janka, e o baterista Clifford Jarvis deram à luz um filho mestiço, Steven, em 1964. O casal nunca morou junto, e Steven cresceu com a mãe e a avó em "Catville". Aluno de uma escola em Nova York, Steven foi, segundo ele, intimidado e agredido por causa de suas origens. Em uma ocasião, uma cantora negra chamou sua avó de "puta aristocrática misógina". Steven ficou chocado e profundamente triste. "Eu fiquei pasmo. [Era como se] ela tivesse me cortado com uma faca. Desde então, fiquei sensível a isso, sabe, à reputação de minha avó, e me senti muito prejudicado por ela. E descobri que essa sensação não é incomum."

Perguntei ao fotógrafo britânico Val Wilmer, que passou muito tempo em Nova York na década de 1960, como fora a experiência de Nica como uma mulher branca no mundo do jazz. "Quando fui pela primeira vez para Nova York, em 1962, havia muitos bares em que mulheres desacompanhadas não eram servidas, porque a implicação era de que você era uma prostituta. As mulheres brancas que se misturavam com os homens negros estavam em uma situação muito difícil porque, por mais que o mundo do jazz fosse mais liberal, mais progressista do que outros setores da sociedade, ainda havia muito racismo e sexismo."

A revista *The Liberator* publicou um artigo acusando agentes ambiciosos, proprietários de clubes e mulheres como a baronesa Pannonica de Koenigswarter de fazer exigências absurdas a músicos ingênuos. Nica servia como "uma amarga insinuação de que uma mulher branca e rica poderia ser a salvação do homem negro". Amiri Baraka, o poeta e ativista anteriormente conhecido como LeRoi Jones, foi igualmente desdenhoso. "Ela era uma diletante rica, uma groupie. Essa é a melhor coisa que eu poderia dizer, que era alguém que tinha os meios para estar onde queria estar e fazer o que queria fazer." Um parente Rothschild, ao saber que eu estava fazendo um livro sobre Nica, escreveu: "Ela nem mesmo era interessante. Só deitava na cama e ouvia música".

Nica foi ridicularizada na ficção. O escritor sul-americano Julio Cortázar publicou uma coleção de contos que contém "O perseguidor", uma história sobre um infeliz saxofonista que atende pelo nome de Johnny (Charlie Parker) e um grupo de puxa-sacos liderado por uma marquesa bastante esquisita chamada Tica (baronesa Nica) que vive entre os músicos de jazz para dar sentido à sua vida insípida de mais uma groupie. O narrador explica: "Somos um bando de egoístas; sob o pretexto de cuidar de Johnny, o que estamos fazendo é proteger a ideia que fazemos dele, preparando-nos para o prazer que Johnny vai nos proporcionar, para refletir o brilho da estátua que erguemos entre todos nós e defendê--la até o último suspiro". A namorada de Johnny, uma mulher chamada Deedee, destaca em particular o personagem da marquesa: "Tica está ótima", disse Deedee amargamente. "É claro que é fácil para ela. Ela sempre chega em cima da hora e tudo o que precisa fazer é abrir a bolsa e aí tudo se arranja."

Sua amiga Mary Lou deu a Nica o seguinte conselho:

> As pessoas vão dizer coisas desagradáveis por inveja etc., mas você precisa se lembrar de que estão criando uma estrela, e que todos querem te conhecer tanto quanto querem conhecer Duke Ellington ou Monk... E o que você vai fazer? Você não pode mudar isso... Então aprenda a viver com isso e ria como você ri. Você é uma Rothschild, isso faz de você um alvo. Os Dupont, Ford, Rock [Rockefeller]... Sorria e todas as pessoas ricas e gananciosas começam a se atracar para enfiar o tesouro no bolso. Você pode parecer notável para eles, mas, veja, são eles que assassinam a alma das pessoas. Você é muito gentil com quem você ama.

O saxofonista e ativista de direitos humanos Archie Shepp ficou impressionado com a coragem de Nica.

> Ela era uma mulher à frente de seu tempo. Enfrentou a sociedade numa época em que fazer isso não era popular. Na verdade, ela é um exemplo. Uma das primeiras feministas que não apenas perseguiu o direito de ser ela mesma, mas de ver a si mesma como uma pessoa que implementou mudanças na sociedade, e que as mudanças sociais eram possíveis em sua classe.

Ao estar em locais onde pessoas como ela nunca eram vistas e ao agir quando via injustiças, ela deixou uma impressão em toda a minha comunidade, gerando um sentimento de democracia.

Nica era mais instintiva do que um animal político. Evitando autorreflexão ou causas organizadas, era caprichosa e impulsiva. Se houvesse uma situação em que pudesse ajudar, ela entrava de cabeça, independentemente das consequências. Não havia nenhuma tentativa de sistematizar suas ações ou organizar uma estratégia.

O mundo mudava enquanto Nica estava presa no vórtice do tempo do bebop, aparentemente alheia à revolução musical, social e política que se desenrolava ao seu redor. A música de Monk não era mais novidade; era algo velho. Havia sido substituída por rock, pop e cool jazz. Monk acreditava que Miles Davis tinha se vendido em vez de progredir e que novos praticantes de jazz, como Ornette Coleman, eram descartáveis. Nica concordava com ele: afinal, era seu professor, seu guia. Do lado de fora da casa que ficava no número 63 da Kingswood Road, a sociedade e a música estavam mudando: Elvis disputava com Chuck Berry ou os Beatles disputavam com os beatniks. Os Rolling Stones entraram em contato com Andy Warhol; Tamla Motown e Phil Spector monopolizavam as ondas de rádio, enquanto Frank Stella e Jasper Johns deixavam os museus maravilhados. A eleição de John F. Kennedy e a convocação feita por Martin Luther King prometiam apagar as manchas da injustiça política. O homem já tinha até pousado na Lua.

Tudo isso pareceu passar batido por Nica. As coordenadas de sua vida pouco mudaram: ela dormia até tarde, pegava o carro e ia para a cidade à noite. Estava focada em Monk, em sua música e na confusão que era sua vida. O que quer que estivesse acontecendo do lado de fora, a coleção de fotografias de Nica mostra que a vida em "Catville" praticamente não havia mudado. Nelas, as roupas que as pessoas usavam, seus penteados e rugas mostram a passagem do tempo, mas, fora isso, a casa de número 63 na Kingswood Road parece ter ficado congelada na década de 1950. Nica era a srta. Havisham do bebop.

* * *

202 Sangue, suor e lágrimas

Houve um evento que ela não podia ignorar: seu próximo julgamento na Corte Suprema. A data foi finalmente marcada para 15 de janeiro de 1962. Na noite anterior, ela escreveu a seguinte carta para Mary Lou Williams:

> Hoje é o dia em que todo o meu futuro pode ser decidido. Neste exato momento, ele pode estar sendo decidido. A liberdade, a fuga milagrosa, a chance de começar de novo com ficha limpa ou o início da inevitável catástrofe, o início do fim. Não falo sobre isso com Thelonious ou Nellie nem ninguém. E agora fico sentada do lado de fora [da igreja de] St. Martin e me pergunto se algum deles tem alguma ideia da situação por que estou passando hoje. E quanto a Thelonious, bom, protegê-lo está no cerne desse negócio todo, e nunca discuti isso com ele. E acho que ele não está muito ciente da situação. Ele e Nellie já têm problemas demais. Estou sentada aqui há quase duas horas e está muito frio. Então agora vou acender uma vela para São Martin.

Então era essa a situação: ela enfrentava "o começo do fim". Nica estava de fato com medo e não tinha ninguém a quem recorrer. Ela tinha voltado para Baltimore para o julgamento e para ouvir sua sentença sozinha; não havia membros da família nem amigos a seu lado, ninguém para acenar-lhe quando enfrentasse a possibilidade de deixar a sala do tribunal e ser enviada diretamente para a prisão. "E agora eu fico sentada do lado de fora [da igreja de] St. Martin e me pergunto se algum deles tem alguma ideia da situação por que estou passando hoje."

Que extraordinário e comovente que alguém cuja casa era sempre o local das festas, o lugar aonde os outros iam para se divertir, comer e tocar música, tivesse de enfrentar a sua hora mais difícil sozinha. Onde, eu me perguntava, estavam as pessoas que ela havia tão generosamente ajudado? Se fosse considerada culpada, Nica iria direto para a cadeia, e aí, depois de cumprir sua pena, ela seria deportada. Sem ninguém a quem recorrer pessoalmente, ela sentiu necessidade de escrever o que sentia. Nica planejava enviar a carta apenas se fosse considerada culpada. Se o veredito fosse a liberdade, ela a destruiria.* Desde a mais tenra idade, ela aprendeu a não demonstrar suas emoções e a não falar sobre o que sentia.

---

* Anos mais tarde, na década de 1980, ela, por impulso, enviou a carta a Mary Lou. (N. A.)

Tanto Monk quanto Nellie lutavam com problemas de saúde. Depois de ser preso em Baltimore, Monk teve uma de suas recaídas mais graves e foi colocado num sanatório para doentes mentais, onde permaneceu por vários meses. Nellie sofria de recorrentes dores de estômago e precisou enviar seus filhos para ficar com os sogros, enquanto tentava recuperar a saúde. A essa altura, comecei a me perguntar sobre o relacionamento que havia entre Nica e os Monk. Será que Nica estava sendo usada ou simplesmente permitindo-se ser usada? O relacionamento deles, quando ela mais precisou, parecia ser bastante unilateral. Talvez a própria Nica tivesse definido esses parâmetros pessoais distantes; talvez a falta de intimidade lhe conviesse. A alternativa era dolorosa demais para contemplar. Eu não queria acreditar que Nica, ingênua e desesperada, era apenas mais uma groupie, um bode expiatório a ser lamentado.

Na noite anterior ao caso de Nica chegar ao tribunal, ela sofreu mais um revés quando, no último minuto, seu distinto advogado de defesa, o sr. Bennett Williams, não compareceu. Em seu lugar, a representaram dois colegas dele que estavam bem menos familiarizados com o caso. Era janeiro e estava excepcionalmente frio, com nevascas que iam até o sul de Pensacola, na Flórida, e a oeste chegando até Long Beach, na Califórnia, mas a sala de audiências estava cheia de espectadores. Havia crianças matando aula e as esposas dos policiais foram com suas melhores roupas para ver o que prometia ser um grande show: a condenação de uma aristocrata britânica que fumava com uma longa piteira e dirigia um sofisticado carro europeu. Como a ré já havia admitido que as drogas eram dela, a maioria supunha que a condenação era garantida e que valia a pena tirar o dia de folga para desfrutar de sua humilhação.

O juiz, Andrew Christie, e seu júri presidiam um tribunal lotado e muitas vezes tiveram que pedir ordem à multidão. Apesar de ter admitido a culpa, os defensores de Nica lutaram pelo caso com base numa questão técnica, argumentando que a polícia não seguiu o procedimento correto. Enquanto prendiam a acusada, os policiais revistaram a bolsa e o porta-malas de Nica sem sua total permissão. O juiz foi forçado a concordar, relutante. O tribunal se sobressaltou, tamanha era a descrença e a decepção.

O caso foi indeferido. Nica estava livre.

Mais tarde, ela disse a Max Gordon: "Querido, jamais imaginei que Delaware pudesse ser um estado tão mesquinho e atrasado".

Embora Nica estivesse livre sem nenhuma acusação e tivesse tomado para si toda a responsabilidade pela posse das drogas, Monk perdeu seu *cabaret card*. Mais uma vez ele estava proibido de tocar nos clubes. Nica contratou um advogado para representar Monk, para lutar com "sangue, suor e lágrimas" pela justiça e revogar a decisão da polícia.

22

Me deixa louca

Embora ligada a Monk por meio de sua composição "Pannonica", Nica ansiava por se envolver mais em seu trabalho. Ela estava com cinquenta anos. Havia arriscado a liberdade por aquele músico, mas não tinha um papel oficial: ele já tinha uma esposa e um empresário. Nica queria ser reconhecida como mais do que uma groupie. Às vezes, Harry Colomby admitiu, Nica deixava o seu trabalho mais difícil. "Às vezes ela podia ser um belo pé no saco", disse ele. "A gente estava lá tentando trabalhar e ela sussurrava alguma teoria da conspiração no ouvido de Monk sobre quem estava fazendo o quê."

"Eu realmente quero fazer uma capa para um disco dele", escreveu ela ao produtor Ted Macero, pois "seria compensar a decepção de que uma de minhas pinturas foi escolhida pelo Charlie Parker para um disco que nunca foi feito". Quando Macero marcou um encontro com Nica para ver algumas de suas obras de arte, ela não conseguiu honrar o compromisso. Macero teve de escolher uma fotografia no lugar da sua pintura.

Frustrada, mas sem desistir, Nica enviou-lhe uma missiva desconexa e elogiosa a respeito de Monk que o produtor editou e usou como notas no encarte do álbum de Monk de 1963, *Criss Cross*. Ela começa comparando Thelonious a Bartók: "O nome de Monk é sinônimo de 'gênio'; Thelonious está em sua melhor fase. A única coisa difícil em *Criss Cross* é ficar sem bater os pés. Sua grandeza reside no fato de que ele transcende todas as fórmulas, todos os adjetivos e clichês batidos; apenas um novo vocabulário, talvez, possa lhe bastar. Mesmo que a música de Thelonious seja precisa e matemática, ela é, ao mesmo tempo, a mais pura magia".

Deparei-me com outros exemplos de Nica falando sobre Monk. "A única coisa que sempre me abalou em Thelonious era como ele podia ouvir a música ao redor da música", ela disse ao produtor Bruce Ricker, em 1988. "Ele pegava músicas e as deixava vinte vezes mais bonitas do que eram antes, explorava todas essas possibilidades com as quais nunca ninguém sonhava." Ele era, para ela, como Beethoven, porque em sua opinião ele também tinha a facilidade, a imaginação e a habilidade de improvisar e jogar variações sobre uma melodia. "Ele pegava as coisas e mergulhava em profundezas que nunca foram exploradas antes, e Thelonious fazia isso com tudo que tocava."

Mesmo quando ele interpretava a música de outras pessoas, Nica acreditava que Monk "via infinitamente mais possibilidades nelas do que as pessoas que as escreveram". Disse que ele "ouviu a música ao redor. Era como se o ar estivesse cheio de todas as variações diferentes e Thelonious só as capturasse".

Depois de muitos anos vivendo num deserto tanto em termos de dinheiro quanto de crítica, vivendo de migalhas da crítica e com uma renda irregular, Monk finalmente começou a ter um reconhecimento do público em geral. "Agora é a hora de Monk", escreveu Val Wilmer, em 1965. "A vida tem sido difícil para o gênio excêntrico e o trabalho quase inexistente. Mas agora ele está famoso. Faz shows fora da cidade, veste ternos que custam US$150 e se hospeda nos melhores hotéis." Mesmo com o sucesso, o pianista não tinha alterado a sua abordagem; o mundo finalmente o havia compreendido e os esforços determinados de seus defensores, entre eles Nica, começaram a dar frutos. "Faço isso há vinte anos", disse Monk em uma entrevista para a *Bazaar*. "Talvez eu tenha dado outro rumo para o jazz. Talvez eu seja uma grande influência. Não sei. Enfim, minha música é minha música, no meu piano. É o critério de alguma coisa. Jazz é a minha aventura. Estou atrás de novos acordes, novas síncopes, novas figurações, novas melodias. Como usar notas de forma diferente. É isso. Apenas usar as notas de um jeito diferente."

O status de *cult* não trouxe maior público ou renda. Mesmo em seu auge, Monk não enchia os grandes clubes nem ganhava muito dinheiro. Em 1963, seus rendimentos chegaram ao ápice. A receita bruta de seus shows chegava a 53 832 dólares, e os direitos autorais geravam 22 850 dólares a mais. Mas depois das deduções habituais para os membros da banda, viagens e despesas com hospedagem, Monk levava para casa apenas 33 055 dólares. Os shows de sucesso, como a big band de Monk com Hal Overton, vendiam ingressos para 1500 pessoas no Lincoln Center Philharmonic Hall, mas isso ainda era insignificante em comparação com a multidão de 4 mil fãs aos berros que compareceram para ver os Beatles desembarcarem de um avião. Também incomodava o fato de que o protegido de Monk, Miles Davis, conseguia vender pelo menos cinco vezes mais discos do que seu antigo tutor.

Algo que serviu de grande encorajamento foi quando a revista *Time* pediu para colocar Monk na capa. Ele era apenas o quarto músico de jazz e um dos poucos negros a receber tal honraria. A revista também dedicou um longo artigo e várias fotografias sobre sua vida. Uma seção concentra-se em sua relação com Nica, que o escritor descreve como sua "amiga, mascote e defensora". Juntamente com a declaração de Monk de que ele só tem olhos para Nellie, ele alega que considerava Nica como "uma segunda mãe. Ela o levava para os lugares, dava-lhe um lugar onde compor e tocar e, em 1957, ajudou-o a recuperar seu *cabaret card*". Uma fotografia mostra Nica olhando afetuosamente para Monk.

O jornalista da *Time*, Barry Farrell, passou vários meses seguindo os passos de Monk. Apesar de ter total acesso ao pianista e ter feito "trinta entrevistas", Farrell só conseguiu recolher algumas citações genéricas. Ao ser questionado sobre qual era a sensação de ter uma multidão em êxtase num show na Alemanha, Monk apenas responde: "Aqueles caras entendem". Quando Farrell perguntou a Monk se ele tinha amigos no mundo do jazz, Monk respondeu: "Eu era amigo de muitos músicos, mas acho que eles não eram meus amigos". De vez em quando, Farrell apenas reproduz citações monossilábicas de Monk, como "Sólido" ou "Legal".

A impressão geral que o artigo deixava era que Monk raramente estava sóbrio, que estava sempre chapado. "Todo dia", escreveu Farrell, "é um novo acontecimento farmacêutico para Monk: álcool, anfetamina, remédios para dormir, tudo o que estiver à mão, percorrem sua corrente sanguínea em combinações impressionantes." Reconhecendo que Monk parece um homem muito feliz às vezes, em outros "ele apenas parece louco. Tem fases em que se desconecta completamente do mundo e fica totalmente mudo. Fica acordado dias a fio, rondando desesperadamente pela casa, incomodando os amigos, tocando piano como se o jazz fosse uma maldição incessante".

Boris Chaliapin foi contratado para fazer a fotografia de Monk para a capa. "Ele era um cara velho e inflexível", Nica disse. "Thelonious aparecia todos os dias e ficava lá sentado e depois ia direto dormir." Seu comportamento, admitiu Nica, "me deixava louca". Ela ficava tão irritada com seu amigo que um dia o sacudiu para acordá-lo. Quando Monk meio que abriu os olhos, Chaliapin capturou o momento com uma câmera Polaroid.

Como já havia sido malfadado por jornalistas e autores de jazz, Monk tinha opinião ambivalente sobre a imprensa. Nica alegou que "Ele nunca quis aquilo, mas acabaram convencendo-o". Monk representou sua persona aforística. Em certa ocasião, disse a um crítico que não queria saber por que motivo a plateia aparecia; o que importava era que aparecesse.

"Mas isso não é algo frio e calculista demais para um gênio dizer?", indagou o crítico.

"É preciso ser mais calculista para ganhar dinheiro", respondeu Monk.

Indagado por Francis Postif se vinha de uma família musical, Monk respondeu: "Venho de uma família musical, já que a minha família é o mundo. E o mundo é musical, não é?".

Em outra entrevista, Leonard Feather pediu a Monk para avaliar um disco de Art Pepper. "Peça a ela", disse Monk, apontando para Nellie.

"Mas eu quero saber a sua opinião", respondeu Feather.

"Você pediu minha opinião, eu dei minha opinião."

Em sua última entrevista, concedida em 1971 a Pearl Gonzales, na Cidade do México, a jornalista perguntou-lhe qual era seu propósito de vida. "Morrer", respondeu Monk.

Mas entre a vida e a morte há muitas coisas a fazer, disse Pearl, e insistiu para que Monk dissesse mais.

"Você fez a pergunta, e a resposta é essa."

A entrevista terminou ali.

* * *

À medida que ficavam mais velhos, os filhos de Nica agora passavam mais tempo com a mãe. Ela se orgulhava do conhecimento e entusiasmo deles quanto à música que ela adorava, dizendo que todos eles "entendiam de jazz, eu não preciso ensinar nada". Nica gostava particularmente de Janka, sua filha mais velha e melhor amiga. "Uma vez estávamos na Islândia, com alguns músicos, e eles fizeram uma competição para reconhecer discos, e Janka e eu ganhamos, na frente de centenas de países", disse ela, orgulhosa. "Janka conhecia os músicos acompanhantes de cada disco."

Janka vivia com sua mãe desde os dezesseis anos; seus amigos eram pessoas do jazz e, assim como Nica, isso ocasionalmente causava-lhe problemas. Em 1956, Janka foi de carro para Nova York depois de um show, na companhia de Art Blakey, Horace Silver e o auxiliar de banda Ahmed da Filadélfia. "Entramos no carro e Art começou a dirigir", escreveu Horace Silver em sua autobiografia.

> Mal saímos da Filadélfia e um policial de moto nos parou. Não estávamos acima do limite da velocidade nem desobedecendo nenhuma lei de trânsito. O policial viu três homens negros com uma mulher branca, e isso já era o suficiente para ele nos parar. Se Art tivesse se comportado bem, o policial talvez tivesse deixado a gente seguir em frente. Mas Art estava drogado e ficou indignado, agindo de modo hostil. O policial mandou Art segui-lo até a delegacia local. E achou uma arma carregada, uma caixa de cartuchos e uma caixa de comprimidos de anfetamina no porta-luvas. Art não tinha licença para a arma. A anfetamina era de Janka, a filha da Baronesa. E Ahmed tinha marcas de picadas de agulha nos braços.

Todos foram registrados pela polícia e foram presos. Art ligou para Nica, que arranjou um advogado para tirá-los de lá, mas "quando o advogado descobriu que havia três negros, ele não quis se envolver. Tirou Janka da prisão e deixou a gente lá". Por fim, todos os quatro foram absolvidos; Horace Silver escreveu: "É claro que todo mundo pagou o juiz". Suspeito que "todo mundo" significava Nica e que sua experiência em Wilmington lhe ensinou a evitar, se possível, o sistema judiciário.

* * *

O sucesso, para um músico de jazz, significava uma agenda de shows bem cansativa. As bandas muitas vezes viajavam mais de mil quilômetros durante a noite para economizar no hotel. Assim que chegavam a uma cidade, principalmente no sul, era difícil encontrar um lugar que servisse músicos negros. Quincy Jones contou-me algo que aconteceu no Texas. "Terminamos o show por volta de meia-noite e meia e precisamos andar de carro quase até as seis da manhã para achar um lugar para comer. A gente precisava mandar o chofer, que era branco, descer e perguntar primeiro. Mas aí alguém gritava: 'Olhem aquela igreja', e lá estava, pendurado no campanário da maior igreja da cidade; era uma corda com a estátua de um homem negro pendurada. E aí a gente falava: vamos para outro lugar."

Roy Haynes, o baterista que muitas vezes tocava com Monk, disse-me: "O único lugar em que a gente geralmente podia ficar naquela época era o gueto dos negros. De jeito nenhum era possível se hospedar ou comer do lado mais chique da cidade. Não havia hotéis, então a gente precisava dormir nas estações ou na beira da estrada. A gente conseguia um quarto de hotel, a gente se revezava para economizar dinheiro".

"Se você caísse na estrada, precisava pagar dois aluguéis", explicou Paul Jeffrey, amigo próximo de Monk e seu último saxofonista. "Não havia benefícios porque não pagávamos imposto de renda. Você só recebia pelo trabalho. E não tinha trabalho toda semana. Eram as condições dos hotéis e, sabe, quando penso nisso agora, nem sei como a gente conseguia. O desespero de não poder viver com o mínimo senso de dignidade de verdade."

Em 1969, o promotor George Wein, que também organizou os festivais de jazz de Newport, levou Monk e sua banda mundo afora. Além de aparecer na televisão e no rádio, e também encaixar uma ou outra sessão de gravação, Monk, no período de poucas semanas, tocou em Paris, Caen, Lyons, Nantes e Amiens, na França; em seguida, em Genebra, Berna, Zurique, Lugano e Basileia, na Suíça; tocou também no resort de Lecco, na Itália; em Bruxelas, na Bélgica; em Varsóvia, na Polônia; nas capitais escandinavas; em Frankfurt; em Amsterdã; e em Londres (duas vezes), Manchester e Birmingham. Ele então viajou para Tóquio a fim de fazer nove shows no Japão antes de voltar para os Estados Unidos, onde tocou na Costa Oeste, em Minneapolis e em dois festivais de jazz, seguidos de outra temporada no Village Vanguard Club.

Mesmo para um homem mais jovem e mais saudável, essas turnês eram cansativas, mas Monk ainda por cima não estava em boa forma, já na casa dos cinquenta e mal-adaptado em termos de temperamento para a vida na estrada. Ele odiava sair de Nova York e era difícil para seus protetores gerenciar sua rotina longe de casa. Certa vez, ao se hospedar sozinho num hotel de beira de estrada em San Francisco, Monk destruiu o quarto. O gerente não queria deixá-lo ir embora, até que Nica pegou um avião até o outro lado do país e pagou pelos danos. Em outra ocasião, o dono de um clube recusou-se a pagar porque Monk tocou todas as músicas somente com os cotovelos. Ao ser indagado sobre o motivo daquilo, Monk disse que sua escolha de estilo refletia a terrível viagem de avião que fizera para chegar até lá.

De acordo com Nica,* um incidente, mais do que todos os outros, teve um efeito desastroso sobre a condição mental de Monk. Ele estava tocando num clube em Minneapolis em 1965 quando um jovem fã passou-lhe um comprimido de ácido. "Mesmo que Monk fosse meio esquisito, ele não tinha o hábito de desaparecer", disse Nica a seu velho amigo Dan Morgenstern. "Ele desapareceu e ressurgiu em Detroit [a mais de um quilômetro dali], quase uma semana depois." Foi um dos muitos fatores que contribuíram para o inevitável declínio de Monk.

Uma série de eventos aleatórios piorou ainda mais a constituição mental do pianista: a morte por overdose de seu amado sobrinho Ronnie; as mortes de amigos como Coleman Hawkins, Elmo Hope e Bud Powell; a Columbia cancelar seu contrato de gravação; seus colaboradores de confiança, Ben Riley e Charlie Rouse, abandonarem a banda; um segundo incêndio no apartamento dos Monk; além disso, ele estava sofrendo cada vez mais com o inchaço na próstata, que afetava todos os aspectos de sua vida, inclusive os shows.

Certa noite, em maio de 1968, na véspera de uma viagem a San Francisco, Monk entrou em coma, o resultado de estresse, cansaço e um coquetel de drogas. Depois de vários dias, ele recuperou a consciência e anunciou, em seu típico estilo Monk: "Vocês todos acharam que eu já era. Acharam que eu ia me mandar. Que eu ia morrer. Que pena, hein?".

---

* Opinião compartilhada por Leslie Gourse, um dos biógrafos de Monk. (N. A.)

Nica e Nellie começaram a tentar achar alguma forma de tratamento para Monk. As duas mulheres estavam determinadas a encontrar algo, mas tinham estratégias completamente diferentes. Foi ao lutar pela saúde de Monk, e não pelo amor dele, que as duas finalmente se desentenderam.

A reação de Nellie foi substituir toda a comida de Monk por sucos de frutas e verduras. Paul Jeffrey, o saxofonista que substituiu Charlie Rouse na banda de Monk, explicou como funcionava: "Ela comprou um processador de suco, acreditando que, se Monk tomasse só suco, isso o curaria. Eu costumava ir ao mercado do Bronx com Nellie na parte da manhã e carregava grandes caixas com cenoura e aipo, colocava no meu porta-malas, dirigia até o apartamento e descarregava aquilo tudo. Para ela fazer o suco". Monk adotou a cura de Nellie durante meses, mas não melhorou nem um pouco; apenas ficou terrivelmente magro. Nica, horrorizada com sua perda de peso, levava comida às escondidas para o apartamento do casal. Ela esperava Nellie sair e aparecia com pratos de bife e batatas, que um Monk muito grato devorava rapidamente.

A obsessão de Nellie com os sucos quase fez a família ser expulsa: os vizinhos se queixavam amargamente de que o zunido da máquina deixava todo mundo acordado de noite. Convencida de que aquele era o caminho certo, Nellie chegava a alimentar a esperança de abrir uma loja de sucos para curar músicos doentes. Desesperada para encontrar uma renda regular para a família, ela sentia raiva de Monk por causa de seu consumo de drogas. "Ela achava que ele já havia se condenado na juventude. E que ele podia viver até os 95 se não tivesse tomado 10 milhões de toneladas de drogas", disse Toot Monk a Leslie Gourse.

Mais uma vez, fiquei pensando sobre o envolvimento de Nica com as drogas. Era uma facilitadora ou usuária? Uma diletante ou uma devota? Minha intuição diz que, embora ela talvez tivesse usado uma ou outra substância que altera a consciência, Nica não apresentava nenhum dos sintomas que revelavam o vício. Muitos de seus amigos foram destruídos por opiáceos. Monk era quase certamente um dependente químico; continuava a tomar drogas mesmo que isso ferisse as pessoas próximas a ele, prejudicasse sua música e sua saúde. Nica exibe os sinais clássicos de uma codependente: começou a cuidar obsessivamente de Monk, tão preocupada com as suas necessidades que ela as colocava diante de suas próprias e para com sua família; colocava a liberdade e a segurança dele diante de suas responsabilidades e seu bem-estar. Se Monk era viciado em drogas, Nica era viciada em Monk.

Outra viagem desastrosa para San Francisco fez Monk ser internado no Hospital Langley Porter. Nellie, desesperada, assinou documentos concordando com um novo tratamento médico: terapia de eletrochoque. Nica era terminantemente contra procedimentos invasivos, mas Nellie estava convencida de que esta nova cura ajudaria seu marido. Consegui rastrear o psiquiatra residente, Eddie Henderson, que foi responsável por cuidar de Monk. Em seu tempo livre, Henderson era trompetista e saiu em turnê com Miles Davis.

Henderson não pratica mais a medicina, mas ainda toca. As descrições detalhadas de sua infância e da vida na estrada na companhia de Miles Davis me convenceram de que seu relato era o mais próximo da verdade.

"No fim de 1969, fui psiquiatra residente no Instituto Psiquiátrico Langley Porter, que faz parte da Universidade da Califórnia, em San Francisco", explicou. "Era tarde da noite quando fui acordado e chamado lá embaixo para atender um paciente." Ele imediatamente reconheceu Monk, embora ninguém mais o reconhecesse, e, no formulário de admissão, escreveu que o músico foi trazido por Nellie após um longo período de silêncio, em que exibiu comportamento estranho.

No dia seguinte, dr. Young, o psicólogo, pediu a Monk para fazer o Teste de Rorschach, que mede as reações dos pacientes a diferentes ilustrações feitas de manchas de tinta. Alguns profissionais acreditam que isso pode dar um vislumbre dos traços de personalidade e reações emocionais. Monk, de acordo com Henderson, recusou-se a fazer comentários, ficou brincando com seus anéis e olhando fixamente para o chão. O médico mostrou-lhe outra mancha e sugeriu que parecia um menininho tocando violino na frente de seus pais. Monk balançou a cabeça, espantado, como se o médico estivesse louco. "Isso aí não significa nada, é uma mancha de tinta", disse ele. O médico continuou mostrando vários padrões a Monk, insistindo e dando diferentes interpretações. Finalmente, Monk, deu uma piscadela para Henderson e voltou-se para o médico. "O menininho está bem bêbado."

"Ah, é, sr. Monk? Por quê?", perguntou o dr. Young.

"Porque a mãe dele não dá mais pra ele." Quando o dr. Young largou a prancheta, Monk acrescentou: "Esquece isso".

Henderson recorda-se de que Monk muitas vezes falava de um jeito bem-humorado e lúcido, mas que de repente ficava "distante, ausente, como se estivesse caindo no fosso de um elevador. Ficava em outro mundo". Fizeram testes com Monk com eletroencefalograma para gravar a atividade elétrica espontânea de seu cérebro no curto período de vinte a quarenta minutos. Um eletroencefalograma mostra, entre outras coisas, o efeito cumulativo das drogas que o paciente tomou durante a vida. "O resultado do sr. Monk apresentava muitos picos." De acordo com Henderson, isso significava que seu cérebro estava lesionado.

Monk foi diagnosticado como "esquizofrênico, sem classificação definida", e foi receitada clorpromazina, uma forte medicação antipsicótica, a qual, na verdade, lhe fora receitada em ocasiões anteriores. Eddie Henderson explicou que uma pequena quantidade, cem miligramas, já deixava uma pessoa normal sonolenta, enquanto a dose mais elevada que já tinham dado a um paciente era de 3500 miligramas. Dentro de uma semana, Monk estava tomando a dose mais alta, mas ela tinha pouco impacto. Como o tratamento por eletrochoque dobra o efeito da droga, Monk foi colocado numa camisa de força e amarrado a uma mesa. Colocavam uma sonda em sua boca, ele fechava os olhos enquanto eletrodos eram conectados às suas têmporas e a eletricidade varria seu cérebro. Não se sabe exatamente como o tratamento funciona, mas, em alguns casos, ele parece aliviar a depressão. Até mesmo nos dias de hoje, a ECT (ou eletroconvulsoterapia, como é conhecida atualmente) é um tratamento controverso. Pouco se sabia na época sobre como ela afetava o equilíbrio neurológico. Henderson disse-me que ela "embaralha as células do cérebro" e que depois, em muitos casos, os pacientes "não eram mais os mesmos".

Enquanto Monk era tratado em Langley, ele foi autorizado a fazer um show sob a supervisão de Henderson. O psiquiatra residente implorou para que Monk não bebesse, muito menos usasse quaisquer outras substâncias que pudessem alterar a mente, já que ele fazia uso de medicação pesada. Assim que chegou ao clube, Monk pediu um Jack Daniel's triplo e depois entornou três cervejas. Em seguida, conseguiu arranjar um grama de cocaína. Dividindo o pacote ao meio, ele cheirou tudo, um pouco em cada narina. "A essa altura, ele já estava suando e o terno ficou tão molhado que parecia que ele tinha pulado numa piscina. Estava pingando de suor", lembra-se Henderson. "Aí ele sobe no palco. Fica dançando, brincando com o anel. Ele senta e empurra as teclas, mas de leve, sem fazer nenhum som. Não fez som nenhum a noite inteira." Mais tarde, quando Henderson levou Monk de volta para o hospital, o pianista disse: "Foi um bom set".

Depois que ganhou alta de Langley Porter, Nellie e Harry Colomby decidiram que uma temporada na ensolarada Costa Oeste faria bem à família e tentaram arranjar um contrato para Monk gravar alguns jingles publicitários. Monk insistiu em voltar para sua amada Nova York. Infelizmente, Nellie tinha colocado seus móveis num depósito depois do último incêndio. O apartamento ainda não estava recuperado. Com a ajuda de Nica, os Monk alugaram um apartamento em Lincoln Towers, um lugar de que Monk nunca gostou. Querendo voltar para sua antiga casa e sua velha mesa, Monk foi até o apartamento de seu amigo Charlie Rouse, passou pela mulher de Charlie, empurrando-a, e exigiu: "Onde está a minha mobília? Você está com os meus móveis?".

Tenho vislumbres de minha tia-avó na filmagem feita por Michael e Christian Blackwood em 1968. Em uma cena, ela e Monk estão dirigindo pelas ruas de Nova York para fazer um show num clube de um amigo deles, Lionel Hampton. Nica dirige à sua maneira habitual e imprudente, virando para falar com o câmera no banco de trás, ou virando de lado para se dirigir a Monk.

Mais tarde, provavelmente na mesma noite, o casal relaxa nos bastidores em outro local. Vejo e revejo as imagens, avançando e retrocedendo, tentando descobrir o que Nica está pensando. Ela está com 54 anos e tem a aparência de uma mulher dessa idade. Seu rosto está inchado e seus traços requintados já se perderam. Seu cabelo está comprido e mal cortado. Está usando uma saia preta e uma blusa listrada que não lhe cai muito bem. Ao fim da noite, já está bem bêbada e precisa morder com força a piteira para não deixá-la cair. Diversas vezes, ela pergunta a Monk que músicas ele vai tocar. Diversas vezes, ele só resmunga e olha para outro lado, fazendo uma dancinha, trocando meia frase aqui e ali com um amigo. Nica senta de repente na escada e olha para ele com ternura. Ela sempre olha para ele com ternura.

Nica diz a Monk que lhe comprou um presente.

"Um milhão de dólares?", ele pergunta, esperançoso.

"Não, uma caneta para você dar autógrafos."

"Eu não gosto de andar com caneta, você sabe disso", Monk diz, tirando a tampa. Ela não consegue achar um pedaço de papel em branco, então ele experimenta sua nova caneta num guardanapo de papel. O guardanapo rasga. Nica ri.

"É de prata?", pergunta Monk, examinando a caneta.

"Sim. Toma, achei um pedaço de papel." Nica aponta para um bloquinho sobre a mesa. Monk se inclina e rabisca algo.

"Sabe o que está escrito ali?", ele pergunta. "Se você conseguir alguém para assinar isso aí, você vai pirar. Pirar de verdade."

Eles falam sobre a família de Nica e de como eles são ricos, embora ela afirme ser só uma parente pobre. E ela é, em comparação com os Rothschild, mas não, é claro, em comparação com a maioria das pessoas ali naquela sala.

Monk se vira para a câmera. "Eu não quero mais ficar sem dinheiro. Essa fase acabou", ele diz, com toda a sinceridade, tirando algumas notas dobradas do bolso e agitando-as no ar. Um membro da comitiva aponta para os anéis pesados de Monk, dizendo que ele prefere joias a dinheiro. Monk concorda, apontando para uma opala negra, sua pedra de nascimento, que vale pelo menos mil dólares, encrustada entre diamantes lapidados. Inclinando-se para a frente, Nica toca suavemente a testa dele, sua mente.

"Tudo o que você precisa é disso", ela diz, amorosamente.

"Rá", resmunga Monk, como se não estivesse convencido.

Nica pega algumas fotos de seus gatos, dizendo que perdeu a conta de quantos são depois de contar até 106. Monk revira os olhos para a câmera; pelo menos naquela cena, o louco não é ele.

23

Te amo

A saúde mental de Monk se deteriorou rapidamente durante a década de 1970. Em 1971, ele entrou em depressão catatônica e foi internado no Beth Israel Hospital. Depois de receber alta, participou da turnê Giants of Jazz, de George Wein, em 1972. A agenda era muito cansativa: dois shows por noite em dezesseis cidades num período de 22 dias. Raras filmagens clandestinas dos shows, feitas em Berlim na época, mostram Monk — magro, suado, o cavanhaque meio grisalho e ralo — debruçado sobre o piano, tocando sem muito entusiasmo. Seu corpo parece ter encolhido dentro do terno. Seus grandes anéis de ouro ficam saindo dos dedos e o suor pinga sem parar sobre as teclas do piano.

Um dos debilitantes efeitos colaterais do problema de próstata de Monk era a incontinência. "Ele tinha um problema de continência que o deixava sem controle, e isso era muito ruim, porque ele sentia muita vergonha", disse o promotor George Wein, recordando-se de um incidente durante a turnê. "Ele era um homem muito orgulhoso, o Thelonious. Sempre estava impecavelmente vestido. Comprava ternos caros e nunca estava malvestido." Quando Thelonious estava em casa, era mais fácil lidar com a incontinência, mas, na estrada, não saber aonde o ônibus de turnê ia parar ou como seria o banheiro tornava uma situação que já era difícil quase intolerável.

218   Te amo

Quando voltou para Nova York, seu amigo Paul Jeffrey precisou ajudar Monk a sair do avião. "Ele mal conseguia andar de tão fraco." Monk tirou folga durante quase todos os meses de dezembro de 1971 e janeiro 1972 antes de voltar ao trabalho. Disse aos amigos que precisava sair de casa: estava enlouquecendo com o zunido constante do processador de suco de Nellie.

A gravidade da situação de Monk ficou clara para Nica em 1972. "Estávamos voltando de carro para Nova York quando ele me disse de repente: 'Eu estou muito doente.'" O fato de Monk admitir seu próprio estado fez Nica logo entrar em ação. "Foi aí que comecei a procurar médicos e tentar solucionar a coisa." Ela dedicou os dez anos seguintes a tentar encontrar uma cura. Ao ouvir hoje em dia uma gravação em que Nica descreve as enfermidades de Monk, é possível perceber um desespero contido em sua voz. Ela consultou médicos na Europa e nos Estados Unidos, mas não conseguiu encontrar um tratamento eficaz ou um diagnóstico convincente. "Eu gostaria de poder dizer o que [ele tinha]", diz ela em voz baixa; Monk tinha "uma doença terrível. Ele se sentia sempre muito cansado. Podia até sentir dor [mas] nunca dizia nada: ele era terrível assim. Tenho certeza de que sentia dor", continua Nica, a voz embargando um pouco por baixo do sotaque britânico. "Ele tinha convulsões. Tinha cirrose do fígado... pressão arterial elevada... Estava quase com diabetes. Tenho uma pilha de exames [dele] que vai quase até o teto."

Em janeiro de 1972, Nica colocou Monk sob a supervisão de um novo grupo de médicos do Hospital Gracie Square. Isto levou a uma mudança significativa no rumo do tratamento. Assumindo o processo, Nica estava determinada a não permitir que Monk passasse pela moderna "cura pela fala", que ela achava "ridícula: tudo o que acontecia era que o psiquiatra precisava depois fazer sessões com o psiquiatra *deles*. Ele acabava com eles". Ela estava igualmente convencida de que os médicos deveriam evitar eletrochoque e tranquilizantes pesados, insistindo numa abordagem mais suave, mais holística.

Sua irmã Miriam, que estava tentando, ao mesmo tempo, encontrar uma cura para sua irmã Liberty, influenciou Nica nessa questão. Como o pai delas, Charles, e o próprio Monk, Liberty fora diagnosticada com esquizofrenia. O começo das vidas tanto de Nica quanto de Miriam foi dominado pela presença constante de alguém afetado por esse mal debilitante. Agora, as duas irmãs encontravam-se, mais uma vez, orbitando pessoas com doenças mentais. Talvez desta vez pudessem fazer alguma diferença. Seu irmão Victor, detestando toda exibição de vulnerabilidade e instabilidade, ignorou o problema, enquanto Miriam e Nica buscavam desesperadamente pela resposta. Miriam chegou a criar o Fundo de Pesquisa para Esquizofrenia, ainda ativo atualmente, que tenta identificar as causas biológicas da doença.

Miriam encomendou uma série de testes microcelulares em Liberty; eles mostraram que ela também tinha doença celíaca e que poderia ser amenizada se seguisse uma dieta especial sem proteínas vegetais. Seguindo o conselho de Miriam, Nica também encomendou uma pesquisa abrangente dos desequilíbrios bioquímicos de Monk em nível celular, testando as quantidades e as variações em seu corpo de vitaminas, minerais, aminoácidos e ácidos graxos essenciais. Os resultados, ela esperava, poderiam sugerir um tratamento que visasse aliviar seus sintomas. A primeira recomendação dos novos médicos era de que Monk deveria parar de tomar clorpromazina e passar a tomar lítio. Chegar à dose certa era vital: seu fígado não podia processar excesso de sal. Também era bastante aconselhável que ele ficasse distante das drogas e do álcool, mas, de acordo com seu amigo e músico Paul Jeffrey, Monk nunca conseguia resistir a uma carreira de cocaína seguida de uísque puro.

Um grupo de testes mostrou que o sistema de Monk estava sobrecarregado de cobre e carecia de zinco. Os médicos tentaram contra-atacar dando-lhe megavitaminas e zinco extra, mas os níveis nunca voltaram ao normal. Outros testes revelaram que Monk tinha fungo na urina. Miriam aconselhou a irmã a explorar a medicina oriental, que leva muito a sério a umidade no chi, ou na energia do corpo. Nica contratou acupunturistas e digitopunturistas chineses para ajudar a tratar Monk.

Acima de tudo, as irmãs Rothschild acreditavam que um doente deveria receber os cuidados em casa, livre das pressões do trabalho, para que pudessem seguir a própria rotina idiossincrática. Embora o comportamento de Liberty fosse muitas vezes imprevisível, Miriam insistia para que ela tivesse liberdade de sair e voltar sempre que quisesse. Liberty passou seus últimos anos em Ashton e, às vezes, passeava pela casa, sentava-se ao piano ou interrompia alguma conversa. Faziam de tudo para que ela não se sentisse desconfortável ou indesejada.

Mais para o fim da vida, indagaram a Nica se ela tinha algum arrependimento. Eu esperava que ela refletisse sobre ficar separada de seus filhos. "Arrependimento? Sim!", Nica respondeu. "Um bem grande: de não ter conseguido achar o médico certo para o Thelonious. Esse é o meu arrependimento, meu único arrependimento."

Monk foi contratado para fazer uma série de shows no Village Gate, em janeiro de 1972. O saxofonista Paul Jeffrey tornou-se assistente de Monk. "Eu costumava ir até a casa de Monk, deixá-lo pronto para o trabalho e levá-lo até o clube. Depois do trabalho, eu levava Monk de volta para casa. Houve uma noite extremamente fria em que Nica, que ficava na sua mesa de sempre vendo o show de Monk, ofereceu-se para deixá-lo em casa e depois me levar até a estação de trem."

Jeffrey lembra que voltou ao apartamento de Monk com a neve caindo sobre as ruas de Nova York, cobrindo a cidade de branco e abafando todos os sons. "Chegamos ao seu bloco de apartamentos, mas Monk não queria sair do carro. Nica ficava aumentando o aquecimento do carro e depois baixando, para que o carro não superaquecesse. E isso durou até as seis da manhã. Naquela época, eu morava em Coney Island, que era a última parada no metrô, então acabei falando que ia para casa e deixei os dois lá."

Monk finalmente saiu do carro de Nica e entrou no apartamento. Talvez o zunido do processador de suco tenha sido a gota d'água, mas no dia seguinte ele ligou para Nica e pediu que ela fosse buscá-lo com suas coisas. Quando Nica chegou, Nellie começou a gritar com os dois, sem conseguir acreditar que seu marido pretendia ir morar com outra mulher. Mas quem poderia acusá-la? Por fim, Nica assumiu o comando. Tomando Monk pelo braço, ela disse: "Vamos, Thelonious, vamos dar o fora dessa bosta de lugar".

Nica ligou para Paul Jeffrey no dia seguinte à tarde. "A Baronesa disse: 'Você não precisa mais pegar Monk no apartamento de Nellie porque ele está comigo e vou levá-lo.'" Aquela foi a última vez em que Monk ficou no apartamento de Nellie.

Nos primeiros anos depois que Monk saiu da casa de sua família, Nellie ia até Weehawken cozinhar para o marido e passar algum tempo com ele, mas, com o passar dos anos, as visitas começaram a rarear. Quando, em 1976, Mary Lou Williams pediu algumas fotografias publicitárias de Monk, Nica escreveu de volta dizendo que ela ia pedir "quando ou se eu vir Nellie (ela não tem telefone). Ela visita muito raramente". Nica nunca aprendeu a cozinhar. Uma tal sra. D fazia o serviço de empregada e ela tinha um faxineira, Gracie, mas nunca havia muito além de comida de gato na cozinha, então Nica comia nos clubes. Monk ficou no quarto do segundo andar e, durante algum tempo, parecia que sua vida ia continuar naquele estado de tranquila semiaposentadoria.

Monk tocou em Newport, Nova York, em julho de 1975 e fez dois shows em 1976, o primeiro no Carnegie Hall em março e o seu canto do cisne em Bradley, no dia 4 de julho. Nica diz que, de 1972 em diante, ele mal encostava no piano, mas jogava pingue-pongue ou damas chinesas com o neto de Nica, Steven. Sua última gravação a ser lançada, "Newport in Nova York", foi feita em 3 de julho de 1975 no Philharmonic Hall, e a última gravação feita por Nica em seu gravador de fita foi "'Round Midnight".

Um dos mistérios da história do jazz é por que Monk parou de tocar, aposentou-se e ficou só na cama. Nica descreveu os anos finais de Monk como "muito frustrantes. Era como se não estivesse ali, mesmo estando ali. Imagine alguém deitado na cama desse jeito. Era como se ele soubesse que morreria quase naquela posição, em que as pessoas são colocadas em seus caixões. E ficava dias a fio sem falar nada. E eu levava a comida dele, fazia-o tomar seu remédio. Geralmente ele reagia um pouco quando eu falava com ele, mas não falava com mais ninguém".

Paul Jeffrey, que continuou amigo íntimo de Monk até sua morte em 1982, disse: "Quando você perguntava a Monk [sobre sua inatividade], ele dizia: 'Eu me aposentei'. Isso faz todo sentido para mim. Os jogadores de beisebol também se aposentam. As pessoas sempre acham que os músicos devem continuar tocando, sendo que talvez sua maestria tenha diminuído. Em outras palavras, ninguém espera que você se aposente da música. Bem, há músicos que vivem muito tempo, a ponto de não poderem mais tocar. Ele simplesmente decidiu que não queria mais tocar".

O filho de Monk, Toot, ofereceu uma explicação médica: "Meu pai tinha feito uma operação na próstata, removeram a próstata dele, acho que, não sei, lá por 1973 ou 1974 e, como resultado disso, as necessidades fisiológicas eram bem difíceis. Todo mundo achava que ele tinha parado de tocar porque perdeu a vontade, ou porque perdeu o interesse, ou porque ficou avariado depois de ter ido parar tantas vezes no hospício. Mas não era nada disso. Era só porque era desconfortável para ele, sabe?".

Ouvir essas teorias deixava Nica estranhamente zangada. "Thelonious só parou de tocar quando trabalhar se tornou uma impossibilidade física para ele: nada mais seria capaz de impedi-lo. Havia um desequilíbrio bioquímico [em seu sangue] e ele ficou muito doente em seus últimos anos. Ele queria mais do que tudo ficar bem e [foi por isso que] cooperou cem por cento com os médicos, e eles tentaram de tudo, mas nada funcionou."

Nica nunca perdeu a esperança de encontrar uma cura. Escrevendo para Mary Lou em 1977, ela expressou grande entusiasmo: "Tenho esperanças em um novo médico para T... Ele é simplesmente o maior especialista que existe em desequilíbrios bioquímicos (que é precisamente o problema do T). Não vou contar para NINGUÉM (inclusive o T) sobre isso no momento, mas queria que você, POR FAVOR, rezasse para que ele POSSA nos ajudar. Te amo!". Dois anos depois, ela escreveu para Mary Lou contando sobre outro especialista de Princeton e alguém que faz "shiatsu" em Thelonious: "T está se comportando direitinho, seguindo rigorosamente a dieta, tomando todos os comprimidos indicados para ele, todos os dias". Em uma carta a um primo, em 1981, Nica ainda fala com entusiasmo sobre achar outro médico que talvez possa ajudar.

Certa vez, ela e Paul Jeffrey tentaram despertar o interesse de Monk pedindo que jovens músicos viessem tocar do lado de fora da janela dele. Não houve reação por parte dele. Em outra ocasião, ela pediu ao pianista Joel Forrester para tocar do lado de fora do quarto de Monk. Desta vez, Monk bateu a porta do quarto.

O antigo produtor e amigo de Monk, Orrin Keepnews, visitou o pianista em Weehawken no final da década de 1960. "Monk, você sequer anda abrindo o piano?", perguntou Keepnews. "E ele me disse: 'Não, não estou'. E eu disse: 'Você quer voltar a tocar?'. E Monk disse: 'Não, não quero'. E eu disse: 'Você gostaria que eu te visitasse para a gente conversar sobre os velhos tempos?'. E ele respondeu: 'Não, não gostaria'".

Barry Harris, o pianista, que também viveu com Nica e Monk, comentou que Orrin teve a sorte de ouvir "frases inteiras de Monk. Para a maioria das pessoas, ele dizia apenas 'Não' ou então não falava nada".

Quando meu tio Amschel foi passar uma tarde com Nica em Nova York, ele descreveu Monk deitado na cama como se estivesse morto, com as mãos em posição de oração, sem dizer palavra e sem se mexer enquanto o mundo continuava girando à sua volta. Às vezes, a família de Nica podia aparecer para ajudar, mas na maior parte do tempo ela ficava sozinha com Monk e os gatos. "Eu costumava tocar muitos discos para ele, ele gostava disso", ela disse, relembrando uma tarde de outono em particular. "Eu o vi se levantar. Eu estava na sala grande tocando os discos e eu o vi ir da cama para o banheiro e ouvi um barulho muito alto, então corri e ele tinha caído dentro do banheiro, e a porta abre para o lado de dentro, é muito pequeno. Os pés dele estavam contra a porta e eu não conseguia abri-la. Eu não conseguia chegar até ele. Então, chamei a ambulância e precisaram tirá-lo de lá."

Eddie Henderson também foi visitar Monk e Nica nessa época.

A Baronesa estava sentada na sala de estar com uma piteira, cercada de 75 gatos. Ela disse: "Oh, olá, doutor, o Monk está lá em cima". O sr. Monk estava sentado naquela grande sala que tem um piano, olhando para o horizonte de Nova York, completamente bem-vestido, com uma gravata fina e chapéu de borda estreita. Ele não olhou para mim, mas disse: "E aí, doutor, como vai?". E eu disse: "O que o senhor está fazendo, sr. Monk?". Ele respondeu: "Estou esperando um telefonema". Ele só ficou olhando para o teto e, ironicamente, uns dez segundos depois, o telefone tocou. Ele atendeu. Mas ele só ficou ouvindo, não disse alô. Só ficou ouvindo. Cerca de vinte ou 25 segundos depois, um bom tempo, ele desligou o telefone e disse: 'Não era este'".

Seu velho amigo Amiri Baraka também visitou Monk em casa. Como Nica, ele estava convencido de que Monk ainda estava plenamente consciente. Quando Baraka perguntou ao pianista o que estava acontecendo, Monk respondeu: "Tudo, cara. Cada googolplex de um segundo". Nica dizia que o passatempo favorito de Monk era ficar parado em frente à enorme janela de vidro, olhando para o horizonte de Manhattan. Às vezes, ela dizia, Monk conduzia o clima. "Ele podia mudar a direção de nuvens, sabia disso? As pessoas aqui da rua criam pombos. Thelonious ficava na janela e fazia os pombos mudarem de direção; eu o vi fazer isso de verdade. Ele conseguia fazer uma nuvem voltar para o lugar de onde veio."

De 1972 em diante, Nica recusou-se a sair do lado de Monk nos oito anos seguintes. E então, em 1980, um velho amigo da família fez noventa anos de idade e ela decidiu ir para a Europa para o seu aniversário. Ao descrever o momento em que ela foi se despedir de Monk, Nica admitiu:

> Não sou de chorar. Dá para contar nos dedos as vezes em que chorei na vida. Quando fui me despedir de Thelonious, ele ficou tão chateado que eu não conseguia parar de chorar. Lembro-me do Thelonious dizendo: está tudo bem, vou estar aqui quando você voltar. Não vou a lugar nenhum, estarei aqui. Foi minha primeira viagem num Concorde e chorei a viagem inteira até a Inglaterra. Devo ter ensopado centenas de lenços. Era quase como se eu soubesse que estaria me despedindo dele ali.

Thelonious estava certo: ainda estava lá quando Nica voltou, e viveu por mais uns dois anos. E então, no dia 5 de fevereiro de 1982, ele sofreu um ataque cardíaco fulminante em Weehawken. Nica chamou uma ambulância e foi com ele para o Englewood Hospital, onde Monk ficou em coma durante doze dias. Nica, Nellie e a família se revezavam para sentar-se perto dele. Thelonious morreu aos 64 anos, em 17 de fevereiro, nos braços de Nellie. Nica estava em casa, do outro lado do rio.

No funeral de Monk, Nica e Nellie sentaram-se lado a lado na primeira fila da igreja. Músicos, amigos e parentes passavam para prestar suas últimas homenagens às duas matriarcas e depois a Thelonious, que jazia num caixão aberto, forrado com seda branca. Como de costume, ele estava impecavelmente vestido, com um terno cinza de três peças, uma gravata de listras e lenço combinando no bolso do paletó. Suas mãos enormes estavam entrelaçadas, e seu rosto, um pouco inchado e com a palidez da morte, parecia sereno, em paz. Estava sem chapéu, o que era incomum. Nica, com suas pérolas, um casaco de pele pesado e batom carmesim, só ficava olhando para a frente, sem expressão no rosto.

Mas sua compostura evaporou quando Nica descobriu que seu Bentley não lideraria o cortejo fúnebre. Depois de cuidar do pianista por tanto tempo, ela não queria, naquele momento público vital, ser marginalizada. Nica fez tamanho escândalo que Nellie, Toot e Boo-Boo (Barbara) Monk saíram da limusine da família e entraram no Bentley Bebop. A procissão passou pelos lugares favoritos de Monk antes de seguir para o Cemitério Ferncliff em Hartsdale, a uns quarenta quilômetros de distância.

A pouco mais de um quilômetro de Hartsdale, o carro de Nica quebrou. De acordo com Robin Kelley, o biógrafo de Monk, a família de Monk voltou para a limusine contratada. Nica ficou com o carro na beira da estrada e a procissão continuou sem ela. Foi um fim vergonhoso, humilhante e triste para esse capítulo de sua vida.

24

'Round Midnight*

Nica estava com 69 anos, logo seria bisavó e, como ela não precisava mais cuidar de Monk, encontrava-se em outra encruzilhada. Ela poderia ter voltado para seu país de origem, para viver numa casa de campo na propriedade de Ashton com suas irmãs, ou se juntar à sua filha Janka, que emigrara para Israel. Em vez disso, ficou em Weehawken, compartilhando a casa com o pianista Barry Harris e todos aqueles gatos.

Sua rotina pouco mudou. Nica passava a maior parte do dia na cama, rodeada de papéis, livros, revistas e gatos. Sua missão diária era completar as palavras cruzadas do *Times*. Continuou a ser uma pessoa noturna e parecia mais feliz quando anoitecia. Certa noite, ela e eu combinamos de nos encontrar. "Vamos nos encontrar às doze", ela sugeriu.

"Um pouco antes do almoço?", perguntei. Afinal, ela era minha tia-avó e já era uma senhora de idade.

"Não! À meia-noite!", ela rugiu em resposta.

Perguntei a seu neto Steven se ele a chamava de vovó ou de outro apelido. Sem hesitar, ele respondeu: "De Bye-bye".

"Por quê?"

---

* Clássico do jazz composto por Thelonious Monk em 1944. Em português, "Por volta da meia-noite". (N. T.)

A Baronesa do Jazz 227

"Porque eu entrava no quarto dela correndo e fazendo barulho e logo ela começava a rir e dizia: bye-bye."

Durante o ano de 1984, Nica passou por um tratamento de radiação para o câncer, mas dizia que a música era sua melhor terapia. Deve ter funcionado, porque ela se curou do câncer e também da hepatite que, alegava ela, pegou de agulhas contaminadas de seu médico. A Nica que vim a conhecer alguns anos mais tarde vivia praticamente do mesmo jeito que vivera nos trinta anos anteriores: não havia mais Monk, mas ela ainda era uma ávida consumidora de música. Quando eu ligava para ela, ao chegar a Nova York, ela ria, dizia olá e, em seguida, começava imediatamente a falar das novidades. Nunca era nada pessoal ou revelador, só a animação desenfreada com o que estava acontecendo musicalmente: fulano vai tocar neste ou naquele clube. "Vai ser o máximo. Vamos nos encontrar lá." E aí, como era típico de muitos Rothschild, ela desligava sem se despedir.

Nica continuou a manter contato com sua família britânica. Na Inglaterra, houve reuniões da família em 1968, 1969 e 1973, e outros membros da família passavam por Nova York. Nos arquivos de Waddesdon, encontrei várias referências a Nica nas cartas da família. Lembro-me de uma reunião bem grande em Ashton, no dia 6 de maio de 1986, quando Miriam convidou Nica, seus filhos, a rabina Julia Neuberger e eu para almoçar. Não havia apresentações em Liberty Hall: todo mundo simplesmente se juntava, pessoas diferentes unidas por genes não tão diferentes.

Em uma carta escrita a um primo Rothschild, datada de 21 de junho de 1986, Miriam pede desculpas por convidar Nica para um evento da família. "Espero que a ideia de colocar Nica no jantar com meu irmão não tenha sido desastrosa. Nica estava ansiosa para vê-lo e, desde que Thelonious morreu, ela anda muito solitária e doente, e queria muito ver todos os membros da família antes de voltar." Após o evento, Nica escreveu ao primo, pedindo desculpas por entrar "de quatro": ela havia caído e se machucado recentemente. Logo depois, ela voltou para Nova York no navio *Queen Elizabeth II* com a filha Berit e fraturou uma costela assim que chegou em casa: estava tentando subir no telhado para ter uma vista melhor da Regata de Veleiros de Mastro Alto.

Em 1986, Nica apareceu em dois longas-metragens: o de Clint Eastwood, *Bird*, era um relato fictício da vida de Charlie Parker baseado parcialmente nas memórias de Nica. *Straight, No Chaser* era um documentário que mistura os velhos arquivos de Monk e Nica com recentes filmagens de Kingswood Road e do funeral de Monk. Nica levou os filhos para conhecer Clint Eastwood no Nica's Bar, que ficava no Hotel Stanhope. Ela adorava a ironia de que o lugar que a tinha jogado na sarjeta agora honrava sua memória. Após o encontro, Nica escreveu ao amigo Victor Metz, em Paris: "Clint Eastwood parece ser EXTREMAMENTE legal, mas duvido que eu vá gostar de como serei representada. Ele me enviou uma foto da atriz e eu a achei parecida com um cavalo constipado!!!".

Quincy Jones viu Nica na estreia: "Ela estava com Barry Harris e tivemos um bom jantar depois de ver o filme. Eu estava acompanhado da Streisand naquela noite. Quando saímos, havia uma limusine e vinte homens em dois carros nos perseguindo até a Madison Avenue. Foi bem doido". E o que Nica achou de tudo isso? "Ela achou tranquilo, ficou normal."

Em novembro de 1988, Nica deu entrada no hospital para fazer uma cirurgia cardíaca. Foi um procedimento simples e ela deveria permanecer lá durante alguns dias. Uma das últimas pessoas a visitá-la foi o pianista Joel Forrester. "Nica parecia branca feito papel deitada na cama. Ela estava coberta e sozinha. Ela me explicou que não conseguia ler e que não conseguia me enxergar direito, mas que mesmo assim estava plenamente consciente. Não havia uma televisão ali para ela, caso quisesse ver. Eu disse: 'Nica, o que você faz o dia todo?' Ela respondeu: 'Fico repassando as memórias de toda uma vida'".

Esperava-se que Nica se recuperasse totalmente, mas seu corpo, enfraquecido pela idade, pela vida desregrada, hepatite, alguns acidentes de carro e um câncer, não resistiu. Às 17h03, no dia 30 de novembro de 1988, Nica faleceu. Ela estava com 74 anos. A causa da morte foi dada como insuficiência cardíaca devido a uma ponte de safena tripla na aorta.

Em seu testamento, Nica deixou 750 mil dólares. Ela se queixava de pobreza, mas isso acabou revelando-se algo relativo. Pensei em suas roupas velhas, nos tapetes puídos, na falta de comida e vinho decente na casa, e percebi que tudo isso foi uma escolha. Os únicos luxos que Nica queria eram seu carro, seu piano Steinway e sua mesa de pingue-pongue. Todo o resto era funcional. Somente o Bentley chamava a atenção. Eu me perguntava se era coincidência que a única coisa que valia muito dinheiro, um carro sofisticado, era um veículo de fuga. Uma vez que ela ofereceu o carro a Thelonious pelo valor de 19 mil dólares.

"Dezenove mil dólares!", exclamou Monk. "Com isso eu posso comprar uma casa com quatro quartos, sala, cozinha e garagem."

"Claro que pode", respondeu Nica. "Mas para onde a casa te levaria?"

Nica deixou um último pedido: que sua família cremasse seu corpo, alugasse um barco e espalhasse suas cinzas no rio Hudson, perto de "Catville". O horário era muito importante: ela queria que isso fosse feito por volta da meia-noite.

Epílogo

Em 2008, vinte anos após a morte de Nica, retorno a Tring Park, a antiga residência da família. O trem que sai de Euston está lotado de passageiros, com os narizes enfiados em jornais e pastas encaixadas no colo: uma cena bem distante da experiência de Nica na infância, de fazer aquela mesma viagem num trem privado, em vagões Pullman. Embora a família tenha vivido em Tring de 1872 a 1935, este período ocupa somente um breve episódio na longa história da pequena cidade. No entanto, ao subir a High Street, vejo sinais dos Rothschild: a insígnia com cinco flechas estampada em alguns edifícios, uma Sala de Jantar Rothschild na pousada local. A gentil presença de Walter continua a residir no museu. Durante a guerra, o Banco Rothschild usou a casa como sua sede, mas, desde 1945, ela desempenha a função de uma escola de artes performáticas.

Só o parque continua nas mãos da família. Embora tenha sido cortado ao meio pela movimentada via A41, um enorme pedaço é preservado como parte do planejamento de flora e fauna de Charles Rothschild. Defensor incansável da preservação de áreas de habitat natural para flores selvagens, animais e insetos, o pai de Nica deixou um legado que viria a fundar o movimento de conservação britânico.

Hoje em dia, cangurus, zebras, emas e casuares não existem mais, foram substituídos por pedestres que passeiam com seus cães ou filhos. Os animais selvagens mais estranhos são veados e muntiacos. Quando Nica era pequena, as crianças das redondezas ficavam todas amontoadas nos

232 Epílogo

portões, esperando para apanhar uma das moedas de ouro que seu avô Natty Rothschild gostava de jogar da janela da carruagem. Atualmente, poucas pessoas entre os habitantes de Tring recordam-se dessa época da família. Até mesmo o museu de Walter foi rebatizado e virou uma parte do Museu de História Natural.

O salão principal em Tring, antes tão formal, agora está quase irreconhecível. A mobília cara foi vendida, as palmeiras em vasos e as pinturas foram removidas. Há uma barra presa na parede e o salão agora é área de treinamento de bailarinas. Gostaria que Nica pudesse ter visto o local transformado por um mar de tutus brancos. Na antiga sala de fumo, bailarinos mais jovens treinam a dança de Natal do Balé Nacional da Inglaterra para O Quebra-Nozes. Fantasiados de camundongos, presentes e soldados de brinquedo, correm uns para os outros, gargalhando. As antigas quadras de esportes gramadas agora são cobertas por uma marquise, e assisto a uma aula de jazz moderno: adolescentes de malha de ginástica dançam ao som de uma música escrita anos depois das mortes de Nica e de Monk.

No topo das grandes escadas principais, no final de um corredor, encontro o antigo quarto de Nica. É pequeno e tem painéis de madeira; a lareira foi vedada com tábuas e as paredes estão cheias das sucatas contemporâneas da vida adolescente — cartazes de boy bands, modelos do mundo da moda e bichinhos de pelúcia. Era naquela janela que Nica e seus irmãos ficavam prestando atenção para tentar ouvir o pai voltar para casa, a sua chegada anunciada pelo ruído dos cascos dos cavalos no cascalho. Foi dali que avistaram uma invenção ultramoderna, o avião bimotor. Fico ali, de pé, imaginando as manhãs em que as crianças eram acordadas pelas amas que enchiam as banheiras, ou pelas criadas que acendiam a lareira.

Uma sirene estridente anuncia a hora do almoço e interrompe meu devaneio. Imediatamente, a casa começa a tremer sob o peso de quatrocentos estudantes famintos que saem correndo pelas escadas e corredores, rumo à sala de jantar no porão. Nica ficaria maravilhada ao ver o que há para comer: vários pratos com curry, massas, sanduíches, assados, frutas e legumes exóticos — tudo muito distante da dieta regrada de peixe e ovos de sua infância.

O único artefato remanescente daquela vida está agora no porão, do lado de fora do que antes era a copa e agora é a sala dos professores. Ali está pendurada uma longa fileira de sinos de chamada, com os nomes embaixo: quarto de lady Rothschild, sala de estar de lady Rothschild, quarto de Lord Rothschild, ala das crianças e sala de fumo.

Como homenagem a minha tia-avó, peço a um aluno da escola para cantar a "Pannonica" de Thelonious Monk no salão principal. Alunos surgem de diferentes salas de aula e dormitórios para ouvir enquanto as palavras ressoam pelo lugar. Gosto de pensar que Nica ficaria feliz com isso. Talvez isso signifique que ela voltou para casa, mas em forma musical.

Saindo da escola, pego o caminho até o museu de Walter. O lugar praticamente não mudou: todos os recantos ainda estão cheios de sua coleção de taxidermia. Em caixas de vidro, ou suspensos do teto, estão muitas das espécies que ele descobriu e muitas outras batizadas em sua honra. O trabalho de Walter não foi muito apreciado enquanto ele estava vivo, principalmente por sua família, que o considerava um mero perdulário excêntrico de hábitos estranhos. Foi somente quando sua sobrinha Miriam escreveu sua biografia, *Dear Lord Rothschild*, que sua reputação foi reconsiderada e sua colossal contribuição para o estudo da história natural foi finalmente reconhecida.

Será que Nica será reconhecida e ocupará o panteão da família Rothschild de grandes realizadores? Como Walter, ela deixa um legado de nomes. Os dela não são um tentilhão de Galápagos ou uma mosca absurda, e sim uma lista de músicas. "Pannonica" é só uma delas; há ainda: "Nica's Dream", "Nica's Tempo", "Nica Steps Out", "Thelonica", "Bolivar Blues", "Cats in the Belfry", "Blues for Nica", "Tonica" e várias outras especialmente dedicadas a ela pelos amigos que ajudou.

Ao fazer uso de sua posição e herança, Nica desempenhou um papel ao auxiliar uma geração de músicos que passavam por dificuldades. Ela pegava um pouco de sorte e transformava em algo maior. Fez diferença. Em troca, recebeu a única coisa que lhe faltava, a coisa de que desesperadamente sentia falta na infância: a amizade.

Para Nica, porém, tudo dependia de estar perto da "oitava maravilha do mundo", Thelonious Monk. Por mais que ele talvez tivesse conseguido compor e obter sucesso sem ela, no entanto, ela orgulhava-se muito da parceria que tinham e do papel que desempenhava para criar o ambiente correto no qual ele pudesse trabalhar. Ela pôde não ter sido capaz de salvar o próprio pai da enfermidade, nem parentes seus do Holocausto, nem

234 Epílogo

proteger seus amigos do preconceito, mas Nica conseguiu tornar dignos os últimos anos de um homem e dar ao seu amado Thelonious um lugar acolhedor e seguro no fim da vida.

Recentemente, um amigo brincou: "Você nunca vai terminar este livro, porque você não suporta abandoná-la". Ele quase tem razão. Minhas estantes e gavetas do estúdio estão cheias de tentativas de conhecer e entender Nica: dezessete caixas e pastas de arquivo; um documentário em longa-metragem; um programa de rádio; livros em que ela aparece só brevemente; outros livros sobre sua família e amigos em que ela misteriosamente não aparece; discos dedicados a ela; os álbuns que ela amava; recortes de jornais; fotografias; cartas sobre ela ou enviadas por ela; uma árvore genealógica; uma pequena mariposa; pilhas de notas, e-mails e correspondência de estranhos — meu esforço na forma de rastro de papéis.

Foi a dúvida do meu eu mais jovem que me fez continuar: teria Nica provado que é possível escapar do próprio passado? Superficialmente, é claro, ela mudou tudo a respeito de si mesma: seu credo, país, classe e cultura. Criou uma vida fora do sistema de sua família, em um mundo que poucos conseguiam entender. Ela ousou ser diferente. Vinte anos depois, o meu eu mais velho vê que a fuga total é impossível. Nossas vidas, como disse Miriam, são moldadas bem antes de nascermos; traços de DNA, a história de nossos ancestrais e os traços comportamentais estão ocultos em cada parte de nosso ser. Nica estava ligada à sua família, em termos práticos através do cordão umbilical do dinheiro, e emocionalmente através da experiência que todos compartilhavam. Ela nunca poderia escapar daqueles que a entendiam de fato; acredito que ela nunca quis. Nica disse que nós, os Rothschild, somos uma família "estranha", mas próxima. E concordo.

Estou finalmente abandonando este projeto. Imagino todas as coisas — a pesquisa tão cuidadosamente coletada e organizada, os infinitos pedacinhos de papel — voando ao vento. Imagino o voo sinuoso da Pannonica, incerto, forte, indisciplinado, determinado e aleatório. A borboleta de Monk, a minha mariposa, está livre.

Se estivesse aqui agora, ela fingiria odiar todo esse alarde, toda essa reflexão. Sei exatamente o que minha tia-avó Nica diria: anda, toma uma bebida, deixa de ser chata. "Shhh, Hannah, apenas ouça a música. Apenas ouça a música."

Seleção de músicas compostas para Nica ou inspiradas por ela

"Blues for Nica" — Kenny Drew
"Bolivar Blues" — Thelonious Monk
"Cats in My Belfry" — Barry Harris
"Coming on the Hudson" — Thelonious Monk
"Inca" — Barry Harris
"Little Butterfly" — Thelonious Monk e Jon Hendricks
"Nica" — Sonny Clark
"Nica's Day" — Wayne Horvitz
"Nica's Dream" — Horace Silver
"Nica's Dream" — Dee Dee Bridgwater (Dee Dee acrescentou a letra à música de Silver)
"Nica Steps Out" — Freddie Redd
"Nica's Tempo" — Gigi Gryce
"Pannonica" — Donald Byrd
"Pannonica" — Doug Watkins
"Pannonica" — Thelonious Monk
"Poor Butterfly" — Sonny Rollins
"Thelonica" — Tommy Flanagan
"Theme for Nica" — Eddie Thompson
"Tonica" — Kenny Dorham
"Weehawken Mad Pad" — Art Blakey

Agradecimentos

Ao longo dos últimos vinte anos, durante a metamorfose desse projeto, de ideia para programa de rádio, depois para documentário em longa-metragem, e agora biografia, muitos colegas, amigos e parentes foram de imensa ajuda. Sinto-me muitíssimo grata por sua sabedoria e seus conselhos.

Sempre que possível, baseei-me em testemunhas da época para explicar e descrever os eventos e as pessoas. Não sou crítica de jazz nem historiadora, crítica social nem acadêmica; o que trago para este projeto é um sentimento de admiração, o desejo de contar as histórias de outras pessoas, a necessidade de entender a minha própria, e a vontade de celebrar nossas semelhanças, e não nossas diferenças.

Os músicos, muitos deles amigos de Nica, foram especialmente generosos comigo e bem pouco críticos, explicando com calma os rudimentos e as ramificações do estilo de vida e do trabalho da cultura jazz. Passar certo tempo na companhia dessas pessoas altamente articuladas e inteligentes me ajudou a entender por que Nica se sentia "aquecida" por sua amizade e encantada com sua música. Toot Monk, Sonny Rollins, Paul Jeffrey e Quincy Jones, em especial, prestaram grandes esclarecimentos.

Minha família ofereceu constantemente apoio e encorajamento. Minha tia-avó Miriam foi e continua a ser fonte de inspiração. Meu pai, Jacob, sempre incentivou os filhos a trabalhar muito, aproveitar as oportunidades e explorar todas as possibilidades. Minha mãe, Serena, grande bibliófila, foi

238 Agradecimentos

quem me ensinou a amar os livros. É difícil imaginar que já passei alguma semana sem o amor e a amizade de minha irmã Emmy. Minha prima Evelyn me ajudou a entender a esquizofrenia, e os meus primos mais novos me exortaram a exorcizar alguns fantasmas da nossa família.

Sou especialmente grata ao neto de Nica, Steven de Koenigswarter, que herdou da avó sua energia e bondade.

Frequentemente, cineastas, produtores, fotógrafos e arquivistas passam despercebidos e não ganham agradecimentos. Sem os irmãos Blackwood, a bbc, Charlotte Zwerin, Bruce Ricker, Clint Eastwood, Melanie Aspey e Jill Geber, entre outros, muitas histórias do tipo se perderiam e certamente seriam esquecidas.

Em cada etapa, críticos gentis mas exigentes fizeram comentários sobre meu progresso. Agradeço ao meu amigo silencioso por seu apoio e encorajamento, a Rudith Buenconsejo por sempre me dar ânimo, e a Linda Drew por manter a estrutura em pé. As pessoas a seguir me ajudaram a elaborar os programas de rádio e televisão: Nick Fraser, Robert McNab, Walter Stabb, David Perry, Anthony Wall, Lucy Hunot, Natalie Howe e Isabella Steele.

Rosie Boycott, Mairead Lewin, Rupert Smith, Laura Beatty, Philip Astor, David Miller e William Seighart leram o livro e ofereceram conselhos sábios e meticulosos. Bella Pollen e Justine Picardie foram especialmente úteis para ajudar a dar estrutura e forma à obra. A editora Virago tem sido um lar maravilhoso para meu livro e Lennie Goodings é uma ótima editora, que sempre me incentivou.

Por fim, preciso agradecer a minhas gloriosas, solidárias e inspiradoras filhas, Nell, Clemency e Rose, que vivenciaram cada etapa deste projeto e que todos os dias não me deixam esquecer o que é de fato importante e verdadeiro.

Entrevistas

Sou muito grata às seguintes pessoas por me deixarem registrar suas experiências, memórias e conhecimento:

Família

Nica de Koenigswarter
Steven de Koenigswarter
Miriam Rothschild
Victor Rothschild
Jacob Rothschild
Miranda Rothschild
Emmy Freeman-Atwood

Rosemary Serys
Evelyn de Rothschild
Amschel Rothschild
Barbara Ghika (nome de solteira
	Hutchinson, posteriormente
	sra. Victor Rothschild)

Músicos

John Altman
Jimmy Cobb
John Dankworth
Fab Five Freddie
Joel Forrester
Curtis Fuller
Benny Golson
Freddie Gruber

Chico Hamilton
Herbie Hancock
Roy Haynes
Eddie Henderson
Russ Henderson
Jon Hendricks
Jools Holland
Paul Jeffrey

240 Entrevistas

Quincy Jones
Humphrey Lyttleton
Marion McPartland
Toot Monk
Calvin Newborn

Ben Riley
Sonny Rollins
Cedar Walton
Butch Warren

Produtores

Jean Bach
Michael Blackwood
Clint Eastwood
Ahmet Ertegun
Ira Gitler

Orrin Keepnews
Bruce Ricker
George Wein
Charlotte Zwerin

Críticos, historiadores, autores

Amiri Baraka
Stanley Crouch
Gary Giddins
Nat Hentoff
David Kastin
Robin Kelly
Jimmy Moreton
Dan Morgenstern

Ted Pankin
Ross Russell
Phil Schapp
Keith Shadwick
Pippa Shirley
Richard Williams
Val Wilmer

Outros

Harry Colomby
Sra. Gutteridge
Phoebe Jacobs
Robert Kraft
Victor Metz
Gaden Robinson
Frank Richardson

Bibliografia

Nica

"L'Extraordinaire Destin de la Baronne du Jazz", *Le Journal du Dimanche,* 18 de dezembro de 1988.

FORBES, Malcolm, com Jeff Bloch, "Baroness Pannonica de Koenigswarter", em seu *Women who Made a Difference.* Nova York: Simon & Schuster, 1990.

HENTOFF, Nat, "The Jazz Baroness", *Esquire,* outubro de 1960.

KASTIN, David, *Nica's Dream: The Life and Legend of the Jazz Baroness.* Nova York: W. W Norton, 2011.

KEEPNEWS, Peter, "Rouse & Nica", *DownBeat,* abril de 1989.

KOENIGSWARTER, Jules de, *Savoir dire non* (edição privada, 1976).

KOENIGSWARTER, Nica de, "A Remembrance of Monk", *Daily Challenge,* 22 de dezembro de 1986.

_____. *Three Wishes: An Intimate Look at Jazz Greats.* Nova York: Abrams Image, 2008.

MASSINGBERD, Hugh (org.), *The Daily Telegraph Book of Obituaries: A Celebration of Eccentric Lives.* Londres: Macmillan, 1995.

PIACENTINO, Giuseppe, "Nica, Bentley and Bebop", *Musica Jazz,* fevereiro de 1989.

SINGER, Barry, "The Baroness of Jazz", *The New York Times,* 17 de outubro de 2008.

242 Bibliografia

TRABERG, Ebbe, "Nica, o el Sueño de Nica", *Revista de Occidente,* 93, fevereiro de 1989.

ZAFRA, Jessica, "The Baroness of Jazz", *The National,* 29 de maio de 2008.

Rothschild

AYER, Jules, *Century of Finance, 1804-1904: The London House of Rothschild.* Londres: Neel, 1905.

CAPDEBIELE, Francois, "Female Rothschilds and their issue", não publicado, MS, RAL (sem editor).

COHEN, Lucy, *Lady de Rothschild and her Daughters, 1821-1931.* Londres: John Murray, 1935.

COWLES, Virginia, *The Rothschilds: A Family of Fortune.* Londres: Weidenfeld & Nicolson, 1979.

DAVIS, Richard, *The English Rothschilds.* Londres: Collins, 1983.

FERGUSON, Niall, *The World's Banker: The History of the House of Rothschild.* Londres: Weidenfeld & Nicolson, 1998.

HOLMES, Colin, *Anti-Semitism in British Society, 1876-1939.* Londres: Edward Arnold, 1979.

IRELAND, George, *Plutocrats: A Rothschild Inheritance.* Londres: John Murray, 2007.

LESLIE-MELVILLE, Betty e Jock Leslie-Melville, *Raising Daisy Rothschild.* Nova York: Simon & Schuster, 1977.

MORTON, Frederic, *The Rothschilds.* Nova York: Seeker & Warburg, 1962.

_____. *The Rothschilds: Portrait of a Dynasty.* Nova York: Kodansha America, 1998.

ROSE, Kenneth, *Elusive Rothschild: The Life of Victor, Third Baron.* Londres: Weidenfield & Nicolson, 2003.

ROTH, Cecil, *The Magnificent Rothschilds.* Londres: Robert Hale, 1939.

ROTHSCHILD, James de, *The Rothschilds at Waddesdon Manor.* Londres: Collins, 1979.

ROTHSCHILD, Miriam, *Dear Lord Rothschild: Birds, Butterflies and History.* Glenside: Balaban, 1983.

ROTHSCHILD, Miriam, *Nathaniel Charles Rothschild 1877-1923* (edição privada, 1979).

ROTHSCHILD, Monique de, *Personal Memoires* (edição privada).

ROTHSCHILD, Lord (Victor), *Meditations of a Broomstick*. Londres: Collins, 1977.

_____. *Rothschild Family Tree: 1450-1973* (edição privada, 1981).

_____. *The Shadow of a Great Man*. Londres: New Court, 1982.

SCHAMA, Simon, *Two Rothschilds and the Land of Israel*. Londres: Collins, 1978.

WHITE, Jerry, *Rothschild Buildings: Life in an East End Tenement Block, 1887-1920*. Londres: Routledge & Kegan Paul, 1980.

WILSON, Derek A., *Rothschild: A Story of Wealth and Power*. Londres: Andre Deutsch, 1986.

_____. *Rothschild*. Londres: André Deutsch, 1988.

WOODHOUSE, Barry, *Tring: A Pictorial History*. Chichester: Phillimore, 1996.

Jazz

ALEXANDER, Michael, *Jazz Age Jews*. Princeton: Princeton University Press, 2001.

ALKYER, Frank (org.), *DownBeat: Sixty Years of Jazz*. Milwaukee: Hal Leonard, 1994.

_____. e Ed Enright (editores), *DownBeat: The Great Jazz Interviews — A 75th Anniversary Anthology*. Milwaukee: Hal Leonard, 2009.

BALLIETT, Whitney, *Collected Works: A Journal of Jazz 1954-2001*. Nova York: St Martin's Griffin, 2002.

BERENDT, Joachim E., "A Note on Monk", *Jazz Monthly*, 2/4, 1956.

BLUMENTHAL, Bob, *Jazz: An Introduction to the History and Legends behind Americas Music*. Londres: Harper Paperbacks, 2007.

BUIN, Yves, *Thelonious Monk*. Paris, P.O.L., 1988.

CARR, Ian, Digby Fairweather e Brian Priesdey, *Jazz: The Rough Guide*. Londres: Rough Guides, 1995.

CHILTON, John, *The Song of the Hawk: The Life and Recordings of Coleman Hawkins*. Ann Arbor: University of Michigan Press, 1990.

244 Bibliografia

CROW, Bill, *Jazz Anecdotes*. Oxford: Oxford University Press, 1993.

DAHL, Linda, *Morning Glory: A Biography of Mary Lou Williams*. Berkeley: University of California Press, 1999.

DAVIS, Miles com Quincy Troupe, *Miles: The Autobiography*. Nova York: Picador, 1990.

_____. *Miles: The Autobiography*. Nova York: Touchstone, 1989.

DE WILDE, Laurent, *Monk*. Paris: Editions Gallimard, 1996.

DEFFAA, Chip, *Jazz Veterans: A Portrait Gallery*. Fort Bragg: Cypress House Press, 1996.

DYER, Geoff, *But Beautiful: A Book About Jazz*. Londres: Abacus, 1998.

FARRELL, Barry, "The Loneliest Monk", *Time,* 28 de fevereiro de 1964.

FEATHER, Leonard e Ira Gilter, *The Biographical Encyclopaedia of Jazz*. Nova York: Oxford University Press, 1999.

FISHMAN, Steve, John Homans e Adam Moss (orgs.), *New York Stories: Landmark Writing from Four Decades of New York Magazine* (Nova York: Random House, 2008).

GIDDINS, Gary, *Satchmo: The Genius of Louis Armstrong*. Nova York: Da Capo Press, 2011.

_____. *Visions of Jazz: The First Century*. Nova York: Oxford University Press, 1998.

_____ e Scott DeVeaux, *Jazz*. Nova York: W.W. Norton, 2009.

GILLESPIE, Dizzy com Al Fraser, *To Be, or Not... To Bop*. Nova York: Doubleday, 1979.

GITLER, Ira, *The Masters of Bebop: A Listener's Guide*. Nova York: Da Capo Press, 2001.

_____. *Swing to Bop: An Oral History of the Transition in Jazz in the 1940s*. Nova York: Oxford University Press, 1985.

GOLDBERG, Joe, *Jazz Masters of the 50s*. Nova York: Macmillan, 1965.

GOLDSHER, Alan, *Hard Bop Academy: The Sidemen of Art Blakey and the Jazz Messengers*. Milwaukee: Hal Leonard, 2008.

GORDON, Lois e Alan Gordon, *American Chronicle: Year by Year Through the Twentieth Century*. Nova York: Yale University Press, 1999.

GORDON, Lorraine e Barry Singer, *Alive at the Village Vanguard: My Life In and Out of Jazz Time*. Milwaukee: Hal Leonard, 2006.

GORDON, Max, *Live at the Village Vanguard*. Nova York: St. Martin's Press, 1980.

A Baronesa do Jazz 245

GOTTLIEB, Robert (org.), *Reading Jazz: A Gathering of Autobiography, Reportage, and Criticism from 1919 to Now.* New York: Vintage, 1999.

GOURSE, Leslie, *Art Blakey: Jazz Messenger.* Nova York: Schirmer, 2002.

_____. *Straight, No Chaser: The Life and Genius of Thelonious Monk.* Nova York: Schirmer, 1997.

HAJDU, David, *Lush Life: A Biography of Billy Strayhorn.* Londres: Granta, 1998.

HAWES, Hampton, com Don Asher, *Raise Up Off Me: A Portrait of Hampton Hawes.* Nova York: Thunder's Mouth Press, 2001.

HEATH, Jimmy, e Joseph McLaren, *I Walked with Giants: The Autobiography of Jimmy Heath.* Filadélfia: Temple University Press, 2010.

HENTOFF, Nat, "The Private Word of Thelonious Monk", *Esquire,* abril de 1960.

_____. *At the Jazz Band Ball: Sixty Years on the Jazz Scene.* Berkeley: University of California Press, 2010.

_____. *Boston Boy: Growing Up with Jazz and Other Passions.* Filadélfia: Paul Dry Books, 2001.

_____. *Listen to the Stories: Nat Hentoff on Jazz and Country Music.* Nova York: Perennial, 1996.

HOBSBAWM, Eric, *Uncommon People: Resistance, Rebellion, and Jazz.* Nova York: New Press, 1998.

JOHNSON, Joyce, *Minor Characters: A Beat Memoir.* Nova York: Methuen, 2006.

KEEPNEWS, Orrin, *Thelonious Monk: The Complete Riverside Recordings* (encarte, 1986).

KELLEY, Robin D. G, *Thelonious Monk: The Life and Times of an American Original.* Nova York: Free Press, 2009.

KEROUAC, Jack, *On the Road* (Londres: Penguin Classics, 2007).

KOTLOWITZ, Robert, "Monk Talk", *Harper's Magazine,* 223, setembro de 1961.

LEE, David, *The Battle of the Five Spot: Ornette Coleman and the New York Jazz Field.* Toronto: Mercury Press, 2006.

LONDON BROWN, Frank, "Magnificent Monk of Music", *Ebony,* 14 de maio de 1959.

MORRISON, Toni, *Jazz.* 1987; New York: Vintage, 2001.

NISENSON, Eric, *'Round About Midnight: A Portrait of Miles Davis.* Nova York: Da Capo Press, 1996.

246 Bibliografia

_____. *Open Sky: Sonny Rollins and his world of Improvisation*. Cambridge: Da Capo Press, 2000.

ONDAATJE, Michael, *Coming Through Slaughter* (1976; Londres: Bloomsbury, 2004).

PONZIO, Jacques e François Postif, *Blue Monk: Un portrait de Thelonious*. Arles: Actes Sud, 1995.

PRIESTLEY, Brian, *Mingus: A Critical Biography*. Nova York: Da Capo Press, 1984.

REISNER, Robert (org.), *Bird: The Legend of Charlie Parker*. Nova York: Da Capo Press, 1975.

ROSE, Phyllis, *Jazz Cleopatra: Josephine Baker in Her Time*. Nova York: Vintage, 1991.

RUSSELL, Ross, *Bird Lives! The High Life and Hard Times of Charlie (Yardbird) Parker*. Nova York: Da Cappo, 1996.

SHAPIRO, Harry, *Waiting for the Man: The Story of Drugs and Popular Music* Londres: Helter Skelter Publishing, 1999.

SHAPIRO, Nat, e Nat Hentoff, *Hear Me Talkin to Ya: The Story of Jazz by the Men Who Made It*. Nova York: Dover, 1955.

SHEARING, George, com Alyn Shipton, *Lullaby of Birdland: The Autobiography of George Shearing* (Nova York: Continuum, 2004).

SIDRAN, Ben, *Talking Jazz: An Oral History*. Nova York: Da Capo Press, 1995.

SILVER, Horace (org. Phil Pastras), *Lets Get to the Nitty Gritty: The Autobiography of Horace Silver*. Berkeley: University of California Press, 2007.

SIMOSKO, Vladimir, *Artie Shaw: A Musical Biography and Discography*. Lanham: Scarecrow Press, 2000.

SOLIS, Gabriel, *Monk's Music: Thelonious Monk and Jazz History in the Making*. Berkeley: University of California Press, 2007.

SPELLMAN, A. B., *Four Lives in the Bebop Business: Ornette Coleman, Herbie Nichols, Jackie McLean, Cecil Taylor*. Nova York Limelight Editions, 1985.

SPENCER, Fredrick J., *Jazz and Death: Medical Profiles of Jazz Greats*. Jackson: University Press of Mississippi, 2002.

STORR, Anthony, *Music and the Mind*. Londres: Harper Collins, 1997.

TEACHOUT, Terry, *Pops: A Life of Louis Armstrong*. Nova York Harcourt, 2010.

TERKEL, Studs, *Giants of Jazz*. Nova York: New Press, 2002.

VAN DER BLIEK, Rob (org.), *The Thelonious Monk Reader*. Oxford: Oxford University Press, 2001.

WAKEFIELD, Dan, *New York in the Fifties* (Nova York: St. Martin's Griffin, 1992.

WILLIAMS, Martin, *Jazz Masters in Transition: 1957-1969*. Nova York: Macmillan, 1970.

WILLIAMS, Richard, *Long Distance Call: Writings on Music*. Londres: Aurum, 2000.

_____. *The Blue Moment: Miles Davis's Kind of Blue and the Remaking of Modern Music*. Londres: Faber and Faber, 2009.

WOIDECK, Carl (ed.), *The Charlie Parker Companion: Six Decades of Commentary*. Nova York: Schirmer, 1998.

WOLFE, Tom, *The Electric Kool-Aid Acid Test* (1968; Nova York: Black Swan, 1989).

_____. *The Kandy-Kolored Tangerine-Flake Streamline Baby* (1965; Nova York: Vintage, 2005).

Documentários e filmes

Jazz

"The Thelonious Monk Quartet", *Jazz 625* (BBC, 1965)
"The Thelonious Monk Quartet", *Jazz 625* (BBC, 1966)
Monk in Oslo (dir. Harald Heide-Steen, Jr., 1966)
Monk (dir. Michael Blackwood, 1968)
Monk in Europe (dir. Michael Blackwood, 1968)
Monk in Berlin (1973)
Thelonious Monk: Straight, No Chaser (dir. Charlotte Zwerin, 1988)
Het Monk Kwartet
Jazz Icons: Thelonious Monk Live in '66 (TdK, 2006)
Masters of American Music: Thelonious Monk — American Composer (dir. Matthew Sieg, 2009)
Solo Piano in Berlin '69: Monk Plays Ellington (DVD Jazz Shots, 2010)
Masters of American Music: Thelonious Monk — American Composer (dir. Matthew Sieg, 2010)
"The Sound of Jazz", *Seven Lively Arts* (CBS, 1957)
Jazz Pour Tous! (dir. Serge Leroy and Paul Roland, 1964)
"Hawk at the Town Hall", *Jazz 625* (BBC, 1964)
"Duke Ellington in Concert", *Jazz 625* (BBC, 1964)
Ellington in Europe (BBC, 1965)
Ellington in Europe 2 (BBC, 1965)

250   Documentários e filmes

"Teddy Wilson", *Jazz at the Philharmonic* (BBC, 1967)
"Miles Davis Quintet", *Jazz Scene at Ronnie Scott's* (BBC, 1969)
"Johnny Dankworth", *Jazz Scene at Ronnie Scott's* (BBC, 1969)
Jazz from Montreux (BBC, 1977)
Last of the Blue Devils: The Kansas City Jazz Story (dir. Bruce Ricker, 1979)
Let's Get Lost (dir. Bruce Weber, 1988)
Slim Gaillard's Civilisation (dir. Anthony Wall, 1988)
"Dizzy Gillespie", *Jazz 625* (BBC, restored version 1990)
Jazz (dir. Ken Burns, 2000)
Norman Granz Presents: Improvisation — Charlie Parker, Ella Fitzgerald and More (DVD Eagle Rock, 2007)

Família Rothschild

The House of Rothschild (dir. Alfred L. Werker, 1934)
Die Rothschilds: Aktien auf Waterloo (dir. Erich Waschneck, 1940)
"Debutantes", *Tonight* (BBC, 1962)
A Rothschild and His Red Gold (BBC, 1974)
David Dimbleby Interviews Miriam Rothschild (BBC, 1982)
"Lord Rothschild", *The Levin Interviews* (BBC, 1984)
"Miriam Rothschild", *Women of Our Century* (BBC, s.d.)
Mastermind (BBC, 21 May 1989)

Questões Raciais e História Contemporânea

Panorama 161: Carnegie Course (BBC)
"Romance is Dead, Long Live Romance: Marjorie Proops", *One Pair of Eyes* (BBC)
A Study of Educational Inequalities in Southern California (National Archives and Records Administration, 1936)
The World at War (FDR Presidential Library, 1942)
The Negro Soldier (National Archives and Records Administration, 1945)
The Plantation System in Southern Life (Coronet Instructional Films, 1950)

The Home Economics Story (Iowa State Teachers' College, 1951)
Our Cities Must Fight (US Federal Civil Defense Administration, 1951)
Third Avenue El (Carson Davidson, 1955)
The Dynamic American City (Chamber of Commerce of the United States, 1956)
Palmour Street (Georgia Department of Public Health, 1957)
Eye to Eye: London to New York — A Tale of Two Cities (BBC, 1957)
In the Suburbs (revista *Redbook*, 1957)
The Black and White Minstrel Show (BBC, 28 janeiro 1961)
"Some of my Best Friends are White", *Man Alive* (BBC, 1966)
"The Friendly Invasion", parts 1 to 3, *Omnibus* (BBC, 1975)
Britain in the Thirties (BBC, 1983)

Longas-Metragens Selecionados

Produções nas quais Thelonious Monk, ou sua música, aparecem

Jazz on a Summer's Day (dir. Aram Avakian e Bert Stern, 1959)
As ligações amorosas (dir. Roger Vadim, 1959)
Heads (dir. Peter Gidal, 1969)
Volta ao lar (dir. Peter Hall, 1973)
Lenny (dir. Bob Fosse, 1974)
The Marseille Contract (dir. Robert Parrish, 1974)
Sven Klangs Kvintett (dir. Stellan Olsson, 1976)
Por Volta da Meia-Noite (dir. Bertrand Tavernier, 1986)
A Great Day in Harlem (dir. Jean Bach, 1994)

Arquivos e bibliotecas

Arquivo da BBC
Arquivo de Barbara Ghika
Arquivo de George Wein
Arquivo de jazz da Duke University, library.duke.edu/Rubenstein/collections/jazzindexhtml
Arquivo de Marcus Harrison
Arquivo de Miriam Rothschild
Arquivo de Nica de Koenigswarter
Arquivo de TS Monk
Arquivo do jornal Colindale
Arquivo Prelinger, www.archive.org/details/prelinger
Arquivo Rothschild, N. M. Rothschild & Sons, Londres
Arquivo Rothschild, Waddesdon Manor
Biblioteca Britânica
Biblioteca de David Redfern
Biblioteca de Londres
Biblioteca do Congresso, EUA
Coleção William P. Gottlieb, Divisão de Música da Biblioteca do Congresso, EUA
Corte Suprema do Condado de Nova York
General Register Office [Departamento de Registros Gerais, Reino Unido]
Express Group

Gaston Eve

National Archives and Records Administration [Arquivo Nacional e Administração de Registros]

The New York Times

The New Yorker

Pathé News

Revista *Downbeat*

Revista *Esquire*

Revista *Time*

The Times

Tribunal Superior de Wilmington

Tribunal Superior do Condado de Hudson

Índice remissivo

Abdul-Malik, Ahmed, 182
Alexandra, princesa, 33, 43
Algonquin, Hotel (Nova York), 176
Amram, David, 175
Arliss, George, 98
Armstrong, Louis, 20, 41, 129
Ascott House, 120
Ashton Wold (perto de Oundle), 14, 20,
   23-5, 40, 42, 74, 196, 227; durante a
   Segunda Guerra Mundial, 105-7; Liberty
   passa seus últimos anos em, 219; suicídio
   de Charles em, 70-1; Victor doa para
   Miriam, 23, 93
Asquith, Herbert, 63
Aston Clinton, 59, 120
Astor, Gavin, 112

Baker, Josephine, 112
Balfour, Arthur, 31-2
Baraka, Amiri (LeRoi Jones), 199, 223
Baring Brothers, 52
Bauer, Max, 53
BBC, 14, 20, 93
Beiderbecke, Bix, 41
Bellevue, Hospital Psiquiátrico (Nova York),
   178
Bellow, Saul, 139
Berlin, Isaiah, 24

Beth Israel, Hospital (Nova York), 217
Bird (filme de Clint Eastwood, 1986), 16,
   139, 169, 227
Birdland, clube (Nova York), 140, 168
Blackwood, Christian e Michael, 16, 125,
   162, 215
Blakey, Art, 18, 65, 141, 160, 170, 209
Blunt, Anthony, 79
Bolivar, Hotel (Nova York), 174, 176
Börne, Ludwig, 48
Burgess, Guy, 79
Burroughs, William, 139

Café de Paris (Londres), 83
Carnarvon, conde de, 62
Chaliapin, Boris, 208
Christie, Andrew, 203
Churchill, Randolph, 31
Churchill, Winston, 34, 63, 82, 104, 112,
   116
Clark, Arthur J., 195
Clark, Sonny, 198
Clarke, Kenny, 155
Coleman, Ornette, 201
Colomby, Harry, 161, 171, 177, 183-4,
   186, 189, 215; apresentação/prisão de
   Monk em Baltimore, 183-4, 186, 193-4;
   sobre Nica, 132, 164, 205

256 Índice remissivo

Coltrane, John, 139, 148, 181
Cooper, Duff, 101
Cortázar, Julio, "O perseguidor", 200
Cotton Club (Nova York), 139
Coward, Noel, 85, 112
Cowles, Virginia, 108
Crouch, Stanley, 112, 127, 144, 157

d'Abondant, Château, 94-6, 102, 107, 118
Dankworth, sir John, 139, 167
Darwin, Charles, 33
Davis, Miles, 12, 20, 139, 151, 155, 159, 201, 207, 213
De Beers (empresa de diamantes), 31
Debussy, Claude, 41
Devonshire, duquesa de (Debo Mitford), 81, 83
Disraeli, Benjamin, 31-2, 54, 62
Dorham, Kenny, "Tonica", 233
Dorsey, Tommy, 129
Drew, Kenny, "Blues for Nica", 233
Drumont, Edouard, 53, 60
Dunn, Ann, 172

Eastwood, Clint, 16, 125, 139, 169, 186, 227
Eduardo VII, rei, 61
Eichmann, Adolf, 101
Einstein, Albert, 43
Eisenhower, general Dwight, 116, 187
Eliot, George, 48
Eliot, T.S., 68, 92
Ellington, Duke, 83, 92, 129, 155-6; *Black, Brown and Beige* (sinfonia de jazz), 111, 126
Eve, Gaston, 110

Farrell, Barry, 207
Faulkner, William, 87
Feather, Leonard, 208; *Inside Bebop*, 151
Ferguson, Niall, 51, 52
Fitzgerald, Ella, 87
Fitzgerald, F. Scott, 87

Five Spot Café (Nova York), 25, 181-2, 186
Flanagan, Tommy: "Pannonica", 14; "Thelonica", 233
Forrester, Joel, 222, 228
Frankfurt, 19, 30, 32, 46-51
Freud, Sigmund, 67-8
Freudenberger, dr, 89, 107
Freymann, dr. Robert, 169, 172, 178, 227
Fuller, Curtis, 19, 141, 160, 162, 198

Gable, Clark, 106
George V, rei, 61, 81, 88
Gershwin, George, 129; *Porgy and Bess*, 87; "Rhapsody in Blue", 41
Giddins, Gary, 148, 167
Gillespie, Dizzy, 92, 139, 147-8, 150
Gimle, Castelo (Oslo), 121
Gitler, Ira, 147, 148, 168, 171, 180
Goebbels, Joseph, 98
Goethe, Johann Wolfgang von, 48
Gonzales, Pearl, 208
Goodman, Benny, 83, 87, 129
Gordon, Max, 65, 149n, 204
Gorky, Arshile, 88
Gourse, Leslie, 211n, 212
Gracie Square, Hospital (Nova York), 218
Grappelli, Stéphane, 91
Gréco, Juliette, 155
Gruber, Freddie, 169
Gryce, Gigi, "Nica's Tempo", 233
Gunnersbury Park, 120

Halton House, 59-61, 106, 120
Hamilton, Chico, 146, 149, 165
Hamilton, Edward, 62
Hampton, Lionel, 198, 215
Harris, Barry, 15, 223, 226, 228; "Cats in the Belfry", 233
Harris, Jack, 83
Hawes, Hampton, 159-160
Hawkins, Coleman, 92, 147, 198, 211
Haynes, Roy, 181-2, 210
HBO, 20

A Baronesa do Jazz 257

Henderson, Eddie, 213-5, 223
Henderson, Fletchet, 41
Hentoff, Nat, 76, 81, 90, 114, 140, 147, 198
Hesse, Hermann, 68
Hill, Teddy, 87
Hitler, Adolf, 76, 97, 99-102
Hobbs, R.W.C., 137
Holiday, Billie, 87, 143, 165
Hoover, J. Edgar, 101
Hope, Elmo, 211
Hull, Cordell, 101

Jacobs, Phoebe, 130, 138
Jarvis, Clifford, 199
Jazz Baroness, The (documentário da autora), 20
Jazz Messengers, 65, 175
Jeffrey, Paul, 180, 183, 210, 212, 218-20, 222
Johns, Jasper, 201
Johnson, Joyce, 181
Johnson, Snakehips, 83
Jones, LeRoi (Amiri Baraka), 199, 223
Jones, Quincy, 130, 132, 168, 197, 210, 228
Joplin, Scott, 41, 129; "Maple Leaf Rag", 131

Kammerer, Maria de, 88
Keepnews, Orrin, 166, 175, 179, 222
Kelley, Robin, 139, 180
Kennedy, John F., 201
Kerouac, Jack, *Na estrada*, 138
King, Martin Luther, 201
Kline, Franz, 139
Koenigswarter, barão Jules de (marido de Nica): conhece Nica no Le Touquet, 85; origens, 85; cortejo de Nica, 86, 88; *Savoir dire non* [Saber dizer não] (memórias), 86, 89, 95, 103, 111, 113; Nica sobre o, 87; casa-se com Nica em Nova York, 88; lua de mel, 89-90; vida no Château d'Abondant,

95; junta-se ao Exército francês, 103; junta-se à Resistência Francesa, 103; Segunda Guerra Mundial e, 103-5, 108, 110-3, 116; na Paris pós-guerra, 118-9, 121; como embaixador na Noruega, 121-3; no México, 124, 127; separação e divórcio de, 136-8, 153, 169, 173, 194; como plenipotenciário dos EUA e Canadá, 138, 166
Koenigswarter, Berit de (filha de Nica), 122, 138, 166, 227
Koenigswarter, Janka de (filha de Nica), 18, 94, 107, 138, 169-70, 199, 209, 226
Koenigswarter, Kari de (filha de Nica), 15, 122, 138, 166
Koenigswarter, Louis de (enteado de Nica), 104, 121
Koenigswarter, Odile de (cunhada de Nica), 114-5
Koenigswarter, Patrick de (filho de Nica), 92, 107, 119, 121, 123, 130, 135, 137-8, 159
Koenigswarter, Shaun de (filho de Nica), 122, 138, 166
Koenigswarter, Steven de (neto de Nica), 140, 199, 221, 226
Kooning, Willem de, 88, 139
Kraft, Robert, 132

Lane, George, 106
Lang, dr. Joseph, 68
Langley Porter, Hospital (São Francisco), 213, 215
Leigh, Vivien, 112
Levin, Bernard, 93
Lincoln Center Philharmonic Hall (Nova York), 207, 221
Linder, Max, 68
Lindsay, David, 62
Lion Gordon, Lorraine, 149-50, 159, 172
Lion, Alfred, 149n
Lloyd George, David, 31
Luter, Claude, 156

258 Índice remissivo

Macero, Ted, 205
Mailer, Norman, 139
Marceau, Marcel, 110
Margaret, princesa, 137
Mary, rainha, 81
Mathieu-Dairnvaell, Georges, 53
Matisse, Henri, 92
Maugham, Syrie, 93
Meeropol, Abel, "Strange Fruit", 197
Mentmore Towers, 59, 120
Metz, Victor, 228
Miller, Alice, 71
Millinder, Lucky, 147
Minton's Playhouse, clube (Nova York), 147
Mitford, Debo (duquesa de Devonshire), 81, 83
Mitford, Unity, 100
Mobley, Hank, 175
Monk, Barbara (filha de Monk), 143, 174, 176, 225
Monk, Barbara (mãe de Monk), 144, 146, 151, 177
Monk, Nellie, 150, 162-3, 174, 207, 215; finanças da família e, 143-4, 151, 163, 165; problemas de saúde, 143, 151, 163, 176, 178, 186, 203; primeiro encontro com Monk, 147; casamento com Monk (1948), 151; Nica e, 158, 163-4, 176, 203, 212, 220; saúde de Monk e, 178, 212, 215, 218; Monk sai de casa (1972), 220; morte e funeral de Monk, 224
Monk, Thelonious: mora com Nica, 12, 220-1, 223-4; Nica arrisca ir para a prisão por, 12, 18, 72, 192-3, 202-3; Thelonica de Flanigan e, 14; *Straight, No Chaser* (filme de Charlotte Zwerin, 1988), 16-7, 125, 162, 186, 215-6, 228; sobre Nica, 17, 20, 161, 183, 207; prisão em Rikers Island, 142, 152; prisão por drogas (1951), 142-3, 152; *cabaret card* de Nova York, 143, 151, 165, 177, 181, 186, 194, 204; origens de, 143-5, 147; música clássica e, 146; invenção do bebop e, 147; na

Minton's Playhouse, 147; estilo musical de, 148-9, 151, 156-7, 206; influência de, 148, 151; promoção de Lorraine Lion Gordon de, 149; apreensão de drogas e prisão (1948), 151; casa-se com Nellie (1948), 151; Leonard Feather sobre, 151; amizade e, 152; primeiro encontro com Nica (Paris, 1954), 155-7; Nica sobre, 156-7, 161, 163, 206, 211, 218, 224; Nica reserva a Royal Albert Hall para (1954), 157; estilo de compor, 159; no Hotel Stanhope, 160; George Wein sobre, 164; prisão de (15 de outubro de 1958), 172, 189-93; Hotel Algonquin e, 176-7; incêndios no apartamento da família, 177-8, 211, 215; no Hospital Psiquiátrico Bellevue, 178; em "Catville", 179-80; show no Five Spot Café, 181-3, 186; apresentação/prisão em Baltimore (15 de outubro de 1958), 183-4, 186, 188-94, 203; problema na próstata, 187, 217-8; incidente no Plaza Motel, New Castle, 188-90; conhece Miriam Rothschild, 196; artigo e capa da revista *Time* (1964), 207; turnê mundial (1969), 210; participa da turnê Giants of Jazz (1972), 217-8; muda-se para a casa de Nica (1972), 220-1; "aposenta-se" da música, 221, 223; morte de (5 de fevereiro de 1982), 224
Monk, Thelonious (gravações e músicas): "Bolivar Blues", 174, 233; "Boo-boo", 174; "Brilliant Corners", 174; "Crepuscule with Nellie", 174, 178; "Newport in New York", 221; "Pannonica", 25, 174, 183, 186, 205, 233; "'Round Midnight", 128-9, 133, 198, 221; "Ruby My Dear", 174; "Suburban Eyes", 151; "Thelonious", 151; Brilliant Corners, 174-5
Monk, Toot, 143, 146, 153, 176, 180, 212, 222, 225; sobre Nica, 65, 157-8, 161, 172; sobre as influências musicais de Monk, 146; sobre a música de Monk, 148; sobre os gatos de Nica, 180

Morgenstern, Dan, 194, 198, 211
Morgenthau Jr., Henry, 101
Mosley, Oswald, 100
Mouton Rothschild, Château, 120
Muggeridge, Malcolm, *Chronicles of Wasted Time*, 114
Mulligan, Gerry, 156
Museu de História Natural (Londres), 26-7, 232
Musicians and Their Three Wishes, The, ensaio, 19

Nagyvárad (Bihor), 27, 37
Neuberger, rabina Julia, 227
Nova York: 52nd Street, 139, 160; *ver também* verbetes dos clubes e outras instituições

Onslow, sra. Mary Jean, 122n
Open Door, clube, 148
Overton, Hal, 207
Oxford, Universidade de, 15, 77

Paris, 91, 114, 118, 121, 154-6
Parker, Charlie, 92, 139, 140n, 147, 150, 160, 205; morte de, 12, 16, 18, 167-73; *Bird* (filme de Clint Eastwood, 1986), 16, 139, 169, 227; Nica sobre, 130, 168; invenção do bebop e, 147; origens de, 167; uso de drogas, 167, 169, 173
Pepper, Art, 208
Pettiford, Oscar, 160, 175
Pifer, Marilyn, 122
Plaza Motel (New Castle, Delaware), 188-90
Pollock, Jackson, 88, 139
Postif, Francis, 208
Powell, Bud, 152, 160, 197, 211
Preston, Kiki, 134-5

Quisling, Vidkun, 121

Rauschenberg, Robert, 139
Redd, Freddie, "Nica Steps Out", 233

Redesdale, Lord (duque de Westminster), 100
Reinhardt, Django, 91, 115
Rhodes, Cecil, 31, 61
Richardson, Frank, 114-5
Richardson, Ruby, 174
Ricker, Bruce, 18, 64, 125, 161, 206
Riley, Ben, 211
Roach, Max, 147, 175
Robinson, Gaden, 26-7
Rollins, Sonny, 20, 132, 141, 151, 160, 162, 167, 174-5
Roosevelt, presidente F. D., 101
Rose, Kenneth, 80
Rosebery, Lord, 63, 92
Rothschild, Adolph, 30
Rothschild, Alain, 77, 105
Rothschild, Albert, 101
Rothschild, Alfred de, 44, 61-2, 106
Rothschild, Amschel, 223
Rothschild, Amschel (filho de Mayer Amschel), 51
Rothschild, Anthony, 66
Rothschild, Barbara (em solteira Hutchinson), 75, 82, 93
Rothschild, Charles, 31, 34-8, 40, 43, 65, 127; Ashton Wold e, 23, 40-1; entomologia e, 26-7, 35, 40, 69, 77; enfermidade de, 27, 43, 44, 66-9, 144-5, 218; morte de, 66, 70, 72; reserva ambiental, 231
Rothschild, Charlotte, 55
Rothschild, Edmond, 99
Rothschild, Edouard de, 92
Rothschild, Elie, 105
Rothschild, Elisabeth de, 105
Rothschild, Emma, 32, 37-8, 43-4, 66, 73, 94; casamento com o primo Natty, 31-2, 55; Tring Park comprada para, 32, 59; Gutle Schnapper e, 50; como amiga de Disraeli, 62; filantropia e, 64; enfermidade de Charles e, 69; venda da propriedade de, 92

260 Índice remissivo

Rothschild, Eric de, 104n
Rothschild, Evelyn (falecida em 1917), 66
Rothschild, família: papel das mulheres, 14,
30-1, 41, 44, 50, 61, 65, 72, 161; ápice do
poder da, 16, 51-3, 59-63; Monk sobre,
17, 161; o Canal de Suez e, 17, 31, 54;
discrição obsessiva de, 19, 50, 52;
residências da família na Inglaterra, 20,
59-61, 73, 93-4, 106-7, 120; *ver também*
Ashton Wold (perto de Oundle); Tring
Park; impulso de adquirir/colecionar, 26,
34, 36, 60, 92, 120; falta de herdeiros do
sexo masculino, 28, 30-2; crise franco-
polonesa (1836), 29; extensão do império,
29; instabilidade política antes da Segunda
Guerra Mundial, 29-30; casamentos
dentro da família e, 30-1, 45, 55-6, 67;
direitos de herança e, 30, 50, 72;
fechamento das filiais em Nápoles e
Frankfurt, 30; papel político de Natty,
31-2, 62; abrigo em Vale de Aylesbury, 32,
59, 120; declaração de Balfour e, 32;
filantropia e, 32, 63-4; fé judaica e, 39, 41,
54-5, 57-8, 63, 72, 80; arquivo da família
em Londres, 42; origens em Frankfurt,
46-51; antissemitismo e, 50, 53-4, 62,
97-102, 115-6; expansão dos negócios (a
partir da década de 1790), 50-2; os cinco
filhos de Mayer enviados para capitais da
Europa, 51; exército de Wellington, 51,
53; papel de NM na Inglaterra, 52-3, 58;
fragmentação da, 55, 98, 120; mortes dos
membros mais velhos (1905-17), 66, 68;
Primeira Guerra Mundial e, 66; morte de
Charles e, 70-3; leilão da herança de
Victor, 92-3, 120; Alemanha nazista e,
97-103, 115-6; *A casa de Rothschild* (filme
de 1934), 98; idas para os EUA (1938-9),
102; Segunda Guerra Mundial e, 102-16,
118-20; roubo/confisco de bens na França
durante a Segunda Guerra Mundial,
119-20; *ver também* verbetes de cada
membro da família

Rothschild, Ferdinand de, 50, 60
Rothschild, Gutle (em solteira Schnapper,
esposa de Mayer Amschel), 48, 50, 52
Rothschild, Guy, 106
Rothschild, Hannah (esposa de Lord
Rosebery) 63, 92, 120
Rothschild, Hannah (Hannah Barent
Cohen, esposa de NM), 52, 58
Rothschild, Jacob, 11, 18, 80, 107, 135
Rothschild, James de (primo de Nica), 59,
62
Rothschild, James Mayer, 30, 51
Rothschild, Karl, 51
Rothschild, Liberty, 11, 31, 44-5, 76, 78,
104, 127, 136; infância de, 39, 71;
enfermidade de, 73, 78, 89, 107, 116, 153,
218-9; em Nova York, 88-9
Rothschild, Lionel, 55, 59, 62
Rothschild, Marie de, 104
Rothschild, Mayer Amschel, 30, 47-8, 51-2,
59
Rothschild, Mayer Carl, 30
Rothschild, Miranda, 82
Rothschild, Miriam: Hannah Rothschild
(autora) e, 11-2, 14, 19, 22-5, 28, 46, 70,
78; *Dear Lord Rothschild* (biografia de
Walter), 19, 22, 233; ciência e, 22, 25,
76-7, 80, 127, 153, 175; entomologia e,
22, 25, 28, 36n, 77, 175; Ashton Wold
dada para, 23, 93; Ashton Wold e, 23-5,
42, 227; história da família e, 23, 37, 46,
48-9, 51, 234; irmão Victor e, 23, 72,
79-80, 93; morte de (2005), 23;
nascimento de (1908), 31; mãe Rozsika e,
37; infância de, 39-40, 42-5, 68, 70-2,
118; sobre seu pai, Charles, 40; morte do
pai, 70-2; Temporada de Londres e, 73, 77,
82; carreira profissional e acadêmica, 77,
80, 94, 175; conhece George Lane, 106;
esforços de guerra em Bletchley Park, 106,
108; casamento e filhos, 116, 153; visita a
Nova York (1958), 196; Fundo de Pesquisa
para a Esquizofrenia e, 219

A Baronesa do Jazz 261

Rothschild, Monique de, 109

Rothschild, Nadine de, 109

Rothschild, Nathan (filho de NM), 54

Rothschild, Nathan (Natty), 23, 31, 61-2, 232; casamento com a prima Emma, 31-2, 55; Tring Park comprado para, 32, 59; morte de (31 de março de 1915), 66

Rothschild, NM, 49, 51-3, 58-9, 61; fundador da filial de Londres, 14, 51, 58; túmulo de, 57-8

Rothschild, Pannonica (Nica): arrisca ir para a prisão por causa de Monk, 12, 18, 72, 192-3, 202-3; Bentley "Bebop" de, 12, 63, 135, 159, 161, 177, 180, 225, 228; gatos e, 12, 25, 63, 136, 179-80, 216, 223, 226; Hannah Rothschild (autora) e, 12-4, 20, 78, 179-80, 233; Monk mora com, 12, 220-1, 223-4; morte de Charlie Parker e, 12, 16, 18, 167-73; irmão Victor e, 14, 79-80, 82-3, 88, 90, 135, 173, 178, 195; *Bird* (filme de Clint Eastwood), 16, 139, 169, 227; em *Straight, No Chaser* (filme de Charlotte Zwerin, 1988), 16-7, 125, 162, 186, 215-6, 228; infância de, 16, 39-40, 42, 44-5, 66, 68-9, 71-3, 118, 123, 136; morte de (30 de novembro de 1988), 16, 228-9; mudança para Nova York (1951), 16, 134, 137-8; nascimento de (10 de dezembro de 1913), 16, 38; Monk sobre, 17, 20, 25, 161, 183; *The Musicians and Their Three Wishes*, 19; *The Jazz Baroness* (documentário da autora), 20; amor pelos animais, 25, 44, 179-80, 216, 223; batizada com o nome de uma mariposa, 25-8; sobre a mãe, Rozsika, 37; vida em Tring Park, 38-40, 44, 68-9, 73, 75-6, 231; exposta ao jazz desde cedo, 41, 79, 83-4, 129, 146; enfermidade de seu pai Charles e, 44, 71-2, 145; fé judaica e, 54, 81; eventos e festas sociais e, 61, 76, 81, 83, 146; baile de debutante (22 de junho de 1931), 63, 82; estilo de vida em Nova York, 63, 138-41, 159-60, 162, 166-7,

175-6, 181-2; piano Steinway de, 63, 160, 174, 228; ações de caridade, 64, 197; como empresária de músicos, 65, 175; escola de etiqueta e grande viagem, 76-7; artigo na Esquire escrito por Hentoff, 77, 81, 90, 114, 140, 198; aulas para pilotar avião, 80, 86; Temporada de Londres e, 81, 83, 146; Jack Harris como o primeiro amor de, 83; conhece o barão Jules de Koenigswarter, 85; cortejo de Jules de Koenigswarter, 85-6; primeira visita a Nova York (setembro de1935), 87-8; casamento de (Nova York, 15 de outubro de 1935), 88; lua de mel, 89-90; vida na França, 91-2, 94-5, 102-3; nascimento do filho, Patrick (julho de 1936), 92; nascimento da filha, Janka (1938), 94; vendas das residências dos Rothschild e, 94; vida financeira de, 94, 119, 136-7; na França no começo da guerra, 103-4; fuga da França, 104-5; alista-se na Resistência Francesa, 108-10; serviços de guerra, 108, 111-3, 115-6, 118, 129; vai para a América do Norte (1940), 108; volta para a Inglaterra (1940), 108; na África (1940-4), 110-4, 129; na Paris pós-libertação, 114-5, 118-9; na Noruega, 117, 121-3; período pós-guerra, 117-8; nascimento dos filhos mais novos (1946-50), 122; no México, 124, 126; entrevista com Bruce Ricker (1988), 125-7; "chamado" do jazz, 126-7; ouve Monk ("'Round Midnight") pela primeira vez, 127, 129-30, 133; jazz como trilha sonora da vida de, 129-30; no Hotel Stanhope (Nova York), 134-5, 160, 166, 169-71, 173, 228; separação e divórcio de, 134-7, 153, 169, 173; amizade e, 136; Clint Eastwood sobre, 139; Rolls-Royce Silver Dawn de, 140, 148, 158, 164, 171, 177; mora em Londres (1954), 141, 153-4; Teddy Wilson e, 141; busca por Monk, 142, 144, 153; Ira Gitler sobre, 148, 171; álcool e, 154; primeiro encontro

262 Índice remissivo

com Monk (Paris, 1954), 156-7; sobre Monk, 156-7, 161, 163, 206, 211, 218, 224; reserva o Royal Albert Hall para Monk (1954), 157; Nellie Monk e, 158, 163-4, 176, 203, 212, 220; volta para Nova York (1954), 158; arte de, 159, 196, 205; *cabaret card* de Nova York de Monk e, 165, 178, 204; sobre Charlie Parker, 168; no Hotel Bolivar (Nova York), 174, 176; árvore genealógica do jazz e, 176; no Hotel Algonquin (Nova York), 176-7; compra um carro para Monk, 177; aluga um piano Steinway para Monk, 178; mora no endereço 63 Kingswood Road, Weehawken ("Catville"), 178-80, 201, 221-4; muda-se para Weehawken, New Jersey, 178-9; compra o novo piano do Five Spot Café, 181; filhos mais novos em Weehawken, 181; com Monk no Five Spot Café, 182; viagem rumo a Baltimore (15 de outubro de 1958), 183-94; prisão de (15 de outubro de 1958), 192-3; sentença de prisão (21 de abril de 1959), 194; libertada sob custódia, 195; Archie Shepp sobre, 200; no conto "O perseguidor", de Julio Cortázar, 200; julgamento na Suprema Corte (janeiro de 1962), 202, 204; texto no álbum Criss Cross, 205-6; artigo na revista *Time* (1964), 207; saúde de Monk e, 212, 218-21; Monk muda-se para a casa de (1972), 220; "aposentadoria" de Monk e, 221-2; morte e funeral de Monk, 224; visitas à Inglaterra (1980s), 224; problemas de saúde no fim da vida, 227; reuniões da família e, 227
Rothschild, Philippe de, 105, 120
Rothschild, Robert de, 99
Rothschild, Rozsika (em solteira, Von Wertheimstein), 31, 64, 72, 76-7, 146; Charles conhece em Nagyvárad, 27, 37; origens de, 37; casamento com Charles, 38; nascimento de Nica (10 de dezembro de 1913), 38; doença de Charles e, 43, 68;

morte de Charles e, 72; saúde mental de Liberty e, 73, 88, 107; Nica na Temporada de Londres e, 82; família de Koenigswarter e, 85, 87; morte de (30 de junho de 1940), 93, 108; durante a Segunda Guerra Mundial, 104-7
Rothschild, Salomon, 51
Rothschild, Sarah, 107
Rothschild, Victor: irmã Nica e, 11, 14, 79-80, 83, 85, 90, 135, 173, 178, 195; irmã Miriam e, 23, 72, 79-80, 93; coruja de estimação de, 25; nascimento de (1910), 31; na Harrow School, 39, 41, 44, 72-73; sobre seu pai Charles, 40; história da família e, 52, 54; morte do pai e, 71-72; herança de, 72; amor pela música, 79-80, 83, 101, 196; ciência e, 79-80, 93, 127; em Cambridge, 79, 93, 153; política e, 79, 93; serviços de guerra, 79, 106, 108, 114; suspeitas de espionagem de, 80; no baile de debutante de Nica, 82; retrato feito por De Kammerer, 88; dissipação da herança, 93, 120, 136; como líder de fato dos judeus na Inglaterra, 98-101; Malcolm Muggeridge sobre, 114; diretor do Conselho de Pesquisa Agrícola, 121; ecovila modelo em Rushbrooke, 121, 153
Rothschild, Walter, 26, 32-4, 38, 40, 44, 65, 69, 72, 76, 94; *Dear Lord Rothschild* (biografia de Miriam), 19, 22, 233; museu particular em Tring, 34, 179, 231-3; morte de (1937), 92, 98
Rothschild, Wilhelm Carl, 30
Rouse, Charlie, 182, 186, 188, 191, 211, 215
Rushbrooke (Suffolk), ecovila modelo, 121, 153
Russell, Ross, *Bird Lives!*, 168

Saint-Exupéry, Antoine de, 110
Sartre, Jean-Paul, 155
Savoy Ballroom (Nova York), 87

Schnapper, Gutle *ver* Rothschild, Gutle(esposa de Mayer Amschel)

Serys, Rosemary (em solteira, Rothschild), 81

Shand Kydd, Frances, 137

Shepp, Archie, 200

Shipp, Thomas, 197

Silver, Horace, 140, 175, 209; "Nica's Dream", 233

Simon, George, 147

Smith, Abram, 197

Smith, Sonny, 147

Sparrow, John, 24

Stanhope, Hotel (Nova York), 134-5, 160, 166, 168, 170-1, 173; Nica's Bar no, 228

Steinbeck, John, 87

Stella, Frank, 139, 201

Sternberg, Josef von, 178

Stork Club (Londres), 154

Straight, No Chaser (filme de Charlotte Zwerin, 1988), 16-7, 125, 162, 186, 215-6, 228

Stravinski, Igor, 41, 83, 132

Studio 51 (Londres), 141

Thackeray, William Makepeace, 53

Thompson, Sir Charles, 130, 175

Timothy, Al, 141, 174

Trevelyan, George, 35

Tring Park, 26, 31, 38, 53, 61, 72, 104; filantropia dos Rothschild e, 31, 64; comprada para Emma e Natty, 32, 59; museu particular de Walter em, 34, 179, 231-3; Nica reside em, 38-9; Charles volta para (dezembro de 1919), 68, 69; venda de, 94; escola de artes performáticas em, 120, 231-3; reserva ambiental de Charles, 231

Trollope, Anthony, 62

Vanderbilt, Gloria, 134

Village Gate, clube (Nova York), 220

Village Vanguard, clube, 65, 149n, 159, 184, 210

Vitória, rainha, 31, 33, 61, 63

Waddesdon, Manor, 53, 60, 63, 73, 227; propriedade do Tesouro Nacional, 73, 120; crianças refugiadas em, 106

Webb, Chick, 87

Webster, Ben, 147

Weehawken (Nova Jersey), 178-80, 221-5

Wein, George, 149, 164, 210, 217

Wellington, 5º duque de, 100

Wertheimstein, Aranka von (tia materna de Nica), 115

Whitechapel, 57, 64

Williams, Bennett, 203

Williams, Cootie, 180

Williams, Mary Lou, 155-6, 172, 181, 196, 200, 202, 221-2

Williams, Skippy, 147

Wilmer, Val, 129, 199, 206

Wilson, Teddy, 79, 87, 101, 127-8, 130, 133, 141, 155

Winchell, Walter, 169, 171

Wise, Bob, 86

Young, Lester, 147

Zola, Émile, 62

Zwerin, Charlotte, 125

ESTA OBRA FOI COMPOSTA PELA ABREU'S SYSTEM EM ADOBE GARAMOND
E IMPRESSA EM OFSETE PELA LIS GRÁFICA SOBRE PAPEL PÓLEN BOLD DA SUZANO
PAPEL E CELULOSE PARA A EDITORA SCHWARCZ EM AGOSTO DE 2016